CHRISTIANE KOHL

Das Zeugenhaus

Buch

Nürnberg im Herbst 1945: Die Stadt liegt in Trümmern. Wie überall in Deutschland versuchen die Menschen NS-Diktatur und Krieg zu verdrängen und neu anzufangen. Doch im Nürnberger Gerichtspalast tritt ein Weltgericht zusammen, das über Nazi-Deutschland und seine Repräsentanten urteilen soll. In einer Villa am Stadtrand bewirtet die ungarisch-deutsche Gräfin Kálnoky – im Auftrag der US-Army – eine illustre Gästeschar: Zeugen der Anklage und der Verteidigung warten auf ihre Vernehmung im Nürnberger Prozess. Unter Regie der Alliierten treffen im Zeugenhaus Regime-Gegner, ehemalige KZ-Gefangene, NS-Sympathisanten, Gestapo-Offiziere und Generäle aufeinander. Einstige Todfeinde sitzen gemeinsam bei Tisch und diskutieren in knisternder Atmosphäre über Judenvernichtung, Wehrmachtsverbrechen, die angebliche Unwissenheit Hitlers. Die hochexplosive Stimmung zwischen Abrechnung und Neuanfang erweckt Christiane Kohl in dieser brillant recherchierten, wahren Geschichte auf bewegende Weise zum Leben.

Autorin

Christiane Kohl, geboren in Frankenberg/Eder, studierte Politik und Germanistik, arbeitete als Bonner Korrespondentin des Kölner »Express« und später als Pressesprecherin im Hessischen Umweltministerium. Von 1988 bis 1998 arbeitete sie als Redakteurin und Reporterin beim »SPIEGEL«. Von 1999 bis zum Sommer 2005 berichtete sie als Italien-Korrespondentin der »Süddeutschen Zeitung« aus Rom. Heute ist sie SZ-Korrespondentin für Ost-Deutschland und lebt in Dresden.

Von Christiane Kohl ist im Goldmann Verlag
außerdem erschienen:

Der Jude und das Mädchen (12968; 45110)
Villa Paradiso (15277)

Christiane Kohl

Das Zeugenhaus

Nürnberg 1945: Als Täter und Opfer unter einem Dach zusammentrafen

GOLDMANN

Umwelthinweis:
Alle bedruckten Materialien dieses Taschenbuches
sind chlorfrei und umweltschonend.

1. Auflage
Taschenbuchausgabe Dezember 2006
Wilhelm Goldmann Verlag, München,
in der Verlagsgruppe Random House GmbH

Umschlaggestaltung: Design Team München
KF · Herstellung: Str.
Druck und Bindung: GGP Media GmbH, Pößneck
Printed in Germany
ISBN-10: 3-442-15417-0
ISBN-13: 978-3-442-15417-3

www.goldmann-verlag.de

Inhalt

Zwei Gästebücher und ein Verdacht

Wenn mein Freund Wolfgang nicht dabei gewesen wäre, hätten die beiden alten Herren wahrscheinlich gar nicht angefangen, davon zu erzählen. Aber so begannen sie plötzlich, sich gegenseitig zu überbieten mit ihren Geschichten. Wir saßen am großen Fenster im alten Mühlenraum meines Elternhauses, einer ehemaligen Wassermühle, die vor vielen Jahren zu einem großzügigen Wohnhaus umgebaut worden war. Tagsüber bot sich von dort ein herrlicher Blick in das Grün der Landschaft. Jetzt aber war es dunkel, nur das fahle Licht unserer Tischlampe beleuchtete die am nahe gelegenen Bach stehenden Bäume, die sich wie düstere Gestalten aus dem schwarzen Brei der Nacht hervorhoben. Mein Vater hatte eine gute Flasche Wein aus dem Keller geholt, und so saßen wir in munterer Runde, als das Gespräch die heiklen Themen der Vergangenheit berührte.

Vom Krieg hatte mein Vater schon früher erzählt, von seiner Gefangenschaft und den drei Abschüssen als Sturzkampfflieger. Doch was er nun berichtete, war von anderer Art. Mein Vater wirkte verlegen, er lachte immer mal wieder, während er über jene unruhigen Tage im Berlin der 30er Jahre erzählte, als er dort Jura studierte. Die Nazizeit, das war die Zeit seiner Jugend gewesen, und er hatte sie – dessen war ich mir stets sicher gewesen – nicht unbeteiligt an den Ereignissen durchlebt. Wann immer ich ihn jedoch danach fragte, nie hatte ich eine konkrete Antwort erhalten.

An diesem Abend aber war alles anders. Da breitete mein Vater detailliert Erlebnisse aus seinem Alltag im Nationalsozialismus vor uns aus, in einer Offenheit, wie ich sie noch nie an ihm beobachtet hatte. Auch Bernhard, unser Hausfreund, gab, davon angeregt, immer neue Anekdoten zum Besten. Bernhard von Kleist war damals 79 Jahre alt, hatte wasserblaue Augen und einen leichten Gehfehler, der von einer Kriegsverletzung herrührte. Seit einigen Jahren lebte er im Haus meiner Eltern, der Bärenmühle in Nordhessen. Er war der Unterhalter unserer Mutter, die sich ihr Leben lang vor nichts so sehr gefürchtet hatte wie vor Langeweile.

Es kam immer mal wieder zu Eifersüchteleien zwischen Bernhard und meinem Vater. In diesem Augenblick aber herrschte vollendete Harmonie zwischen ihnen. Beide erzählten sie ohne Pause, und nur das Kaminfeuer knisterte zuweilen so laut, dass es den Redefluss der Männer übertönte. Unsere Mutter drehte sich demonstrativ dem Flammenspiel zu, sie konnte es nicht leiden, wenn sich die Gespräche im Hause ernsthafteren Themen zuwendeten. Mein Freund Wolfgang Korruhn, ein bekannter Fernsehreporter, wollte einen Dokumentarfilm über die Verwicklungen des Chemiekonzerns IG Farben in die systematische Vernichtung der Juden durch die Nazis drehen. Bernhard von Kleist erwies sich in diesem Zusammenhang als interessanter Gesprächspartner, denn er war Dolmetscher bei den Nürnberger Prozessen gewesen. Wir saßen noch lange zusammen. Später in der Nacht machte ich mir Notizen, und so weiß ich noch heute so ziemlich jede Einzelheit, die an diesem 31. August 1980 gesprochen wurde.

Bernhard war kurz in seinem Zimmer verschwunden und tauchte bald darauf mit einem etwas abgegriffen wirkenden Album unterm Arm wieder auf. Das Buch war in hellbraunes Leder gebunden, das von einer dünnen Goldlinie gerahmt wurde, auch die Blattränder waren mit einer hauchdünnen Goldschicht eingefasst. Vorsichtig, als würde er ein Schatzkästlein öffnen, klappte der alte Herr die beiden Buchdeckel auseinander. Leicht vergilbte Buchseiten kamen zum Vorschein, die mit vielerlei Handschriften bekritzelt waren – das braune Lederbändchen war ein Gästebuch. Behutsam blätterte Bernhard von Kleist darin und hatte im Nu mehrere Einträge gefunden, mit denen sich Herren der IG Farben in lauteren Sprüchen verewigt hatten. Da dankte ein Chemiemanager in schnörkeligen Schriftzügen »für das Versüßen bittrer Stunden«. Im Nürnberger Gerichtsgebäude, so konnte sich von Kleist noch dunkel erinnern, hatte der Mann über die Entwicklung des Zyklon B Auskunft geben müssen, jenes Rattengiftes, mit dem Millionen Menschen in den Vernichtungslagern getötet worden waren.

Es gab viele Namen in dem Gästebuch. Einige waren in großzügigen Bögen aufs Papier geworfen und kaum zu entschlüsseln. Andere konnte ich beinahe auf den ersten Blick entziffern. Robert Havemann hatte sich eingetragen, ein Widerstandskämpfer gegen das NS-Regime, der später in der DDR zum Dissidenten wurde. Ein paar Blätter weiter las ich die Unterschrift von Fritz Wiedemann – »ein ehemaliger Adjutant von Adolf Hitler«, wie Bernhard auf meinen fragenden Blick hin erklärte: »Er ist uns ein guter Freund geworden«, fügte er fast stolz hinzu. Der Publizist Eugen Kogon, der lange im Konzentrationslager Buchenwald gesessen hatte, war im Gästebuch ebenso vertreten wie ein Mann namens Edinger Ancker, der ausweislich seiner Eintragung ein Mitarbeiter des berüchtigten NSDAP-Chefs Martin Bormann gewesen war. Ich sah den schmissigen Namenszug von Rudolf Diels, dem »Gründer der Gestapo«, wie von Kleist eilfertig erklärte. Und ich las die krakelige Handschrift einer Gisa Punzengruber, unter deren Namen jemand mit Bleistift den Hinweis »KZ-Zeugin« angefügt hatte.

Immer weiter blätterte ich in dem Buch, und langsam fühlte ich einen leisen Schauer unter der Haut: Wie hatten sich diese höchst unterschiedlichen Menschen so kurz nach dem Ende der NS-Zeit in einem gemeinsamen Gästebuch verewigen können? Wer hatte diese Leute zusammengebracht, und warum?

Das Gästebuch stammte aus einem Zeugenhaus, das während der Nürnberger Kriegsverbrecherprozesse eingerichtet worden war. Die Zeugen waren in zwei nebeneinander stehenden Villen am Nürnberger Stadtrand untergebracht, berichtete von Kleist. Seine Frau Annemarie, die längst verstorben war, habe zeitweise als Leiterin der Häuser fungiert. Es musste eine schier unglaubliche Atmosphäre dort geherrscht haben, denn wie die Eintragungen im Gästebuch belegen, hatten NS-Funktionäre und einstige Widerstandskämpfer gleichzeitig unter einem Dach gewohnt. Während sich Täter und Opfer der Nazizeit andernorts mühelos aus dem Weg gehen konnten, saßen sie hier ab Herbst 1945 praktisch Abend für Abend gemeinsam an einem Tisch.

»Wie war die Stimmung?«, platzten Wolfgang und ich beinahe gleichzeitig heraus, wir wollten jetzt jede Einzelheit über diese merkwürdige Herberge erfahren. Doch von Kleist reagierte mit spürbarer Zurückhaltung: »Es wurde viel Bridge gespielt«, meinte der alte Herr gedehnt, während er an seiner Zigarette zog, »man rauchte Zigarren, trank amerikanischen Whiskey und diskutierte über die Fragen der Zeit.« »Selbstverständlich«, fügte er in pedantischem Ton hinzu, »wussten die Herren sich auch in schwierigeren Situationen zumeist wie Gentlemen zu benehmen.«

Wolfgangs Film über die IG Farben wurde, soweit ich

weiß, nie realisiert. Doch für mich gab der Abend in der Mühle den Anstoß zu einer Recherche, die mich über viele Jahre beschäftigen sollte. Was hatte sich in jenem Haus abgespielt, in dem sich so kurz nach dem Krieg deutsche Geschichte im Wortsinne ganz hautnah vollzogen hatte? Auf den vergilbten Seiten von Bernhards Gästebuch war festgehalten, was in keiner Gerichtsakte dokumentiert ist: die privaten Ängste und Selbsttäuschungen von Menschen, die während der NS-Zeit mitschuldig wurden, ebenso wie die Bitternis und Wut überlebender Naziopfer. Die Gäste in dem Zeugenhaus – so war mein erster Gedanke – hatten auf engstem Raum durchlebt, was die Deutschen noch heute beschäftigt: Diskussionen über die Naziverbrechen, Schuldzuweisungen, Selbstverleugnungen – und immer wieder die Frage, warum das Unglaubliche hatte geschehen können.

Einer der Männer, die das Haus gut gekannt hatten, war Robert M.W. Kempner gewesen. Der einstige US-Ankläger war nach dem Ende der Nürnberger Prozesse in Deutschland geblieben, er unterhielt eine Anwaltspraxis in Frankfurt. Einige Jahre nach dem Abend in der Mühle traf ich ihn in einem Hotel in Königstein, wo er damals vorzugsweise residierte. Das Hotel Sonnenhof war eine prächtige, mit Türmchen und Erkern versehene Villa, die in einem riesigen Park lag und einen herrlichen Blick in die Landschaft bot.

Im Innern atmete das Haus freilich einen etwas verblichenen Charme, die Polstermöbel wirkten durchgesessen, die Bezüge waren abgenutzt. Kempner hatte im »Grünen Salon« Platz genommen, einem mit einer großen Fensterfront ausgestatteten Raum. Neben ihm saß seine langjährige Assistentin Jane Lester, die ich später noch häufiger treffen sollte. Die beiden waren ein nicht alltägliches Paar: Kempner, damals schon Ende 80, hatte schlohweißes Haar, seine Augen schauten aus tiefen Höhlen hervor, doch er saß aufrecht in seinem Stuhl und schien immer noch der Poltergeist zu sein, der er während der Nürnberger Prozesse gewesen war. Jane Lester, eine zierliche Person mit langem, grauweißem Haar, die seit den Tagen von Nürnberg für Kempner arbeitete, musste in ihrer Jugend eine sehr gut aussehende Frau gewesen sein. Jetzt wirkte sie zurückhaltend, doch es war unschwer zu erkennen, dass eigentlich sie die Zügel in der Hand hielt.

Kempner erinnerte sich noch lebhaft an das Haus und seine Gäste. Es sei »ein Kunststück für sich gewesen«, die politisch völlig unterschiedlich beheimateten Zeugen »einfühlsam unterzubringen«, hatte er schon in seinen Memoiren geschrieben. Jetzt erzählte Kempner, dass es in dem Haus zuweilen auch recht turbulent zuging. Einzelne Bewohner seien immer mal wieder durch Damenbekanntschaften aufgefallen, als deren Folge sich dann allerlei Verwicklungen ergeben hätten, sowohl im Hause als auch außerhalb, berichtete der alte Herr schmunzelnd. Wenn der etwas schwerhörige Kempner mal eine Frage nicht verstand, wiederholte Jane Lester sie ihm. Die alte Dame lebte ebenfalls seit vielen Jahrzehnten in Deutschland, doch sie hatte sich einen starken amerikanischen Akzent bewahrt, sodass ihre Stimme noch immer klang, als sei sie soeben erst aus den USA angereist.

Irgendwann kam Kempner auf die Hausdame des Zeugenhauses zu sprechen: »Eine ungarische Gräfin, blond, blauäugig und bildhübsch«, berichtete er und deutete an, dass auch sie in den Nürnberger Tagen der Prozessgeschäftigkeiten zu den begehrten Damenbekanntschaften gezählt hatte – »es gab viele einzelne Männer und eine Menge attraktiver Frauen«, plauderte der alte Herr, »da war es fast zwangsläufig, dass sich die eine oder der andere trafen«. An den Namen der Hausdame erinnerte sich Kempner nicht mehr, doch die Baronin von Kleist konnte er diesen Beschreibungen zufolge nicht meinen – es musste also noch eine andere Hausdame das Zeugenhaus geleitet haben.

Wieder vergingen einige Jahre, bis ich schließlich Mitte der 90er Jahre nach Nürnberg fuhr. Novalisstraße 24, so lautete die im Gästebuch vermerkte Adresse der Villa. Der erste Eindruck war enttäuschend. Klein und geduckt stand das Gebäude da, ein Würfel mit heruntergezogenem Dach, von ein paar höheren Kiefern umgeben – das Haus wirkte eher schlicht. Drinnen öffnete mir Elisabeth Kühnle, auch sie eine Dame, von über 80 Jahren. Holzdielen knarrten, während sie mich ins Wohnzimmer führte. Eine wuchtige, auf Hochglanz polierte Anrichte beherrschte den Raum, nach Form und Farbe zu urteilen musste sie noch aus der Vorkriegszeit stammen. Über einzelne Möbelstücke waren weiße Spitzendeckchen gebreitet, und irgendwo stand ein Radio, das ebenfalls die Zeit überdauert zu haben schien.

Elisabeth Kühnle plauderte gleich in ihrem glucksenden fränkischen Dialekt los: Ja, die Baronin von Kleist, die sei hier früher auch gewesen – »die tat immer ganz adelig, dabei war sie eine geborene Müller oder so«. Doch zuvor habe eine Gräfin das Haus geführt, eine wirkliche Adelige. »Das war die Kálnoky«, erklärte Frau Kühnle sachkundig und geriet ins Schwärmen: »Was für eine Person! Ein Bild von einer Frau, und eine richtig feine Dame.« Gräfin Kálnoky habe anfangs die Häuser geleitet, später sei sie dann in die USA ausgewandert.

Während der Nürnberger Prozesse hatte Elisabeth Kühnle noch nicht in der Novalisstraße gewohnt. Das Haus gehörte seinerzeit ihrer Tante Elise Krülle. Die junge Frau Kühnle, damals frisch verheiratet, kam aber öfter zu Besuch, und so hatte sie natürlich auch die Gräfin Kálnoky kennen gelernt. Elise Krülle war nach dem Krieg früh verstorben, ihr

Sohn Gerhard erbte das Haus und verkaufte es an seine Cousine Elisabeth. Eines Tages hatte sich die Gräfin Kálnoky bei der neuen Besitzerin gemeldet. Danach kamen ein, zwei Postkarten aus Amerika. Dann war der Kontakt jedoch wieder abgerissen, und nun hatte die alte Dame in Nürnberg keine Ahnung, wo genau die Gräfin in den USA zu finden wäre – falls sie überhaupt noch lebte.

Im Winter 1995 klingelte ich an der Tür von Ingeborg Gräfin Kálnoky. Sie wohnte in einem Vorort von Cleveland im US-Bundesstaat Ohio in einer winzigen Wohnung, die hinter einem riesigen Einkaufszentrum lag. Über den Gotha, das Verzeichnis der Adelsfamilien, hatte ich ihren Alterswohnsitz ausfindig machen können. Der kleine Wohnraum war voll gestopft mit Erinnerungsstücken. Schachteln lagen herum, aus denen zerknitterte Bilder hervorquollen, auf einem Tischchen stand ein postergroßes, gerahmtes Foto – darauf war das Zeugenhaus in der Novalisstraße zu sehen. Sauber gebündelt stapelten sich vergilbte Dankesbriefe von früheren Gästen, daneben lag ein braunes Büchlein. Den schon etwas speckigen, mit einem leinenartigen Stoff bezogenen Einband schmückten drei Rhomben in unterschiedlichen Farben, die Seiten mussten schon häufig umgeblättert worden sein, sie hielten nur noch notdürftig zusammen. Doch die vielen Unterschriften auf den Blättern ließen keinen Zweifel aufkommen: Vor mir lag ein weiteres Gästebuch des Nürnberger Zeugenhauses, Novalisstraße 24.

Das Büchlein erinnerte an ein Poesiealbum aus Jungmädchenzeiten. Auch die Gräfin hatte sich trotz ihres hohen Alters eine erstaunliche Jugendlichkeit bewahrt: Sie saß aufrecht in ihrem Sessel, zwischen den schulterlangen, weißen Haaren blitzte eine mehrreihige Perlenkette hervor, die sie immer mal wieder mit ihren langen, sorgfältig lackierten Fingernägeln zurechtzupfte. Es war unschwer zu erkennen, dass die mittlerweile 87-jährige Dame einmal eine ausnehmend schöne Frau gewesen war. Sie hatte zahlreiche Verehrer gehabt, wie sich bald aus ihren Erzählungen ergab. Doch zunächst stellte mir die Gräfin mit ihrer kehligen Stimme und einem verschmitzten Lächeln ihren aktuellen »Lebenspartner« vor: einen schwarzen Kater namens Russel.

Gemeinsam blätterten wir im Gästebuch, wobei Ingeborg Gräfin Kálnoky mal hier und mal dort auf interessante Namenszüge wies. Die erste Eintragung datierte vom Oktober 1945, als Karl Haushofer, ein ehemaliger Lehrer des späteren Hitler-Stellvertreters Rudolf Heß, das Gästehaus besucht hatte. Haushofers Text las sich schwülstig und schwer. »Wir haben über Reinkarnation und solche Dinge gesprochen«, erinnerte sich die Gräfin und fügte lapidar hinzu: »Nicht lange nach seinem Besuch im Gästehaus hat er sich umgebracht.« Auch der Flugzeugkonstrukteur Willy Messerschmitt war ihr noch gegenwärtig – »er wollte für uns einen Staubsauger erfinden«. Heinrich Hoffmann, der Leibfotograf Adolf Hitlers, war ein Dauergast im Zeugenhaus gewesen. »Furchtbar abergläubisch«, kommentierte die alte Dame: »Als ich einmal aus Spaß einen Regenschirm in seinem Zimmer öffnete, hat er sich zu Tode erschrocken.«

Waren da nicht auch Zeugen, die aus Konzentrationslagern kamen? »Oh ja«, sagte Kálnoky: »Ein Bauer, der in Dachau gesessen hatte, war da, er hat mir Strümpfe gestopft.« Mehrfach hätten Gruppen von einstigen KZ-Häftlingen im Zeugenhaus logiert, sie seien aus Majdanek, Treblinka oder Mauthausen gekommen. In solchen Momenten habe sie stets Angst gehabt, dass Hoffmann, der Leibfotograf, die Stimmung verderben könnte: »Er hatte doch so eine furchtbar große Klappe«, und habe stets alles geleugnet, was während der NS-Zeiten an Schrecklichkeiten geschehen war. »Aber denken Sie nur«, fügte sie hinzu, »wenn die KZler abreisten, hat er am Ende noch die Adressen mit ihnen ausgetauscht.«

Ich blieb ein paar Tage in Ohio, um ausgiebig über jedes Detail zu sprechen, das die alte Dame noch erinnern konnte. Abends saß ich an dem gemütlichen Esstisch bei ihrer Tochter Lori Bongiovanni, die eigentlich Eleonora hieß und mit ihrem Mann in einem schönen Landhaus ein paar Kilometer weit entfernt wohnte und die Mutter täglich versorgte. Eleonora war zehn Jahre alt gewesen als Ingeborg Kálnoky die Leitung des Zeugenhauses übernahm. Sie verband noch einige Erinnerungen damit – etwa, dass die Kinder sich gern einen Spaß daraus gemacht hatten, die GIs, die als Wachposten vor den Häusern standen, mit Wasser zu bespritzen. Auch ihr jüngerer Bruder Farkas Kálnoky, den ich Jahre später in Paris treffen sollte, hatte noch ein paar Kindheitsbilder aus Nürnberg vor Augen. Beispielsweise, wie er an einem Weihnachtsabend zwischen den Füßen von vier leibhaftigen Generälen herumkroch und mit seinen neu geschenkten Spielzeugsoldaten eine Feldschlacht simulierte.

Das Zeugenhaus war offenkundig ein Ort der Gegensätze: Schmerz und Freude, Lachen und Weinen, Bitternis und Überheblichkeit lagen ganz nah beieinander. Auf knappstem Raum lebten Menschen zusammen mit Erfahrungen, die unterschiedlicher nicht sein konnten. Immer wieder gab es empfindliche Berührungen zwischen Vergangenheit und Gegenwart. Die Amerikaner hielten die Zeugenherberge gut abgeschirmt vor neugierigen Blicken und Fragen. In den zahlreichen Büchern, die über die Nürnberger Prozesse verfasst wurden, wird die Villa in der Novalisstraße kaum erwähnt, obgleich das Zeugenhaus mehr als drei Jahre lang, von 1945 bis 1948, betrieben wurde und in dieser Zeit weit über 100 Zeugen beherbergte. Zum 30. Jahrestag des Prozessbeginns 1975 hatte die einstige Hausdame

Ingeborg Gräfin Kálnoky selbst, mithilfe einer Ghostwriterin, ein Buch herausgegeben, das in den USA unter dem Titel »The Guest House« erschienen ist. Darin berichtet sie unter anderem, wie sie 1945 von den Amerikanern mit der Leitung des Zeugenhauses beauftragt wurde: »Keep things running smoothly«, so wurde ihr aufgetragen, »sorgen Sie dafür, dass alles ruhig verläuft.«

Was 1975 in »The Guest House« zu lesen war, stimmt jedoch nicht immer mit dem Erfahrungsbericht überein, den Kálnoky ohne großen zeitlichen Abstand zu den Geschehnissen bereits in den 40er Jahren verfasst hatte, und von dem 1949 Auszüge in einer Münchener Zeitung veröffentlicht worden waren. Aber auch darin hatte die Gräfin nicht alle Begebenheiten notiert, wie mir recht bald aus den Gesprächen mit ihr und anderen Zeitzeugen klar wurde. Sicher konnte sie aus damaliger Sicht vieles nicht wissen. Sie hatte ja nicht die ganze Periode des Zeugenhauses miterlebt. Allerdings hatte ich mittlerweile den Verdacht, dass sie auch nicht alles aufschreiben wollte und manches meisterhaft verdrängt hatte.

So begann ich genauer zu recherchieren. Ich besuchte Archive und spürte weitere noch lebende Zeitzeugen auf, um mir ihre Version der Geschichte anzuhören. Es vergingen einige Jahre. Ich studierte Vernehmungsprotokolle, Briefe, Tagebucheintragungen und Erfahrungsberichte und entdeckte Bewohner des Zeugenhauses, die sich seltsamerweise nie in eines der beiden Gästebücher eingetragen hatten. Jeder Einzelne von ihnen erbrachte neue Erkenntnisse, neue Sichtweisen für mich, und so formte sich langsam ein Stimmungsbild jener ungewöhnlichen Hausgemeinschaft, die sich in der unmittelbaren Nachkriegszeit durch sanften Druck der Amerikaner mitten in Deutschland zusammengefunden hatte.

Grande Dame mit leichtem Gepäck

Das Haus strahlte eine gewisse Düsternis aus und doch wirkte es ungleich freundlicher als alles, was Ingeborg Kálnoky in den letzten Wochen gesehen hatte. Mit ihrer Reisetasche in der Hand stand die junge Frau an einem der letzten Augusttage des Jahres 1945 vor dieser seltsam gescheckten Fassade und blinzelte in die Morgensonne. Nach allem was hinter ihr lag, kam ihr die kleine Villa am Wald wie ein rettender Hafen vor, der ihr endlich Schutz bieten könnte. Doch zugleich spürte sie eine unbestimmte Furcht vor der neuen Herausforderung.

Drinnen stand Elise Krülle hinterm Fenster und musterte die Fremde mit misstrauischen Blicken. Blond war sie, sehr blond. Ihr Sohn Gerhard, der ein aufgeweckter Junge von 13 Jahren war, sollte sich später noch genau an die Frau erinnern: »Wie Jean Harlowe« habe sie ausgehen, »so ein Typ Sünderin«. Das Haus der Familie Krülle war wie die Nachbarhäuser in der Straße zur Tarnung vor Luftangriffen mit braunen und grünen Flecken bemalt worden. Ob es der Tarnfarbe zu danken war oder der etwas abseitigen Lage am Stadtrand, ist ungewiss – jedenfalls waren die Häuser hier im Vorort Erlenstegen vom Bombenkrieg relativ unversehrt geblieben, während die Nürnberger Altstadt in Trümmern lag. Nichts als Ruinen sah man unten an der Pegnitz, jahrhundertealte, fein ziselierte Fachwerkhäuser waren wie aufgerissene Mehlsäcke in Staub und Asche zerfallen.

Bei den Krülles hatte lediglich die Garage einen Treffer abbekommen. Vom Dach des Wohnhauses waren durch den Druck mehrerer etwas entfernter eingeschlagener Bomben überdies etliche Ziegel heruntergefallen, Fensterscheiben waren zersprungen, und in einem Zimmer im ersten Stock des Hauses sah man einen metergroßen Brandfleck auf dem Boden, der von Bombenresten herrührte – alles in allem vergleichsweise geringe Schäden. Das war ein Glück für die Krülles und zugleich ein Pech, denn die amerikanische Besatzungsmacht erklärte das Haus in der Novalisstraße 24 sogleich als beschlagnahmt.

Mitte April 1945 waren die Amerikaner gekommen, zuerst die kämpfenden Truppen, später rückte eine Verwaltungseinheit in das Viertel am östlichen Stadtrand von Nürnberg ein. Mutter Krülle hatte den ganzen Krieg über Hühner und Puten gehalten, so gab es immer genug zu essen. Jetzt aber köpften die Amis ein Huhn nach dem anderen, zogen dem Federvieh das Gefieder ab samt der Haut und brieten es. Sie campierten im Elternschlafzimmer und brachten die während des Krieges mühevoll aufrecht erhaltene häusliche Ordnung schnell durcheinander. Sie warfen das Hitlerbild, das im Wohnzimmer hing, auf die Straße und zertrampelten es. Sie verstreuten die Briefmarkensammlung in Zimmern und Korridoren. Und sie kramten Vater Krülles schwarzen Zylinder hervor, mit dem er seine Frau zum Traualtar geführt hatte, um ihn als Zielscheibe für Schießübungen zu benutzen. Nein, der erste Eindruck, den die Krülles von den amerikanischen Befreiern gewonnen hatten, war durchaus zwiespältig gewesen.

Und nun sollte auch noch diese blonde Schönheit einziehen. An der Haustür begrüßte Elise Krülle die Fremde mit der gebotenen Höflichkeit, doch so richtig erfreut war sie nicht. In den letzten Kriegswochen hatte sie mit ihrem

Sohn praktisch nur noch im Keller gewohnt, jetzt drohte den beiden womöglich, ganz aus ihren eigenen vier Wänden vertrieben zu werden. Eine Herberge sollte in dem Haus eingerichtet werden; Elise Krülle, deren Mann seit den letzten Kriegstagen als vermisst galt, konnte sich nicht recht vorstellen, wer in ihrem Haus unterkommen sollte. Unterdessen wurde Ingeborg Kálnoky von den Soldaten in die oberen Räume geführt. Es war ihr unangenehm, dass sie sich ein – wenn auch kleines – Schlafzimmer im Hause aussuchen durfte, während die Besitzerin mit ihrem Sohn im Keller hausen musste.

Und überhaupt kamen der jungen Frau plötzlich Zweifel, ob sie der Aufgabe, mit der sie betraut worden war, gewachsen sei. Würden die Damen, die hier im Hause logieren sollten, sie überhaupt ernst nehmen? Einer der Offiziere, der mit ihr ins Haus gekommen war, schien ihre Unschlüssigkeit zu bemerken. »Gnädige Frau«, sprach er sie an, »alle werden Ihnen Folge leisten, selbst Frau Göring – Sie sind schließlich die einzige Gräfin im Hause.«

Ingeborg Gräfin Kálnoky, geborene von Breitenbuch, war erst wenige Tage zuvor in Nürnberg angekommen. Doch in dieser kurzen Zeit hatten sich die Ereignisse in einer Weise überstürzt, dass sich ihr nun der Kopf leicht drehte. Kurz zuvor hätte die 36-Jährige ihr Leben noch für ein paar trockene Brötchen hergegeben, so verhungert war sie gewesen. Jetzt lockte täglich eine warme Mahlzeit aus der amerikanischen Armeeküche. Auf den Betten lagen frische Leinentücher, in denen dicke Wolldecken steckten. Es war nicht lange her, da hatte Kálnoky auf nacktem Steinboden schlafen müssen. Früher, ja, da war alles anders gewesen, da lebte sie in einem herrlichen Schloss in Transsilvanien – Köröspatak, ein weißer Traum, umgeben von Kletterrosen.

Bereits Ende der 30er Jahre aber hatte sie mit ihrem

Mann und den Kindern das schöne Anwesen verlassen müssen, weil Transsilvanien in Rumänien lag und die Rumänen auf ihrem Territorium immer weniger ungarische Staatsbürger duldeten. Ihr Ehemann Hugo Graf Kálnoky, der zeitweise zum Broterwerb rumänische Zeitungsartikel ins Ungarische übersetzte, war als Spion beschuldigt worden, binnen 48 Stunden mussten sie das Land verlassen. Fortan wohnten sie in Budapest, doch auch von dort flohen sie im Frühjahr 1944 Hals über Kopf, nachdem die Gestapo eines Tages vor ihrer Wohnungstür gestanden hatte. Graf Kálnoky arbeitete mittlerweile als außenpolitischer Redakteur einer deutschsprachigen Budapester Zeitung. Über den britischen Radiosender BBC waren seine Artikel auch nach Deutschland ausgestrahlt worden – das hatte die Nazis auf ihn aufmerksam gemacht. Der Bischof von Györ, ein befreundeter Adeliger, bot den Kálnokys vorübergehend Asyl. Bald aber drohten die Russen in Ungarn einzurücken, und so machte sich die Gräfin im Januar 1945 mit ihren drei Kindern, dem Kindermädchen Cuci und der Ahnung einer erneuten Schwangerschaft in Richtung Westen auf den Weg.

Sie reisten mit Pferdewagen, im Flüchtlingstreck und in der Eisenbahn. Einmal, als sie im Zug unterwegs waren, flogen plötzlich Jagdbomber heran, und ein Wehrmachtssoldat wollte die Flugzeuge von unten unter Beschuss nehmen. Was für ein Dummkopf! Kálnoky hatte die Gefahr blitzschnell erkannt und sich beherzt auf den Mann geworfen. Der Zug wäre sonst vermutlich bombardiert worden, und mit ihm wären sämtliche Passagiere in die Luft geflogen. Ingeborg Kálnoky fand zunächst bei ihrer Schwester in Wien Unterschlupf, wo die Familie beinahe unter einem Bombeneinschlag begraben worden wäre. Später flohen sie weiter in die Tschechoslowakei und erreichten ein Schloss in der Nähe von Pilsen, das anderen Verwandten gehörte.

Eines Tages entdeckte Kálnokys 8-jähriger Sohn Fárkas vom Schlosshof aus, wie ein Panzertrupp langsam den Berg hinauf rollte. Auf die Fahrzeuge war ein Stern gemalt, also konnte es sich wohl nur um Russen handeln. Ängstlich versteckten sich alle im Keller des Gebäudes, als ein Armeetrupp hereinstürmte. Nach kurzem Hin und Her bot ein Offizier der blonden Gräfin eine Zigarette der Marke »Camel« an, wie sie sich noch viele Jahre später detailgenau erinnerte. Erleichterung breitete sich aus, der Mann war Amerikaner. Damit war der Krieg für Kálnoky beendet, nicht jedoch ihre Odyssee.

Die Gräfin war mittlerweile im neunten Monat schwanger, das Baby konnte jeden Tag kommen, sie brauchte dringend ein Krankenhaus, am besten in Deutschland. Durch Vermittlung eines amerikanischen Armeearztes wurde sie schließlich von Pilsen nach Nürnberg gebracht, allerdings ohne ihre drei Kinder. Die US-Soldaten hatten die Hochschwangere, gut gepolstert mit Matratzen, in einem Panzer abtransportiert, wie ihr Sohn Fárkas Kálnoky noch heute schwören könnte: Er und die anderen Kinder standen und winkten, als die blondgelockte Mutter mit dem Kettenfahrzeug entschwand.

Viele Jahre später traf ich Fárkas Kálnoky in Paris, wo der Graf, mittlerweile ein eleganter Endsechziger, in einem schmucken Vorort lebte. Ein großes Portrait seiner Mutter blickte auf mich herab, während ich auf einem zierlichen, antiken Sofa saß und mir in meinem Block Notizen über seine Erinnerungen machte. »Schauen Sie auf das Bild«, rief Kálnoky unvermittelt aus: »Genau so war sie!« Wir blickten auf das Ölgemälde, das die Gräfin um eben jene Zeit darstellte, als Nürnberg gerade hinter ihr lag. Da war eine bildschöne Frau zu sehen, die sehr bestimmend und zugleich äußerst lieblich und hilfsbedürftig wirkte. »So war sie!«

wiederholte Kálnoky, »eine Grande Dame, die den großen Auftritt liebte.« Und zugleich eine Frau, die immer auf Hilfe und Unterstützung hoffen durfte.

Die Amerikaner brachten die Schwangere bis ins Stadtzentrum von Nürnberg, wo sie vor einem Haus stoppten, dessen Dach noch intakt zu sein schien. Mit sanftem Druck überzeugten sie die fränkische Hausbesitzerin, der Gräfin eine Ecke auf ihrem Dachboden zur Verfügung zu stellen. Eines Tages im August setzten die Wehen ein, und dank ihrer guten Beziehungen zu den Amerikanern wurde Kálnoky sogar in einem Armee-Jeep ins Krankenhaus gefahren. Am 15. August 1945 brachte Kálnoky ihr viertes Kind zur Welt, ein kleines Mädchen.

Captain Kerr, ein Sanitätsoffizier, hatte sie persönlich ins Krankenhaus gefahren, das von einem christlichen Orden geführt wurde. Einige Tage nach der Niederkunft war er wieder da, diesmal in Begleitung eines Armeegeistlichen. Der Priester hatte dunkles, zurückgekämmtes Haar und eine schwarz gerandete Brille, auch er trug die Uniform eines Hauptmanns. Sein Name war Fabian Flynn, die Gräfin sollte ihn ihr Leben lang nicht vergessen.

Als die beiden Amerikaner das christliche Krankenhaus betraten, holte eine Schwester gerade das Baby. Die zwei US-Offiziere machten es sich im Krankenzimmer bequem, legten lässig ihre Füße auf einen Tisch und begannen, die junge Wöchnerin freundlich, aber bestimmt zu befragen. Sie sei doch ungarische Staatsbürgerin, nicht wahr? Kálnoky bejahte, nicht ohne zu erklären, dass sie von Geburt Deutsche sei, ihre Eltern auf Schloss Ranis in Thüringen lebten und sie selbst die letzten zehn Jahre mit ihrem Mann in Ungarn verbracht habe. Dann sei sie also nicht in Deutschland gewesen während der Hitlerzeit? Captain Kerr schien das zu beruhigen. Englisch spreche sie ja ganz passabel, fuhr der

US-Offizier fort – und Ungarisch vermutlich auch? »Ich spreche Englisch, Französisch, Deutsch und Ungarisch«, erläuterte die Gräfin, worauf Kerr nach ihrer Erinnerung bemerkte: »Noch besser«.

Der Captain setzte die eindringliche Befragung fort. Irgendwann beugte sich Pater Flynn fürsorglich zu Kálnokys Bett hinab. Ob sie wisse, was sie jetzt tun werde? Nein, die Gräfin hatte wirklich keine Ahnung, sie wusste ja nicht einmal, wo ihre Kinder geblieben waren. Es gebe da vielleicht eine Möglichkeit, ihr Arbeit zu besorgen, mischte sich jetzt der Captain wieder ins Gespräch, aber das müsse sein Vorgesetzter entscheiden, der Colonel. Man werde anderntags ein Treffen mit ihm arrangieren. Der Priester tätschelte der Wöchnerin noch freundlich die Hand, dann waren die Männer wieder verschwunden, und Ingeborg Kálnoky blieb ratlos und zugleich erwartungsvoll in ihrem Bett zurück.

Es bedurfte noch einiger Gespräche, auch ein Verhör mit einem Offizier des amerikanischen Spionageabwehrdienstes CIC (Counter Intelligence Corps) musste Kálnoky hinter sich bringen. Dann hatte sie den Job: Die Gräfin sollte eine Herberge leiten, in welcher man die Ehefrauen und engen Anverwandten der Hauptkriegsverbrecher unterbringen wollte, denen demnächst in Nürnberg der Prozess gemacht werden sollte. Kálnoky hatte nicht viel Zeit zum Überlegen, wenn sie den Posten haben wollte, musste sie sofort anfangen. So blieb ihr nichts anderes übrig, als ihr vor wenigen Tagen geborenes Kind im Krankenhaus zurückzulassen. Zuvor sollte das Kind freilich noch getauft werden auf den Namen Ingeborg wie sie selbst. Die Taufe habe Pater Flynn zelebriert, berichtete mir die Gräfin später bei unserem Gespräch in Ohio. Dann war Kálnoky mit leichtem Gepäck zu dem Haus am Wald gefahren. Noch ahnte sie nicht, wie sehr dieser Schritt ihr Leben verändern würde.

Elise Krülle zeigte sich kooperativer als erwartet. Die dunkelhaarige, energische Frau hatte einmal Steuerinspektorin gelernt, aber so gut wie nie in diesem Beruf gearbeitet. Doch sie konnte rechnen und war viel zu lebenslustig und realitätstüchtig, um sich neuen Entwicklungen gegenüber zu verschließen. Es gefiel der 51-Jährigen, dass die junge Gräfin keinerlei Dünkel zeigte und auch selber anzupacken wusste. Die beiden Frauen verband überdies die Sorge um ihre Männer. Elise Krülle hegte kaum mehr Hoffnung, dass ihr Ehemann zurückkommen werde – vermutlich war er in den letzten Kriegstagen bei Berlin gefallen, eine Bestätigung aber gab es nicht dafür. Gräfin Kálnoky hatte seit Monaten kein Lebenszeichen mehr von ihrem Gatten bekommen. Ob er noch in Ungarn war, ob er überhaupt noch lebte – sie wusste es nicht.

Bald rüsteten die zwei Frauen gemeinsam das Haus für die künftigen Gäste. Aus US-Beständen wurden Betten herangefahren und Stühle, die wild durcheinander gewürfelt waren und offenbar aus konfiszierten Haushalten stammten. Armeemitarbeiter lieferten Porzellan und Besteck, Handtücher, amerikanische Wolldecken und Leinentücher, so wunderbar weiß und sauber, dass Kálnoky noch viele Jahre später immer wieder ins Schwärmen darüber geriet. Zwar hatten die GIs der ersten Stunde einigermaßen gewütet in dem Krülleschen Haus, immerhin aber war das Klavier intakt geblieben. Es stand an einer Wand im Speisezimmer. Ein Bücherschrank im Herrenzimmer beherbergte eine ältere Ausgabe von Meyers Konversationslexikon wie auch ein paar von Schillers Werken. Die schon etwas abgegriffene Enzyklopädie sollte sich bald zum heimlichen Favoriten der Gäste entwickeln; ein nützliches Mittel, um sich die Zeit zu vertreiben.

Anfang September 1945 war Ingeborg Kálnoky in das

Haus gezogen. Bis die ersten Gäste kamen, sollten noch einige Wochen vergehen. Die Kinder der Gräfin waren unterdessen ebenfalls in Nürnberg eingetroffen, versteckt in einem Armeelastwagen hatten die Amerikaner sie gen Westen geschmuggelt, denn die deutsch-tschechische Grenze wurde bereits von den Russen kontrolliert. Sofort durften die drei Kinder freilich nicht in die Novalisstraße einziehen, weil die offizielle Zustimmung der zuständigen Offiziere noch fehlte. Sie kamen zunächst bei Bekannten unter. In Nürnberg waren in dieser Zeit allerorten hektische Aktivitäten im Gange, um den Beginn des Hauptkriegsverbrecherprozesses vorzubereiten. Im Gericht an der Fürther Straße wurde gehämmert und gezimmert, Kriegsgefangene waren zusammen mit örtlichen Handwerkern damit befasst, den großen Schwurgerichtssaal 600 nach einem eigens angefertigten Modell umzubauen.

Das Grand Hotel beim Bahnhof, Nürnbergs ehemals feinste Herberge, wurde ebenfalls notdürftig repariert, um die zu Prozessbeginn erwarteten Mitarbeiter und Gäste aufzunehmen. Das Gebäude, das gegenüber dem Bahnhof lag, hatte schwere Bombenschäden abbekommen, immerhin aber war der Marmorsaal im Erdgeschoss noch nutzbar. Wo früher gutbürgerliche Hochzeiten gefeiert wurden, da sollten demnächst Jazzmusiker aufspielen – serviert wurde immer noch im Frack. In der Nürnberger US-Society galt der »Marble Room« bald als eine der Top-Adressen. Nur wenige Besucher bemerkten, dass sie im Grand Hotel über Teppichböden flanierten, auf denen teilweise noch die eingewebten Hakenkreuze zu sehen waren.

Aber auch im Nürnberger Vorort Erlenstegen, in dem die Novalisstraße lag, war es mit der beschaulichen Ruhe vorbei. Reihenweise hatten die Amerikaner hier Häuser requiriert, die nun als Unterkünfte für Richter, Ankläger, Dolmetscher und für das Schreibpersonal hergerichtet wurden. Die neuen Bewohner, das fiel dem jungen Gerhard Krülle schnell auf, hatten anscheinend niemals Hunger leiden müssen. Wenn er im Herbst 1945 durch die Straßen des Viertels streifte, sah er, wie große Mengen Lebensmittel in den Mülltonnen verschwanden. Die Einheimischen schlichen immer wieder zu den Abfalleimern und holten heraus, was noch essbar erschien.

Unterdessen hatten die Amerikaner ihre Pläne für das Haus in der Novalisstraße 24 geändert. Statt die Gattinnen der Hauptangeklagten sollte die kleine Villa am Wald jetzt die vom Gericht oder der Anklagevertretung geladenen Zeugen beherbergen. Ingeborg Kálnoky nahm die Nachricht mit Erleichterung auf, denn sie hatte sich schon davor gegraust, täglich mit Frauen wie Emmy Göring Smalltalk machen zu müssen. Freilich ahnte sie zu diesem Zeitpunkt noch nicht, welch schwierige Aufgabe es sein würde, zwischen den höchst unterschiedlichen Gästen zu vermitteln, die nun erwartet wurden. Denn es sollten Zeugen der Anklage und der Verteidigung in der kleinen Villa unterkommen – ehemalige Nazis und Widerständler mithin unter einem Dach zusammenleben.

Die Alliierten hatten verschiedene Quartiere für die Zeugen der Prozesse eingerichtet. Da gab es beispielsweise einen speziellen Flügel im Gerichtsgefängnis, in dem jene Zeugen untergebracht wurden, die aus Internierungslagern kamen oder deren Inhaftierung ratsam erschien, weil man sie für schuldig hielt. In diesem Flügel wurden im Herbst 1945 vorübergehend auch einige Ehefrauen von Angeklagten untergebracht, die zunächst in der Novalisstraße hatten unterkommen sollen. Nicht weit vom Gerichtsgebäude entfernt, in der Muggenhofer Straße 2a, war ein weiteres Gebäude zur Zeugenunterkunft umgewandelt worden. Es sollte solchen

Zeugen als vorübergehende Bleibe dienen, die nicht aus Gefangenenlagern kamen und sich nach offizieller Anweisung frei bewegen konnten – auch wenn es faktisch nicht immer so war.

Auch das Haus in der Novalisstraße war eine Herberge für so genannte freiwillige Zeugen. Ihr Status der Freiheit aber war relativ, wie sich bald herausstellen sollte. Zeitweilig kontrollierten GI-Posten den Eingang, damit keiner unbefugt das Haus verließ. Manch ein Bewohner wechselte von der Herberge am Waldesrand später direkt ins Gefängnis, andere Gäste kamen aus einem Lager, galten formell als frei und wurden doch diskret bewacht. Einigen wichtigen Zeugen der Anklage waren die Bodyguards gar zum eigenen Schutz verordnet worden, andere standen aus Gründen, die kaum einer durchschaute, unter Zimmerarrest.

Doch zugleich sollte den Gästen ihr Aufenthalt so angenehm wie möglich gestaltet werden. Immerhin erwartete man recht prominente Zeugen. Und so gab es in der alten Stadt an der Pegnitz in diesen Tagen wohl keine exklusivere Zeugenherberge als die Villa in der Novalisstraße. Auch die Anwälte der Angeklagten rissen sich anfangs regelrecht darum, hier Unterkunft nehmen zu dürfen. Neben der Hausnummer 24, die den Krülles gehörte, stand noch das Haus Nr. 22 zur Verfügung. Dort gab es allerdings nur Schlafzimmer. Die Mahlzeiten wurden gemeinsam im Haupthaus eingenommen, wo sich auch das gesellige Leben abspielte. Gräfin Kálnoky hatte die Leitung des Hauses übernommen, Elise Krülle sollte ihr als Zimmermädchen und Servierdame zur Hand gehen.

Als ersten Gast begrüßte Ingeborg Kálnoky einen gebrochen wirkenden alten Mann mit hoher Stirn und wässrig blauen Augen. Professor Karl Haushofer, vormals Lehrer von Rudolf Heß, dem späteren »Stellvertreter des Führers«. Zugleich galt er als Inspirateur für Hitlers Lebensraumpolitik, war jedoch später in Ungnade gefallen. Im Zeugenhaus traf Haushofer Ende September 1945 ein. Alles an dem alten Herrn, der mittlerweile 76 war, kam der Gräfin traurig vor, er wirke »weltabgewandt und müde«, notierte sie damals.

Praktisch vom ersten Tag ihres Engagements in der Novalisstraße an hatte Ingeborg Kálnoky das Gefühl, an einem historischen Ereignis teilzunehmen. Zwar führte sie kein Tagebuch im eigentlichen Sinne. Doch sie tippte noch in den 40er Jahren eigenhändig einen rund 140 Seiten umfassenden Bericht, den sie auch einigen Gästen zum Lesen gab. Als Überschrift für ihren Text empfahl ihr daraufhin ein Zeugenhausbewohner den Titel »Im Schatten der Nemesis« – entsprechend pathetisch liest sich das Werk. Ihre Beobachtungen wirken manchmal etwas einäugig. So gibt es Zeugen, die nachweislich in der Novalisstraße logierten, ohne dass Kálnoky sie je erwähnte. Anderen Bewohnern hingegen widmete sie seitenlange Beschreibungen, obgleich diese weder im Prozessgeschehen noch sonst irgendwie von erkennbarer Bedeutung waren. Doch zugleich enthält der Erlebnisbericht der Gräfin wertvolle Hinweise und treffende Feststellungen – Kálnoky betrachtete ihre Gäste eben »ganz privat«, wie es im Untertitel des Textes heißt.

So auch den alten Haushofer, für den sie offenbar besondere Zuneigung empfand. Einst war er Offizier im Ersten Weltkrieg gewesen, wie ihr eigener Vater, später Professor für Geopolitik. Während seiner Zeit als Soldat hatte Haushofer im Jahr 1916 Transsilvanien durchquert und damals wohl sogar Schloss Köröspatak gesehen. So gab es genügend Gesprächsstoff mit der Gräfin, derweil er auf seine Vernehmung wartete. Die Befragung sollte Edmund W. Walsh führen, ein bekannter Jesuitenpater und Politikwissenschaftler, der an der Georgetown University in Washington lehrte.

Für die Ankläger war Haushofer aus zwei Gründen interessant: Zum einen, weil seine geopolitischen Vorstellungen als theoretische Grundlage für Hitlers kriegerische Expansionspolitik gedient hatten, zum anderen, weil er noch lange engen Kontakt zu seinem einstigen Schüler Heß gepflegt hatte. In Haushofers Weltbild waren nur größere Völker überlebensfähig, kleinere mussten zwangsläufig untergehen. Deutschland war aus seiner Sicht dazu bestimmt, in Europa eine entscheidende Rolle zu spielen, in der asiatischen Welt hielt er Japan für prädestiniert. Und so hatte der Professor ganz praktisch daran mitgewirkt, das Kriegsbündnis zwischen Japan und dem Dritten Reich zu schmieden.

Zunächst war erwogen worden, den erzreaktionären Hochschullehrer selbst unter Anklage zu stellen. Doch der alte Mann mit dem Hindenburgbart war an den eigentlichen Kriegsvorbereitungen nicht nachweislich beteiligt gewesen, stattdessen konnte er glaubhaft machen, dass er sich mit Hitler bereits 1938 überworfen hatte. Überdies war er herzkrank, und er schien von seinem familiären Schicksal schon geschlagen genug. Sein Sohn Albrecht Haushofer, ein Geograph und Schriftsteller, hatte sich in den 40er Jahren dem Widerstandskreis um Carl Friedrich Goerdeler angeschlossen und war nach dem Attentat vom 20. Juli 1944 verhaftet und später erschossen worden. Auch der Vater hatte wegen des Sohnes einige Wochen im Konzentrationslager Dachau verbringen müssen.

Pater Walsh setzte sich mit dem Professor ins Herrenzimmer der Zeugenherberge und befragte ihn über mehrere Tage; bedeutende Informationen kamen dabei anscheinend nicht heraus. Der alte Mann verteidigte seine geopolitischen Visionen als Ergebnis der niederschmetternden Situation, in der sich Deutschland kurz nach dem Ersten Weltkrieg im Jahr 1919 befunden hatte, als es durch die Versailler Verträge kaum Spielraum für Entwicklungen gab. Mit Hitlers Lebensraumpolitik aber habe dies nichts zu tun gehabt. Er stritt auch entschieden ab, je an Hitlers »Mein Kampf« mitgeschrieben zu haben, dem nationalsozialistischen Grundlagenwerk, in dem bereits die meisten der späteren Verbrechen formuliert worden waren. Und er behauptete, niemals auch nur einen Pfennig von den Nazis bekommen zu haben.

Zwischen den Befragungen musste der alte Herr immer mal wieder ausruhen, er hatte allein während seines Aufenthalts im Zeugenhaus schon zwei Herzanfälle erlitten. So verbrachte er lange Stunden mit der Gräfin im Garten, er betrachtete die blühenden Heidepflanzen, streichelte das Kätzchen von Elise Krülle, das zumeist auf seinem Schoß lag, und sinnierte plötzlich doch noch über Schuld und Sühne: »Irgendwie fühlt man sich mitschuldig«, ließ er sich, wie die Gräfin notierte, eines Tages zerknirscht aus seinem Liegestuhl vernehmen, auch »wenn man die längste Zeit nichts ahnte von Hitlers teuflischen Taktiken«.

Hitlers Leibfotograf oder die Kunst, sich durchzuschlagen

Jemand klingelte Sturm an der Tür. Mutter Krülle linste zum Küchenfenster hinaus, draußen stand ein amerikanischer Ambulanzwagen. Sie öffnete die Wohnungstür, im nächsten Moment drängten sich die Besucher auch schon in den Hausflur hinein. Ein US-Soldat brachte zwei Männer, die ziemlich heruntergekommen aussahen. Ihre Gesichter waren unrasiert, der Kleinere von ihnen sah aus wie ein bayerischer Wurzelsepp in seiner merkwürdigen Verkleidung. Er trug einen zerbeulten Tirolerhut, einen etwas abgeschabten Trachtenjanker und eine gestreifte Stresemannhose, die ganz offensichtlich viel zu weit für ihn war und daher mit einem dünnen Lederriemen festgehalten wurde.

Der US-Soldat wandte sich in englischer Sprache an die Gräfin: »Sagen Sie den Herren bitte, dass sie frei sind.« Dann griff er in seinen Uniformrock und zog eine Brieftasche heraus. Im nächsten Moment händigte er jedem der beiden Männer ein paar Geldscheine aus und verabschiedete sich. Der Größere nahm das Geld eher zögerlich entgegen, der Kleine griff gierig danach. Sorgfältig zählte er die Scheine noch einmal nach, faltete sie zusammen und stopfte das dünne Papierbündel in seine Hosentasche. »Wenn man sein Geld zurückbekommt«, bemerkte er selbstgefällig, während er seinen eher unschlüssig wirkenden Begleiter anstieß, »dann ist dies das sicherste Zeichen, dass die Gefangenschaft beendet ist.«

»Grüß Gott gnä' Frau«, wandte er sich dann endlich der Gräfin zu und machte eine ungelenke Bewegung, um eine Art Handkuss zu simulieren. »Gestatten: Heinrich Hoffmann, Professor der feinen Künste.« Auch der zweite Besucher, der eine Wehrmachtsjacke mit abgeschnittenen Epauletten trug, stellte sich vor: »Dr. Wilhelm Scheidt, Rittmeister der Reserve.« Die beiden Herren kamen aus verschiedenen Gefangenenlagern; durch die kleinen Fenster des Ambulanzwagens hatten sie nicht erkennen können, wohin sie gefahren wurden. Hoffmann hatte schon befürchtet, dass man ihn womöglich in die russische Zone bringen würde. Zwar hatte er einst »mit Stalin Freundschaft getrunken«, wie er der Gräfin später am Abend stolz erzählte – doch man wusste ja nie, wie die Russen heute über einen dachten.

Heinrich Hoffmann war Hitlers Leibfotograf gewesen. Mehr durch geschäftliche Schlitzohrigkeit denn durch fotografisches Können hatte es der kleine Bayer verstanden, sich praktisch ein Monopol auf die Hitlerfotos zu verschaffen: Er war es, der das öffentliche Bild des »Führers« prägte. Wann und wo immer Fotos von Hitler veröffentlicht wurden, sie stammten in der Regel von Heinrich Hoffmann. Durch sein Privileg, der »Führer«-Fotograf zu sein, hatte es Hoffmann zu erheblichem Reichtum gebracht. Während er ursprünglich mit einem kleinen Fotoatelier in dem Münchner Bohème-Viertel Schwabing angefangen hatte, beschäftigte er in den 40er Jahren über 300 Mitarbeiter, er unterhielt Filialen in von den Deutschen besetzten Gebieten und war mehrfacher Millionär geworden.

Bei Kriegsende wurde Hoffmann wie viele andere NS-Prominente in ein Gefangenenlager überführt. Jetzt hatten die Amerikaner den Fotografen nach Nürnberg gebracht, damit er sein umfangreiches Fotoarchiv für sie sortiere. Tausende seiner Bilder waren beschlagnahmt worden, vor Gericht konnten sie als wichtige Zeitdokumente und Beweismittel dienen. Auf den Fotos waren der Diktator und seine Paladine in immer neuen Konstellationen dargestellt, und so ließ sich anhand der Bilder feststellen, wer wann beim »Führer« gewesen war. Viele Beschuldigte behaupteten jetzt, dass sie Hitler kaum oder gar nicht gekannt hätten – die Bilder bewiesen oftmals das Gegenteil.

Hoffmann hatte ein Talent, stets das Beste für sich herauszuholen. Und so wusste er auch in Nürnberg schnell von seiner neuen Situation zu profitieren. Noch am ersten Abend hatten er und der mitgereiste Offizier auf die Gräfin einen äußerst niedergeschlagenen Eindruck gemacht. Da saß man im Zeugenhaus mit dem traurigen Haushofer gemeinsam am Abendbrottisch, und es wollte so gar keine flotte Konversation in Gang kommen, wie die Gräfin sie so liebte. Hoffmann hatte zu diesem Zeitpunkt noch keine Ahnung von seiner neuen Aufgabe; Scheidt, der ein hochrangiger Offizier im Oberkommando der Wehrmacht gewesen war, plagten unbestimmte Ängste, dass die Amerikaner ihn für einen Kriegsverbrecher halten könnten. Und der Geopolitiker Haushofer war wohl wie stets in seine dunklen Gedanken versunken – die Gräfin registrierte jedenfalls allgemeine Beklommenheit.

Bereits am nächsten Tag aber schien Hoffmann wie verwandelt. Bald sah ihn Kálnoky, wie er nachmittags gut gelaunt vom Gericht zurückkam, eine US-Zigarette im Mund und unter dem Arm ein Bündel Papiere, in dem Zeichnungen steckten oder Witzgedichte. Er hatte im Gerichtsgebäude einen schwunghaften Handel begonnen und verkaufte den GIs Nacktzeichnungen und zuweilen wohl auch ein Hitlerbild. Dafür erstand er von den Amerikanern Zigaretten, Seife, Kaffee und Whiskey – eben alles, was in jenen Zeiten knapp und daher sehr wertvoll war. Bald glich sein

Zimmer einem Warenlager, die US-Soldaten gingen ein und aus im Zeugenhaus, um mit Hoffmann ihre Tauschgeschäfte zu treiben. Haushofer und auch der Wehrmachtsoffizier Scheidt, ein etwas rundlicher Herr mittleren Alters, fanden das ziemlich abgeschmackt. »Einige Leute fallen wohl immer auf die Butterseite des Lebens«, ließ sich Haushofer eines Abends missmutig vernehmen.

Hoffmann konnte nicht verstehen, was die Herren fanden – außer materiellen Werten schien er keine zu kennen. Wenn die Diskussion bei Tisch die aktuelle Situation in Deutschland berührte und man darüber sprach, welche der alten Bekannten wohl noch in Internierungslagern saßen, interessierte ihn immer nur, was es wo zu essen gab. Scheidt, der offenbar ganz gern den Zerknirschten gab, hatte zu bedenken gegeben, dass man sich doch ziemlich glücklich schätzen könne hier im Zeugenhaus. Andernorts hausten die Menschen in Kellern, müssten Hunger leiden und selbst für ein paar Liter Trinkwasser in der Schlange stehen. Hier hingegen werde man köstlich bewirtet.

»Keine falsche Bescheidenheit, Herr Rittmeister«, erwiderte Hoffmann daraufhin, »wir tun ja auch was für unser Brot.« Dann erläuterte der Fotograf die laufenden Prozessvorbereitungen aus seiner Sicht: »Ist doch klar, warum die Amis sich hier nicht lumpen lassen – wir sind Zeugen, und ohne Zeugen gibt es keinen Prozess.«

Gern schwadronierte der Bayer auch über seinen engen Draht zu Hitler, für den er, Hoffmann, angeblich der einzige Freund war, der den »Führer« gleichsam zu jeder Tages- und Nachtzeit besuchen konnte –, und der »Führer« besuchte ihn. Bereits in der Münchner Zeit sei Hitler manchmal spät abends zu ihm in die Wohnung gekommen, habe sich in einen Sessel an den Kamin gesetzt und den Erzählungen Hoffmanns gelauscht. Manchmal sei er dabei auch eingeschlafen, berichtete der Fotograf. Immer aber habe sich Hitler offenbar sehr wohl bei ihm gefühlt, denn zum Abschied habe er ihm oft gedankt mit den Worten: »Hoffmann, Sie sind der einzige Mensch, der mich nicht beschwert.«

Hitler und der Fotograf hatten sich 1923 kennen gelernt, ihre Freundschaft hielt offensichtlich bis zum Kriegsende. Hoffmann war ein NSDAP-Mitglied der ersten Stunde gewesen, sein Parteiausweis hatte die Nummer 56. Anfangs war Hitler recht fotoscheu, Hoffmann musste ihn erst überzeugen, ehe er ihn endlich vor die Kamera bekam – fortan aber war Hitler sein treuestes Fotomodell. Noch im April 1945 kam Hoffmann in den Führerbunker nach Berlin, um sich von dem Diktator zu verabschieden, der mittlerweile nur noch ein Schatten seiner selbst war. Im Herbst 1945 hatten die Amerikaner daher den Eindruck, mit dem Fotografen einen sehr guten Informanten in Händen zu haben: »Knows more about Hitler than anyone«, notierten sie in einer Akte über Hoffmann.

Freilich, so wurde der Fotograf im Zeugenhaus nicht müde zu erzählen, sei das Verhältnis zwischen ihm und Hitler »völlig unpolitisch« gewesen – über Politik oder ernsthafte Probleme habe man jedenfalls nie gesprochen. Stattdessen hatte er Hitler mit seiner späteren Angetrauten Eva Braun bekannt gemacht. Eva Braun war eine Mitarbeiterin in Hoffmanns Münchner Filiale gewesen, wo der Fotounternehmer seine Postkarten sortieren und versenden ließ. Hoffmanns Meinung über seine einstige Angestellte, mit der er selbst wohl vorübergehend ein Verhältnis gehabt hatte, schien allerdings nicht allzu hoch: »Sie war nett anzusehen, hatte aber keinerlei geistige Qualitäten«, verbreitete er sich über die Hitler-Gefährtin.

Der Fotograf gab immer neue Anekdoten zum Besten. Und so waren »Hoffmanns Erzählungen« bald ein stehender

Begriff im Zeugenhaus. Zu einer seiner treuesten Zuhörerinnen entwickelte sich Elise Krülle. Hoffmann konnte stundenlang bei ihr in der Küche sitzen und von den scheinbar großen alten Zeiten erzählen. In Nürnberg hatte man den Fotografen während der NS-Zeit gut gekannt. Immerhin stammte der mittlerweile 60-Jährige aus dem benachbarten Fürth, außerdem war er Jahr für Jahr mit dem Führer zu den Reichsparteitagen erschienen und hatte später prächtige Bildbände darüber herausgebracht. »Hitler, wie ihn keiner kennt« hießen diese Bücher oder auch »Hitler baut das Großdeutsche Reich« – vielleicht hatte Mutter Krülle, die durchaus empfänglich gewesen war für die Propaganda der Nazis, einen dieser Bände früher mal im Bücherschrank stehen, zwischen Meyers Konversationslexikon und Schillers Wallenstein. Jetzt lauschte sie jedenfalls ganz gern seinen Plaudereien, und auch ihr Sohn Gerhard bekam den einen oder anderen dieser Auftritte mit.

Gerhard Krülle war in der Hitlerjugend gewesen und hatte mit jugendlichem Enthusiasmus für den »Führer« geschwärmt, entsprechend empfand der Junge das Kriegsende und den Einzug der Amerikaner zunächst als schwere Niederlage. Einige Zeit bevor das Zeugenhaus eröffnet wurde, war dem 13-Jährigen jedoch eine Zeitung in die Hände gefallen. Ob es schon eines der neu lizenzierten deutschen Blätter war oder eine amerikanische Zeitung in deutscher Sprache, wusste er später nicht mehr zu sagen – eine Seite darin blieb ihm jedoch tief im Gedächtnis. Gerhard hatte die Zeitung irgendwo auf der Straße aufgelesen. Um sie ungestört lesen zu können, war er zu Hause hinter die Mauerreste der zerbombten Garage geklettert und hatte sich dort auf dem Grasboden niedergelassen.

In der Zeitung waren Fotos abgebildet, furchtbare Fotos aus den Konzentrationslagern. Der Text handelte von unfassbaren Gräueltaten, denen sich die Nazis schuldig gemacht hatten. Gerhard las den Bericht zwei, drei mal. Er spürte eine tiefe Enttäuschung. Hitler war für ihn eine Vaterfigur gewesen, ein Mann, der dafür gesorgt hatte, dass Deutschland etwas zählte in der Welt. Ob in der Schule oder im Elternhaus, überall hatte man jahrelang Gutes über den Mann gehört. Gerhards eigener Vater Walter Krülle, der seit Monaten vermisst wurde, hatte sich aus Überzeugung für die Sache sogar freiwillig zum Militär gemeldet, obgleich er mit seinen fast 50 Jahren längst über das Alter der aktiven Soldaten hinaus war.

Alle hatten sich angestrengt für Hitler. Gerhard Krülle konnte kaum glauben, was er las: Sein Idol war ein Verbrecher gewesen, und viele seiner Landsleute hatten große Schuld auf sich geladen. Die Lektüre des Artikels war ein Schlüsselerlebnis für den 13-Jährigen, und er sollte den Moment, als er mit der Zeitung hinter der Garagenmauer saß, nie im Leben vergessen. Noch 60 Jahre später, im Jahr 2005, erinnert sich der Professor im Ruhestand an diesen Augenblick der Erkenntnis noch in allen Details.

Wir sitzen in seinem gemütlichen Heim, wo sich die Rankpflanzen liebevoll um die Fensterrahmen schmiegen, und ich lausche dem Fortgang der Geschichte. Gerhard Krülle hat nach dem Krieg Maschinenbau studiert und ist dann in die Raumfahrtforschung gegangen. Er machte zunächst in der Wirtschaft, später als Wissenschaftler und Hochschullehrer Karriere. Mag sein, dass er hinter der Garagenmauer in Nürnberg, wie er heute glaubt, gleichsam als einen Gedankenblitz die belastende Gewissheit empfand, dass die Bewältigung dieser Schuld die Deutschen noch über Generationen beschäftigen werde. Diese für einen 13-Jährigen bemerkenswerte Weitsicht hat sich möglicherweise aber auch allmählich mit seinen Beobachtungen in der Novalisstraße eingestellt.

Der junge Gerhard bekam einiges mit vom Kommen und Gehen im Zeugenhaus. Er schnappte Wortfetzen aus Gesprächen auf, beobachtete die GIs und US-Offiziere, die täglich ins Haus kamen, und er horchte unwillkürlich auf, wenn sich bei einer Diskussion der Ton zu verschärfen drohte. Wie beiläufig lernte Gerhard Krülle auf diese Weise auch immer mehr englische Worte. Er bemerkte zudem, wie sich unter einzelnen Beteiligten zarte Bande zu knüpfen begannen. Elli, die junge Frau, die in der Küche half, hatte seinen Beobachtungen nach zum Beispiel ein Verhältnis mit einem GI. Das sei ein »rauer Bursche« aus Arkansas gewesen, erinnert sich Krülle noch heute, der täglich in einem US-Jeep das Essen brachte. Ob der Soldat es freilich mehr auf die Küchenhilfe oder auf ihre 14-jährige Tochter abgesehen hatte, wusste man nicht so recht. Den Jungen irritierte, wie der GI stets das Mädchen auf seinen Schoß zog und dabei fröhlich ausrief: »Come on and sit down on your Papa's knee.«

In großen grünen Armeetöpfen wurde täglich dreimal das Essen zur Novalisstraße gefahren. Drinnen, in der winzigen Küche gleich rechts vom Hauseingang, hatte Frau Kreisel das Kommando, eine robuste, etwas rundliche Frau mittleren Alters. Sie achtete stets peinlich darauf, dass alles seine Ordnung hatte und die Gäste auch immer die richtigen Bestecke bekamen. Freilich hegte die Gräfin auch immer noch den Verdacht, dass sich Frau Kreisel auch selbst nicht schlecht versorgte. Das angelieferte Essen war eher fremd für deutsche Gaumen. So gab es zum Frühstück neben Spiegeleiern mit gegrilltem Schinken auch Grapefruitsaft und Erdnussbutter – dergleichen hatte man bis dato in Nürnberg noch nie gesehen. Der Kaffee war dünn, aber immerhin gab es Kaffee. Und die zugeteilten Essensportionen galten für damalige Verhältnisse als äußerst großzügig.

Anfangs mussten noch nicht allzu viele Gäste versorgt werden. Hoffmann und Scheidt waren am 3. Oktober 1945 angekommen. Eine knappe Woche später verabschiedete sich Karl Haushofer. Zuvor hatte man noch eine Gegenüberstellung zwischen ihm und seinem einstigen Schüler Rudolf Heß organisiert, der soeben aus Großbritannien nach Nürnberg überführt worden war. Der einstige Führer-Stellvertreter schien geistig verwirrt zu sein und behauptete, sich an nichts mehr erinnern zu können. Um sein Gedächtnis in Gang zu bringen, versuchten die Ankläger daher, Heß mit Bekannten aus seiner Vergangenheit zu konfrontieren.

Die Gegenüberstellung mit Haushofer aber war wenig erfolgreich verlaufen. Der alte Professor hatte über die Jahre stets Kontakt mit seinem ehemaligen Schüler gehalten und war vermutlich durch Heß vor rassenpolitischen Nachforschungen geschützt worden, denn Haushofers Frau war eine so genannte »Halbjüdin«. Noch kurz vor seinem geheimen Schottlandflug im Mai 1941 hatte der Stellvertreter Hitlers mit Haushofer gesprochen. Wahrscheinlich war Heß' eigenmächtige Aktion, mit der er seinerzeit in völliger Verkennung der Lage Friedensverhandlungen mit England einleiten wollte, auch mit dem Sohn des Professors, Albrecht Haushofer, abgesprochen gewesen. Denn dieser wurde daraufhin zum ersten Mal verhaftet. Bei der Gegenüberstellung mit Rudolf Heß im Oktober 1945 hatte der alte Haushofer jedoch den Eindruck, dass dieser ihn nicht erkannt hatte, und auch ihm selbst war der einstige »Führer«-Stellvertreter wie ein Fremder vorgekommen. So kehrte der ohnehin schon schwermütige Mann nach dem Bericht der Gräfin noch niedergeschlagener ins Zeugenhaus zurück.

Dort war unterdessen ein Besucher eingetroffen, den Elise Krülle wie auch die anderen Hausangestellten bald häufiger zu Gesicht bekommen sollten: Es war der Armeegeistliche Fabian Flynn, der die Gräfin bereits kurz nach der Entbindung im Krankenhaus aufgesucht hatte. Wie Haushofer später in einem Brief notierte, kam der Pater zusammen mit einem Colonel im Zeugenhaus vorbei – möglich, dass es sich um eben jenen US-Offizier handelte, der Kálnoky eingestellt hatte. Die beiden Amerikaner schienen gut miteinander befreundet zu sein, und der Gräfin war ihr Besuch offensichtlich angenehm, wie Haushofer bemerkte. In seinem Brief erwähnte der Professor später, dass sich der Geistliche »viel gütige Mühe« um die Hausherrin gemacht habe.

Fabian Flynn war ein gut aussehender US-Offizier von 40 Jahren, dem man die Religiosität nicht unbedingt auf den ersten Blick ansah. Normalerweise trug er eine gewöhnliche Uniformjacke; er war von stattlicher Statur und schien gut durchtrainiert. Nur das Kreuz am Revers wies ihn als Priester aus. Flynn hatte den Krieg im Fronteinsatz miterlebt. In seiner Personalakte sind Aufenthalte in Nordafrika, in Sizilien und in der Normandie dokumentiert, wo er am D-Day dabei war. Teils hatte er in Feldlazaretten gearbeitet, teils direkt an der Front, zuweilen war Pater Flynn auch in militärische Operationen involviert gewesen, Ende 1944 hatte er sich dabei eine schwere Verletzung zugezogen.

Mittlerweile stand der katholische Priester im Rang eines Hauptmanns, für seine mutigen Einsätze hatte er zahlreiche Auszeichnungen erhalten, von denen er einige an der Uniformjacke trug. Etwa den Silver Star, einen wichtigen amerikanischen Tapferkeitsorden. Im zivilen Leben war Fabian Flynn, der zum katholischen Orden der Passionisten gehörte, in einem Kloster bei Boston beheimatet, dort hatte es ihn jedoch nicht lange gehalten. Kaum dass er von seiner Verletzung genesen war, ließ er sich im Frühjahr 1945 wieder zur kämpfenden Truppe versetzen. Und so erreichte Flynn einige Monate später mit seiner Einheit, dem 26. Infanterieregiment der 3. US-Armee, das völlig zerbombte Nürnberg. Das Regiment sollte bald wichtige Aufgaben im Zusammenhang mit der Vorbereitung des Kriegsverbrecherprozesses übernehmen, und damit war auch Flynn von Anfang an in die vielfältigen Arbeiten für das Militärtribunal eingebunden.

Der Geistliche besuchte Kriegsgefangenenlager und Krankenhäuser. Ende August 1945 war Fabian Flynn überdies zum offiziellen Kaplan der amerikanischen Kriegsverbrecherkommission ernannt worden. Mithin fiel das Zeugenhaus in seinen Amtsbereich. Ausweislich ihres Anstellungspapiers, das aus einem formlosen, von einem Major unterschriebenen Zettel bestand, hatte das 26. Infanterieregiment auch die Gräfin unter Vertrag. Da war es nur selbstverständlich, wenn sie sich zuweilen mit ihren Sorgen an den Priester wandte.

Und es gab ein Problem: Bislang hatten die US-Stellen nicht erlaubt, dass auch Kálnokys Kinder mit im Zeugenhaus wohnen durften. Doch die Gräfin wünschte sich natürlich nichts sehnlicher als das – und sie erreichte es auch. Ob der Priester geholfen hatte, oder ob die Dinge sich durch anderen Beistand regelten, ist nicht bekannt. Im Spätherbst 1945 zogen jedenfalls die drei Kinder Eleonora, Fárkas, Antal und das am 15. August geborene Baby Ingeborg samt dem Kindermädchen Cuci in der Novalisstraße ein. Fortan ging es noch etwas lebhafter im Hause zu.

Fabian Flynn kam regelmäßig in der Novalisstraße vorbei. Und er begegnete der Dame des Hauses mit solch herzlicher Fürsorglichkeit, dass Elise Krülle und manch anderer im Haus seine Besuche mit besonderem Interesse verfolgten. Indes sollte die Gräfin den Pater später in ihrem Erlebnisbericht mit keiner Silbe erwähnen; auch in ihrem 1975 veröffentlichten Buch »The Guest House« gibt es keinen Hinweis auf Fabian Flynn.

Täglich aufs Neue verlangte das Zeugenhaus die volle Aufmerksamkeit der Gräfin. Per Telefon war ihr aus dem Gerichtsgebäude ein neuer Gast avisiert worden, einer für den offensichtlich besondere Maßstäbe galten. Kálnoky war angewiesen, ihm ein geräumiges Zimmer im Haupthaus zu reservieren. Anderntags lieferten zwei Militärpolizisten den Mann in der Novalisstraße ab. Er war Mitte 40 und von großer, stattlicher Figur, hatte sehr schwarzes Haar und ungewöhnlich blaue Augen. Über seine linke Wange zog sich eine lange Narbe, offensichtlich ein Schmiss, den er sich als Student beim Fechten zugezogen hatte.

Der Fremde stellte sich mit dem Namen Rudolf Diels vor, ergriff die Hand der Gräfin und deutete einen perfekten Handkuss an – Kálnoky war entzückt. Gut gelaunt begleitete sie den Neuankömmling zu einem großen Zimmer mit Balkon im ersten Stock, dem ehemaligen Elternschlafzimmer der Krülles. Dort erklärte ihr einer der US-Begleiter, dass der Mann den Raum nicht verlassen dürfe. »Er steht unter Zimmerarrest«, präzisierte der Soldat, »niemand darf ihn sehen, und er darf mit niemandem sprechen.«

Das machte die Dame des Hauses zwar stutzig, doch sie nahm an, dass die beiden MPs den Fremden hier selbst im Haus bewachen wollten. Als diese sich jedoch im nächsten Moment zum Gehen wandten, schaute sie leicht irritiert zunächst auf den Zwei-Meter-Mann und dann zu den Amerikanern hinüber: »Soll *ich* ihn etwa bewachen?« Es genüge, die Tür abzuschließen und den Schlüssel einzustecken, erklärte ihr einer der US-Soldaten daraufhin und fügte streng hinzu: »Sie tragen die Verantwortung!«

Ingeborg Kálnoky blickte die Amerikaner ungläubig an. Da meldete sich plötzlich der Einzuschließende selbst zu Wort. »Gnädige Frau, ich verspreche Ihnen, ein äußerst folgsamer Gefangener zu sein«, erklärte er unumwunden, machte eine Pause und lächelte die Hausdame verschmitzt an: »Ich kann mir nichts Angenehmeres vorstellen, als unter dem Kuratel einer solch charmanten Bewacherin wie Ihnen zu stehen.« Ingeborg Kálnoky errötete. Der neue Gast hielt sich offensichtlich für unwiderstehlich.

In den nächsten Tagen schleppte die Gräfin dreimal täglich das Essen in sein Zimmer hinauf, woraufhin Diels sie stets in eine kurze Unterhaltung zu verwickeln wusste. Im Schlafzimmer der Krülles stand ein breites Ehebett und ein kleiner Tisch, an diesem saß Diels zumeist und legte Patiencen. Man hatte ihm einen Waschkrug mit Schale in den Raum gestellt, damit er sich frisch machen konnte, ohne das Zimmer zu verlassen. Wenn er etwas brauchte, klopfte Diels mit einem Spazierstock auf den Boden, sodass man es unten im darunter gelegenen Herrenzimmer hören konnte. Ab und zu kam jemand vom amerikanischen Spionageabwehrdienst CIC, um ihn abzuholen, Rudolf Diels schien jedes Mal erleichtert, wenn er auf diese Art sein Zimmer verlassen konnte.

Noch hatte die Gräfin keine Ahnung, was es mit ihrem geheimnisvollen Gast auf sich hatte. Doch der geschwätzige Fotograf Heinrich Hoffmann sollte sie bald aufklären. Eines Abends, als sie ein Tablett nach oben trug, fragte er schmunzelnd, ob es nun »Zimmerservice« im Hause gebe. »Zimmerarrest ist wohl das passendere Wort«, erwiderte Kálnoky schlagfertig und berichtete Hoffmann von dem neuen Gast. Als dieser den Namen Diels hörte, pfiff er leise durch die Zähne: »Ich dachte, der sei tot.«

Im nächsten Moment informierte er die Gräfin wortreich über den Neuankömmling: »Sie haben den Gründer der Gestapo in Gewahrsam.«

Der Ankläger und der Gestapochef

Aus dem großen Telefunkenradio, das auf der Anrichte stand, quäkte eine Stimme. Im Herrenzimmer des Zeugenhauses herrschte reger Betrieb. Der OKW-Offizier Scheidt hatte sich eingefunden, dazu ein paar Gäste, die in den letzten Tagen eingetroffen waren. Alle saßen sie um den runden Tisch versammelt, der mit verschiedenen Sesseln und Stühlen bestückt war. Die Anwesenden lauschten einer Radiosendung aus Berlin, wo an diesem 18. Oktober 1945 die Anklageschrift für den Hauptkriegsverbrecherprozess vorgestellt wurde.

Es begann also ernst zu werden. Die Alliierten hatten sich ursprünglich für Berlin als offiziellen Eröffnungsort des Tribunals ausgesprochen, um so den Russen entgegenzukommen, die sämtliche Gerichtssitzungen in der ehemaligen Reichshauptstadt abhalten wollten. Doch die Amerikaner lehnten es strikt ab, den Prozess in der russischen Besatzungszone zu führen, zu der auch große Teile Berlins gehörten. Schließlich konnte man sich auf Nürnberg einigen, das unter amerikanischer Kontrolle stand. Am 20. November 1945 sollte das Verfahren gegen die Hauptkriegsverbrecher in Nürnberg beginnen.

Die Anklageschrift umfasste über 80 Schreibmaschinenseiten und richtete sich gegen 24 Beschuldigte. Überdies waren Organisationen des NS-Regimes angeklagt, welche die Alliierten als verbrecherisch betrachteten, darunter die

Reichsregierung, die SS und die Gestapo. Zu den Beschuldigten gehörten NS-Größen wie Hermann Göring und Rudolf Heß, der einstige Reichsaußenminister Joachim von Ribbentrop sowie der Reichswirtschaftsminister und Reichsbankpräsident Walther Funk, die Militärs Wilhelm Keitel, Alfred Jodl und Erich Raeder sowie der letzte Regierungschef des Dritten Reiches Großadmiral Karl Dönitz. Fast alle Angeklagten waren inzwischen ins Gefängnis des Nürnberger Gerichts überführt. Auch das Zeugenhaus hatte sich in den Tagen vor Prozessbeginn erheblich gefüllt. Zahlreiche Anwälte waren angekommen: »Die Verteidiger«, notierte die Gräfin, »wurden fast alle bei uns durchgeschleust.«

Als einer der Ersten stand Rudolf Dix vor der Tür, ein angesehener Strafrechtler und Charakterkopf mit schlohweißem Haar. Dix war aus Berlin angereist, in Nürnberg traf er mit seinem Amtskollegen Herbert Kraus aus Göttingen zusammen, einem hageren, ebenfalls schon ergrauten Juristen von gutem Ruf. Die beiden Anwälte hatten sich bereit erklärt, die Verteidigung des ehemaligen Reichsbankpräsidenten Hjalmar Schacht wahrzunehmen. Bald stiegen zwei weitere Rechtsanwälte im Zeugenhaus ab, Hermann Jahreiß aus Dresden und der Rechtsprofessor Franz Exner aus München, beide hatten das Mandat von Generaloberst Jodl übernommen, Hitlers persönlichem Feldstrategen und Chef des Wehrmachtführungsstabes. Und schließlich kamen Walter Siemers und Viktor von der Lippe aus Hamburg, die Verteidiger von Goßadmiral Raeder.

Abends wurde in diesen Tagen im Zeugenhaus viel diskutiert. Da versuchten einzelne Anwälte, sich und anderen gegenüber zu begründen, warum sie ihren jeweiligen Mandanten vertraten, auch wenn sie keinesfalls als Verteidiger des alten Regimes betrachtet werden wollten. »Die Verteidigung eines Angeklagten«, räsonierte etwa der Raeder-Anwalt von der Lippe, sei »für einen Juristen eine berufliche Aufgabe, ähnlich wie ärztliche Hilfeleistung für einen Mediziner«. Andere brauchten sich derlei Begründungen gar nicht zurechtzulegen – sie betrachteten die Anklage als einen Ausdruck von Siegerjustiz, gegen die man sich als Deutscher mit patriotischer Gesinnung zur Wehr setzen musste. Nicht wenige Anwälte hatten in der zurückliegenden Zeit selbst Sympathien für die NSDAP gehegt oder waren sogar Parteimitglieder gewesen, andere wollten jetzt vor allem dabei sein, weil der Prozess ein außerordentliches historisches Ereignis zu werden versprach.

Die Verbrechen der Nazis, die im Laufe der Verhandlung Zug um Zug bekannt wurden, hatten sowohl von der Zahl als auch von dem Ausmaß der Grausamkeit her Dimensionen angenommen, die mit normal menschlichen Maßstäben kaum fassbar waren. Die Zeugenhausbewohner reagierten darauf in unterschiedlicher Weise. Die einen schlossen die Augen, leugneten und verdrängten, andere fühlten sich von der Last der Schuld regelrecht erdrückt. Wieder andere fürchteten, am Ende selbst auf der Anklagebank zu landen, weshalb sie immer nervöser wurden.

Wilhelm Scheidt, der Offizier aus dem Wehrmachtsoberkommando, wartete schon seit Wochen im Zeugenhaus darauf, vernommen zu werden, doch niemand nahm sich seiner an. Einmal im November 1945 hatten ihn die Amerikaner aufgefordert, eine eidesstattliche Erklärung abzugeben über die Partisanenbekämpfung durch Wehrmacht und SS – ein äußerst heikles Thema. Dann aber hörte Scheidt nichts mehr von den US-Offizieren. So blieb ihm nichts anderes übrig, als immer wieder aufs Neue sein Gedächtnis zu durchforsten: Hatte er sich etwas vorzuwerfen?

Scheidt war im Oberkommando der Wehrmacht (OKW) in der kriegsgeschichtlichen Abteilung tätig gewesen und hatte die entsprechenden Protokolle für den Wehrmachtführungsstab geführt. Als sein Vorgesetzter, General Walter Scherff, bei dem Attentat des 20. Juli 1944 im Führerhauptquartier verletzt worden war, nahm er in dieser Funktion monatelang an den Lagesprechungen bei Hitler in der Wolfsschanze teil, einer Bunkeranlage bei Rastenburg in Masuren. Im Zeugenhaus erklärte Scheidt der Gräfin, selbst Mitglied der militärischen Widerstandsbewegung gewesen zu sein. Doch ahnte er wohl, dass die Amerikaner ihm das nicht abnehmen würden. Die Ankläger indes ließen ihn schmoren – sie hatten andere Prioritäten.

Die in Berlin vorgestellte Anklageschrift umfasste vier Hauptvorwürfe. So wurden die 24 Beschuldigten bezichtigt, sich an einer Verschwörung gegen den Frieden beteiligt zu haben. Das Wort Verschwörung war die deutsche Übersetzung für »conspiracy« – eine sehr allgemeine Formulierung. So allgemein, dass sie auch sehr vage Vorwürfe umfassen konnte, wie mancher Anwalt befürchtete. Des Weiteren wurde den Beschuldigten vorgeworfen, sich an der Planung und Führung eines Angriffskriegs beteiligt zu haben. Man legte ihnen eine Reihe von schweren Kriegsverbrechen zur Last, die als Verstoß gegen die Haager Landkriegsordnung und das Genfer Abkommen von 1929 zu ahnden waren. Und schließlich wurden den Angeklagten Verbrechen gegen die Menschlichkeit vorgeworfen, wie die Verfolgung und systematische Vernichtung der jüdischen Bevölkerung.

Im Zeugenhaus wagte in diesen Tagen kaum jemand der Anwesenden die Tatsache in Zweifel zu ziehen, dass während der NS-Zeit furchtbare Untaten geschehen waren. Fragwürdig aber fanden viele Verteidiger, dass nun einzelne Personen dafür zur Rechenschaft gezogen werden sollten. Ein Anwalt, der seine Ansicht mit besonderer Eloquenz zu vertreten wusste, war Otto Kranzbühler, ein äußerst gut aussehender jüngerer Mann, der Großadmiral Dönitz verteidigen sollte. Kranzbühler war selbst aktiver Offizier gewesen und hatte hinter der Front als Flottenrichter gewirkt. Im Zeugenhaus pflegte er stets in schmucker Marineuniform aufzutreten, dies nicht zuletzt, um auf anschauliche Art die Kontinuität seiner Tätigkeit zu demonstrieren. Er hatte nach eigener Auffassung immer nur seine Pflicht getan, und in diesem Sinne verstand er auch die Verteidigung seines Mandanten Dönitz.

Gräfin Kálnoky hatte Anweisung, die Anwälte nur möglichst kurz im Zeugenhaus zu beherbergen – schließlich waren die Alliierten nicht für die Unterbringung der Verteidiger zuständig. Rudolf Dix hatte schon bald eine neue Behausung gefunden, im Gästebuch dankte er mit krakeliger Schrift für die »charmante Gastfreundschaft«, wobei er einen dicken Tintenklecks hinterließ. Auch Kranzbühler war gehalten, das, wie er fand, »angenehm geheizte Haus« zu verlassen. Fast klang es wehmütig, als er am 6. November 1945 ins Gästebuch schrieb: »Mit Trauer scheide ich aus diesem gastlichen Heim.«

Der junge Anwalt sollte sich bald einen Namen machen durch die Präzision und Schärfe, mit der er sowohl im Hauptprozess wie auch in den Nachfolgeverfahren seine Mandanten verteidigte. Das Zeugenhaus aber blieb ihm als »äußerst feudal für die damaligen Verhältnisse« im Gedächtnis – nach seinem Auszug hatte der Jurist ein halb ausgebombtes Zimmer bezogen, das »nur über eine Hühnerleiter erreichbar war«, wie er mir viele Jahre später erzählte.

Kranzbühler war mittlerweile ein alter Herr von 88 Jahren und lebte in einem schönen Haus am Tegernsee, doch er zählte noch mühelos eine bunte Gesellschaft von Gästen auf, die er seinerzeit in der Novalisstraße angetroffen hatte. Sowohl während seines eigenen Aufenthaltes im Zeugenhaus als auch später, als er dorthin kam, um Zeugen zu treffen. So war ihm beispielsweise außer »Foto-Hoffmann« auch dessen Tochter Henriette von Schirach noch gegenwärtig, die Ehefrau des einstigen NS-Gauleiters von Wien, Baldur von Schirach, der in Nürnberg zu den Beschuldigten gehörte. Sie logierte immer mal wieder im Zeugenhaus, allerdings vermutlich erst ab Frühjahr 1946, da sie zuvor noch interniert war. Und während der Vater mit den GIs Geschäfte machte, flirtete die Tochter aufs Heftigste mit einzelnen US-Offizieren, wie sich Kranzbühler noch schmunzelnd erinnerte: Eine »sehr aparte Frau« sei sie ja gewesen, mit ihrem rotbraun schillernden Haar.

Otto Kranzbühler wusste auch von Fritz Wiedemann zu erzählen, Hitlers einstigem Adjutanten. Und so mag der Offizier und Diplomat bereits im Herbst 1945 im Zeugenhaus gewesen sein, obgleich die Gräfin ihn nie in ihren Berichten erwähnte. Tatsächlich taucht Wiedemanns Unterschrift erst viele Monate später im zweiten Gästebuch auf, jenem, das die Baronin von Kleist eröffnete, als sie die Leitung des Zeugenhauses übernahm. Indes belegt eine vor den Amerikanern abgegebene eidesstattliche Versicherung, dass er bereits im November 1945 in Nürnberg gewesen ist.

Fritz Wiedemann, 1891 geboren, war ein Hitler-Weggefährte der ersten Stunde gewesen, schon 1915 hatten sich die beiden kennen gelernt. Der spätere »Führer« war während des Ersten Weltkriegs Wiedemanns Ordonnanz gewesen, als dieser Regimentsadjutant des Bayerischen Reserveinfanterieregiments 16 war. Später machte Hitler dann Wiedemann zu seinem Adjutanten in der Reichskanzlei. Doch 1938 kam es zu ersten Unstimmigkeiten zwischen beiden. Als Auslöser nannte Wiedemann 1945 eine Sitzung mit NS-Größen wie Göring, Ribbentrop und Keitel, auf welcher Hitler bereits recht genau seine Kriegsabsichten offenbart hatte.

»Es ist mein unerschütterlicher Wille, dass die Tschechoslowakei von der Landkarte verschwindet«, hatte der »Führer« nach Wiedemanns Erinnerung bei der Sitzung am 28. Mai 1938 erklärt. Von diesem Tag an, berichtete Wiedemann den amerikanischen Offizieren, die ihn im November 1945 vernahmen, sei ihm klar gewesen, dass Hitler auf einen Krieg zuarbeitete. Wiedemann will versucht haben, die Engländer auf diplomatischem Weg zu warnen. Im Januar 1939 wurde er aus Hitlers Umgebung ins Außenministerium versetzt, für das er zunächst als Generalkonsul nach San Francisco ging und später nach Tientsin in China.

Im Nürnberger Zeugenhaus stand »Hauptmann Wiedemann«, wie Kranzbühler ihn nannte, offenbar unter dem persönlichen Schutz von Robert M. W. Kempner, der als einer der wichtigsten Männer im amerikanischen Anklagestab galt. Und Kempner legte nach Kranzbühlers Beobachtungen auch seine schützende Hand über einen weiteren Zeugenhausbewohner: den Gestapochef Rudolf Diels, den die Gräfin unter Zimmerarrest halten musste.

Kempner war berühmt für seine Vernehmungen, in denen er mit einer unnachahmlichen Mischung aus legerer Freundlichkeit und unmissverständlichen Drohungen seine Gesprächspartner zum Reden brachte – vermutlich gab es während der Prozessvorbereitungen in Nürnberg aber auch kaum einen anderen Amerikaner, der sich besser in der Führungsriege des Dritten Reichs auskannte als er. Kempner, 1899 in Freiburg im Breisgau geboren, war Jurist, der in den 30er Jahren in Berlin im Preußischen Innenministerium als Justitiar der Polizeiabteilung gearbeitet hatte. Dort hatte er auch Diels kennen gelernt, der ebenfalls Jurist war.

Vor der Machtübernahme der Nazis waren die beiden unzählige Male miteinander in die Ministeriumskantine gegangen, und auch danach trafen sie sich noch mindestens einmal in dem bekannten Berliner Hotelrestaurant »Kempinski«. Diese Verbindung rettete Kempner womöglich das Leben. Aber auch der Polizeijustitiar hatte Diels einmal aus einer prekären Lage befreit. Und so gab es für beide Gründe, sich dem anderen gegenüber erkenntlich zu zeigen. Diels, Jahrgang 1900, war Anfang der 30er Jahre unter dem sozialdemokratischen preußischen Innenminister Carl Severing zunächst für die Beobachtung und Bekämpfung der kommunistischen Bewegungen zuständig gewesen. Im April 1933, die Nazis hatten soeben im ganzen Land die Macht übernommen, betraute ihn der preußische Ministerpräsident und Innenminister Hermann Göring mit der Leitung des neu geschaffenen Geheimen Staatspolizeiamtes in Berlin, dem Befehlszentrum der Gestapo.

Seine Schwäche für schöne Frauen hätte den Juristen allerdings kurz zuvor fast sein Amt gekostet. Eines Morgens zu Beginn der 30er Jahre bat Rudolf Diels Kempner um Hilfe. Diels erzählte, dass er in der Nacht zuvor mit einem Freudenmädchen Krach bekommen und leider seinen Ausweis bei ihr liegen gelassen habe. Sicher werde das Mädchen irgendwann im Ministerium auftauchen und versuchen, ihn anzuschwärzen. Tatsächlich meldete sich bald eine junge Dame beim Portier und wollte den Minister sprechen. Doch Kempner hatte dafür gesorgt, dass sie zu ihm geleitet wurde. Als sie Diels' Ausweis vorzeigte mit dem Hinweis, der Mann habe sie verprügelt, steckte Kempner das Beweisstück einfach in die Jackentasche und zahlte dem Freudenmädchen ein kleines Schweigegeld.

Im Februar 1933 verlor Kempner seinen Posten als Polizeijustitiar, er war wie viele andere jüdische Beamte entlassen worden. Wenig später erzählte ihm Diels im »Kempinski« von einer Verhaftungsliste, auf der auch allerlei »ehemalige Freunde« stünden. Kempners Name war nicht dabei – das hätte Diels, so war sich Kempner auch später noch sicher, »nie getan«. Wenig später brannte der Reichstag. Als erste Folge setzte eine Verhaftungswelle ein, Kempner gelang es, einige der Personen, die auf Diels' Liste gestanden hatten, rechtzeitig zu warnen – viele andere konnten sich der Staatsgewalt nicht entziehen.

Zwei Jahre später, 1935, wurde dann auch Kempner festgenommen. Diels war zu diesem Zeitpunkt nicht mehr in Berlin. Bereits im Frühjahr 1934 hatte er seinen Rücktritt als Gestapochef eingereicht, und Göring hatte das Gesuch dankend angenommen: Im Machtkampf mit dem SS-Chef Heinrich Himmler war Diels für den preußischen Innenminister ein willkommenes Bauernopfer; auf seinen Posten an der Spitze der Gestapo rückte der Himmler-Intimus Reinhard Heydrich nach. Doch Göring hatte eine Schwäche für Diels, und so wollte er den jungen Verwaltungsbeamten nicht fallen lassen und machte ihn zum Regierungspräsidenten von Köln. Dorthin fuhr Kempners Frau nach der Verhaftung ihres Mannes. Anscheinend ließ Diels, der noch immer direkten Zugang zu Göring hatte, tatsächlich seine Kontakte spielen. Kempner kam frei und wanderte 1936 nach Italien und 1939 nach Amerika aus. Erst nach Kriegsende trafen sich Kempner und Diels in Nürnberg wieder.

Der ehemalige Gestapochef war 1945 zunächst in britischer Gefangenschaft gelandet. Natürlich hatte er alles in Bewegung gesetzt, um Kontakt zu Robert Kempner zu bekommen. Schließlich, so verbreitete sich Diels später gern im Zeugenhaus, hatte er bei dem einstigen Kollegen »noch einen Gefallen gut«. Am 1. November 1945 saßen die beiden einander im Nürnberger Justizpalast gegenüber, um eine eidesstattliche Erklärung zu protokollieren. Darin sprach Diels von den 1933 nach seiner Liste vorgenommenen Verhaftungen, als habe er rein gar nichts damit zu tun gehabt:

»Ich selbst und meine Mitarbeiter«, behauptete Diels, »haben versucht, uns dieser Terrorwelle entgegenzuwerfen.«

Robert Kempner wusste sehr wohl, dass das nur die halbe Wahrheit war. Denn Diels hatte in seiner Zeit als Gestapochef auch höchst fragwürdige Bestimmungen zur Schutzhaft und zur Judenverfolgung erlassen, auf denen dann spätere Maßnahmen zur Einschüchterung aufbauten. Unbeliebt gemacht bei der SS hatte sich Diels nur, weil er versucht hatte, gegen unkontrollierte Misshandlungen in den zahlreichen Lagern vorzugehen, die in den ersten Monaten nach der Machtübernahme landauf, landab in alten Militärbaracken oder Sturmtruppquartieren eingerichtet worden waren. Diels sorgte dafür, dass diese »wilden« Sammelstellen unter staatliche Kontrolle gebracht wurden, dabei wurden zwar zahllose illegal festgehaltene Menschen freigelassen – doch zugleich entstanden die ersten Konzentrationslager.

Den Mann also als Nazigegner zu betrachten, wäre weit verfehlt gewesen. Deshalb gab es nicht wenige Vertreter des Anklageteams, die auch Rudolf Diels als potenziellen Beschuldigten betrachteten. Doch Kempner hatte anderes im Sinn. Die eidesstattliche Erklärung, die der US-Ankläger an jenem 1. November 1945 mit Diels aufsetzte, diente daher wohl kaum der Wahrheitsfindung im Falle Rudolf Diels. Sie mag als eine Art Persilschein für den einstigen Gestapochef verstanden werden, ein Entgegenkommen, für das sich Kempner im Sinne der alten Freundschaft auch wieder einen Gefallen von Diels erwartete.

»Er hatte seine Karriere im Auge und die Frauen«, schrieb Kempner in seinen Memoiren über Rudolf Diels: »Vor allem aber war da eine gewisse Abenteuerlust.« Noch in Nürnberg schien Kempner dem Hasardeur und Weiberhelden mit Sympathie zu begegnen. Aber natürlich ließ er weder Diels noch den Hitler-Adjutanten Wiedemann aus reiner Nächstenliebe im Zeugenhaus einquartieren. Kempner brauchte Zeugen, die möglichst nah am Zentrum der NS-Macht gewesen waren und aus dem Nähkästchen plaudern konnten. Von Wiedemann erwartete er sich Insiderwissen aus dem engeren Führungszirkel um Hitler. Als Gestapochef hatte Diels den mysteriösen Reichstagsbrand 1933, ein Schlüsselereignis der frühen NS-Herrschaft, aus nächster Nähe miterlebt. Überdies wusste er eine Menge Details aus seiner Intimkenntnis über den Angeklagten Göring zu erzählen. Und er kannte Gott und die Welt.

»Wir wollten in kürzester Zeit möglichst alles erfahren«, polterte Kempner Jahre später im Königsteiner »Hotel Sonnenhof« los, als ich ihm eines der beiden Gästebücher aus dem Zeugenhaus zeigte: »Da musste man auch mit Leuten reden, mit denen man sich vielleicht sonst nicht zum Tee verabredet hätte.« Das war im Jahr 1987. Der alte Herr, mittlerweile 88-jährig, saß aufrecht in seinem Sessel. Mit seinen schon etwas zittrigen Händen blätterte er im Gästebuch und nickte jedes Mal, wenn ein ihm bekannter Name auftauchte. »Schauen Sie, das war auch so einer, der sich an nichts erinnern konnte«, rief er einmal vergnügt auf – »aber wir haben's ihm dann schon beigebracht.«

Im November 1945 suchten die Ankläger noch fieberhaft nach jedem einzelnen Puzzlestück, das ihnen helfen konnte, die Verbrechen der Nazis wo immer möglich auf leibhaftige Urheber zurückzuführen. Zwar hatten die Bürokraten des Todes über alles mögliche Buch geführt, indes waren einige entscheidende Unterlagen zu diesem Zeitpunkt noch nicht zugänglich. So wusste man beispielsweise im Herbst 1945 noch nichts von der Wannsee-Konferenz, auf der im Januar 1942 die so genannte »Endlösung« beschlossen worden war – das entsprechende Protokoll sollte erst im Frühjahr 1947 gefunden werden. »Es gab die Toten, es gab Befehle«, erinnerte sich Kempner in seinen Memoiren, aber man habe während des Hauptprozesses noch keinerlei Überblick gehabt, »auf welche organisatorische Weise« die Täter vorgegangen waren. Kempner fand es daher völlig legitim, auch schwer belastete ehemalige NS-Funktionäre in den Zeugenstand zu rufen: »Mörder können auch gegenüber Mordgesellen die Wahrheit sagen – mit welcher Motivation, das spielt keine Rolle.«

Aber auch Rudolf Diels war keineswegs zimperlich in der Beurteilung seines Wohltäters Kempner. Als er einmal im Zeugenhaus mit dem Anwalt Kranzbühler plauderte, kam das Gespräch auf den US-Ankläger und seine Vernehmungsmethoden. Diels schaute den Verteidiger grinsend an und bemerkte über seinen ehemaligen Berliner Beamtenkollegen nur knapp: »Ein rassisch verhinderter Gestapomann.«

Kranzbühler hatte Diels vermutlich unten im Hausflur getroffen, als dieser darauf wartete, zur Vernehmung abgeholt zu werden. Noch stand der einstige Gestapomann unter der strengen Kuratel der Gräfin Kálnoky und durfte sein Zimmer nicht verlassen. Auch sollte eigentlich niemand im Haus etwas von seiner Anwesenheit wissen. Jedoch hatte Hoffmann die Nachricht von dem illustren Gast längst überall verbreitet. Und so war auch Gisela Limberger gleich im Bilde, die kurz nach Diels' Ankunft im Zeugenhaus angeklopft hatte. Limberger, eine nicht unattraktive, lebhafte Person von 52 Jahren, war Görings Bibliothekarin und Privatsekretärin gewesen – und sie wusste bestens über Diels Bescheid, jedenfalls, was sein Liebesleben anbetraf.

Munter plauderte sie nach dem späteren Bericht der Gräfin im Zeugenhaus Einzelheiten über Diels' Hochzeit mit einer Göring-Verwandten aus, an der sie nach eigener Auskunft teilgenommen hatte. Inniglich habe die Frau Diels geliebt, und wie schrecklich sei für sie dann die Scheidung gewesen. Kálnoky liebte solcherart Klatsch. Als die Gräfin an einem der folgenden Tage Diels das Essen aufs Zimmer brachte, erkundigte sie sich daher diskret nach seinen ehelichen Verhältnissen. Diels, der stets aufsprang, wenn sie hereinkam, bot ihr einen Platz auf einer Ecke des Krülleschen Ehebetts an. Was er dann berichtete, sollte er später so oder ähnlich auch bei einer Vernehmung durch US-Offiziere erklären.

Die Ehe mit Ilse Göring sei 1938 »aus reiner Angst« geschlossen worden. Allerdings habe nicht er Befürchtungen gehegt, sondern seine künftige Frau, eine Cousine Görings, wie Diels in Nürnberg erklärte. Anderen Quellen zufolge war Ilse eine Schwester von Göring. Eines Tages sei sie zu ihm gekommen und habe gemeint: »Wenn du dich retten willst, bleibt dir nichts anderes übrig, als mich zu heiraten«, berichtete Diels. Kurz darauf sei er zu Göring gebeten worden, der ihm eröffnet habe, dass er sich bloß nicht einbilden solle, unter seinem Schutz zu stehen, nur weil er sich ein Verhältnis mit einer Verwandten leiste. Diels habe Göring erklärt, dass da gar nichts dran sei. Doch Göring habe darauf bestanden, er müsse seine Cousine jetzt heiraten – »zu meiner Genugtuung«.

In seinem Zimmer im Zeugenhaus ließ Diels keinen Zweifel, warum die Frau ihn unbedingt hatte heiraten wollen: »Sie war in mich verliebt.« Dann warf er einen entwaffnenden Blick zur Gräfin hinüber: »Wollen Sie mir jetzt endlich glauben?«

Ingeborg Kálnoky hatte Diels zunächst etwas reserviert behandelt. In Budapest war sie mit ihrer Familie vor der Gestapo geflüchtet, jetzt den ersten Chef dieser Organisation im Haus zu haben, gefiel ihr nicht. Diels ließ jedoch nichts unversucht, sich ihr als charmanter Unterhalter darzubieten – und als Opfer des NS-Regimes. So berichtete er, wie er nach dem Attentat des 20. Juli 1944 verhaftet worden war. Wenig später sei die Scheidung eingeleitet worden, und zwar von Göring. Dessen Adjutant sei eines Tages bei Diels im Gefängnis erschienen und habe erklärt: »Der Herr Reichsmarschall wünscht keinen Gehängten in seiner Familie.«

Später am Abend saß die Gräfin auf ihrem Bett und sinnierte. Alle erklärten sie sich hier mehr oder weniger zu Widerstandskämpfern. Bislang hatte sie im Zeugenhaus jedoch niemanden getroffen, der tatsächlich konkret etwas gegen Hitler unternommen hatte.

Der General mit dem roten Schal

Der Mann trug eine dunkelblaue Baskenmütze und einen roten Seidenschal. Sein hoch aufgeschossener Körper war so abgemagert, dass die Uniformjacke mit den abgeschnittenen Epauletten wie bei einer Vogelscheuche um die Schultern schlotterte. Als er die Mütze abnahm, kam ein fast völlig kahler Schädel mit hervorstechenden Schläfenknochen zum Vorschein, die Augen saßen in tiefen Höhlen. Ein Gesicht wie ein Totenkopf, und doch gab es etwas faszinierend Lebendiges darin, etwas, das wie eine Blüte im Geröllhaufen unwillkürlich den Blick anzog – das war sein Mund, ein auffallend schöner, sinnlicher Mund.

Gräfin Kálnoky stand am Fenster des Zeugenhauses und beobachtete den Mann, wie er mit den anderen Neuankömmlingen auf die Haustür zuging. »Er hielt sich abseits von den anderen«, notierte sie später, »schien wie in Gedanken versunken zu sein.« Kálnoky hatte gleich den Eindruck, dass dieser Mann, den sie auf weit über 50 schätzte, anders war als alle Gäste, die sie bislang im Zeugenhaus begrüßt hatte. Vier Generäle und ein Diplomat waren ihr an diesem 14. November 1945 vom Verbindungsoffizier angekündigt worden, allesamt wurden sie von den Amerikanern als Kriegsgefangene betrachtet. Sie fuhren in zwei US-Fahrzeugen vor, ein Offizier begleitete die Männer. Das war Leutnant Wulff, ein sehr freundlicher US-Soldat, der recht gut Deutsch sprach; die Gräfin sollte ihn noch öfter sehen.

Der Hausdame war es höchst unangenehm, nun auch noch Kriegsgefangene bewachen zu müssen, doch der Leutnant beruhigte sie. Die Herren seien Gentlemen, es werde lediglich ein zusätzlicher Posten vorm Zeugenhaus stehen. Nur der Mann mit der Baskenmütze hatte noch einen persönlichen Bodyguard, der ihn bis vor sein Zimmer begleiten sollte. Die Gräfin stutzte: War er denn so gefährlich, dass man ihn auch im Haus bewachen musste? Erwin Lahousen hieß der Mann, Kálnoky hatte noch nie von einem General dieses Namens gehört. Hingegen waren die anderen drei Militärs bekannte Wehrmachtsgrößen.

Als prominentester unter den Generälen galt Ulrich Kessler, der sich bei den Amerikanern bereits den Ruf erworben hatte, reichlich blasiert zu sein. Als Generalmajor der Luftwaffe war er zuletzt in Norwegen stationiert gewesen, von wo er Spezialaufträge wie besondere Bombeneinsätze befehligt hatte. Beim Lesen der Landkarte pflegte er ein Monokel zu benutzen. Als bereits die Kapitulationsurkunde unterschrieben war, hatte Kessler noch versucht, sich mit einem U-Boot in Richtung Argentinien abzusetzen. Doch die US-Marine fing das Boot ab, und Kessler wurde nach Amerika gebracht. Im Gefangenenlager wollte der deutsche General den ranghöchsten US-Offizier dann, als wäre nichts gewesen, mit Handschlag begrüßen. Der Amerikaner ließ den Deutschen abblitzen.

In dem »Interrogation Center« des amerikanischen War Departments in Fort Hunt, einer Blockhausanlage nahe Washington, wurde Kessler wie viele andere deutsche Spitzenmilitärs später wochenlang verhört. Ähnlich erging es dem ungarischen General Kálmán Hardy und Emil von Rintelen, einem Diplomaten, der in Hitlers Auswärtigem Amt als Sonderbotschafter fungiert hatte. Kurz vor dem Prozessbeginn in Nürnberg wurden die drei Herren nach Deutschland zurückgeflogen. Im Zeugenhaus, wo sie am 14. November 1945 eintrafen, trugen jetzt alle die gleichen schlichten Hemden der US-Armee, und das hatte einen besonderen Grund, wie die Gräfin bald erfuhr: Beim Rückflug nach Europa hatte die kleine Reisegesellschaft in Paris Station gemacht, wo während der Vorbereitungsphase des Tribunals ein Teil der amerikanischen Anklagegruppe vorübergehend Quartier bezogen hatte. Als die drei Deutschen mit ihren Koffern vorm Gare de l'Est darauf warteten, weiter transportiert zu werden, war plötzlich ein Wagen mit zwei vermeintlichen GIs vorgefahren. Eilfertig packten die beiden das Gepäck ein und brausten davon – die Koffer wurden nie mehr gesehen.

Der vierte General war Ernst Köstring, ein älterer Herr mit einem scharfkantigen Gesicht, der einst Militärattaché in Moskau gewesen war. Auch er war aus dem Camp in Virginia gekommen, allerdings bereits ein paar Tage früher. Köstring wie auch Lahousen, der Mann mit dem roten Seidenschal, hatten offensichtlich schon einige Zeit im Zeugenflügel des Nürnberger Gerichtsgebäudes verbracht, bevor man sie in die Novalisstraße verlegte.

Die Gräfin zeigte den neuen Gästen ihre Zimmer, die alle im Nebengebäude lagen. Als sie zurück ins Haupthaus kam, drang laute Musik aus dem Herrenzimmer, und in der Küche hörte Kálnoky, wie Elise Krülle leise vor sich hin schimpfte. Offensichtlich hatte der OKW-Offizier Scheidt mal wieder eine Nachrichtensendung gehört und dann wie immer vergessen, das Radio abzustellen.

Kálnoky wollte den Apparat gerade ausdrehen, als ein Stück von Georg Friedrich Händel angekündigt wurde. Sie ließ sich in einen Sessel sinken, um einen Moment lang in das Konzert hineinzuhören und hatte sich bald vergessen, so angenehm war die Musik. Plötzlich klopfte es an der Tür, und der große General mit dem roten Seidenschal bat, hereinkommen zu dürfen. Er hatte von draußen die Musik gehört. Die Gräfin winkte ihn herein, und Lahousen setzte sich still in eine Ecke, während sein Wachposten in der Nähe der Tür stehen blieb.

Minutenlang saßen sie nun zusammen im Herrenzimmer, jeder schien mit seinen Gedanken weit weg, fortgetragen von Händels Musik. Doch plötzlich hörte Kálnoky ein Schluchzen. Sie schaute zu Lahousen hinüber und traute ihren Augen nicht: Da hockte der General mit seinem sonderbaren Seidenschal in sich zusammengesunken auf seinem Stuhl, er hatte den Kopf in den Händen vergraben und weinte bitterlich. Kálnoky war zunächst unschlüssig, was sie tun sollte. Dann stand sie auf, setzte sich in seine Nähe und legte die Hand auf seinen Arm. So saßen sie eine Weile, während der Mann immer noch leise vor sich hin weinte. Nach einiger Zeit hob er den Kopf, schaute die Gräfin an und sagte: »Wissen Sie, es ist das erste Mal, dass ich Musik höre, seit vielen Monaten, und gerade das Largo von Händel« – Lahousen machte eine Pause –, »ich liebe es so.«

Der General sprach mit einem typisch österreichischen Akzent, wie die Gräfin bemerkte, und er war erheblich jünger, als er aussah. 1897 in Wien geboren, hatte er lange in Linz gelebt, jener Stadt, in der auch Hitler seine Jugend verbracht hatte. Doch im Gegensatz zu einigen anderen Bewohnern des Zeugenhauses, die trotz gegenteiliger Bekundungen dem »Führer« zumeist über längere Zeit gefolgt waren, hatte der 48-Jährige in der Vergangenheit kaum etwas unversucht gelassen, um Hitler in die Luft zu sprengen: Erwin Lahousen Edler von Vivremont war ein Mann des Widerstands gewesen, und es war ein Wunder, dass er noch unter den Lebenden weilte.

General Lahousen hatte zu dem Kreis um Admiral Wilhelm Canaris gehört, dem Chef der Abwehrabteilung im Reichskriegsministerium (1935) und des Amtes Ausland/Abwehr im Oberkommando der Wehrmacht (1938). Canaris war kurz vor Kriegsschluss im April 1945 hingerichtet worden. »Sie haben ihn nicht nur einmal gehängt, sondern mehrmals«, erzählte Lahousen der Gräfin, wie sie berichtete, im Zeugenhaus: »Dazwischen wurde Canaris wieder zum Leben erweckt, um die Tortur von neuem vornehmen zu können.« Ob der General dergleichen tatsächlich so gesagt hat, sei dahingestellt. Er war ein wortkarger Mann, und die Gräfin hatte zuweilen ihre Freude daran, eine Begebenheit fantasievoll auszuschmücken.

Das Verhältnis zwischen Lahousen und Canaris muss jedoch sehr eng gewesen sein, ähnlich einer Vater-Sohn-Beziehung. Lahousen war als Abwehrexperte in Wien tätig gewesen, als Hitler 1938 den österreichischen »Anschluss« erzwang. Wenig später wurde er von Wilhelm Canaris nach Berlin in sein Amt im OKW geholt. Als der Österreicher sich in der deutschen Hauptstadt meldete, wies ihn Oberst Hans Oster in die Arbeit ein, der Offizier war einer der wichtigsten Männer des militärischen Widerstands, und er ließ, wie Lahousen sich während des Prozesses erinnerte, bereits am ersten Tag keinerlei Zweifel an seiner Einschätzung, dass »an der Spitze des Reiches ein Verbrecher steht«.

Lahousen wurde Leiter der Abwehrabteilung II, die für Sabotageakte zuständig war. Auf Betreiben von Oster besorgte er einige Wochen nach Kriegsbeginn 1939 die erste Sprengstoffladung für ein Attentat gegen Hitler. Die Aktion, die für den November 1939 vorgesehen war, wurde jedoch abgeblasen, weil wenige Tage vor dem geplanten Termin ein Anschlag auf Hitler im Münchner Bürgerbräukeller unternommen worden war. Die von dem Attentäter Georg Elser, einem gelernten Schreiner, präparierte Bombe zündete tatsächlich, doch Hitler hatte zehn Minuten zuvor das Bierlokal verlassen, weshalb nur Unbeteiligte zu Schaden kamen.

Beinahe vier Jahre später, im Februar 1943, bat Oster noch einmal um Lahousens Mithilfe. Diesmal ging es um Zünd- und Sprengmittel, die als Präsent getarnt werden sollten. Lahousen besorgte eine Kiste mit Sprengstoff, die sein Abwehrkollege Hans von Dohnányi ins Hauptquartier der Heeresgruppe Mitte nach Smolensk weiterleitete. Der Plan war, den Sprengstoff getarnt in zwei Cognacflaschen als Wettgeschenk für einen befreundeten Offizier in das Flugzeug des »Führers« zu schmuggeln, der im März 1943 das Hauptquartier der Heeresgruppe besuchen wollte. Alles ging gut, die Cognacflaschen wurden nach dem Besuch in dem »Führer«-Flugzeug verstaut, die Maschine startete. Doch der Gepäckraum war zu kalt, und so zündete der Sprengstoff während des Fluges nicht.

Nach dem Attentat des 20. Juli 1944 wurden Oster, Dohnányi und viele andere Widerständler von den Nazis hingerichtet. Lahousen überlebte, weil er zwischenzeitlich an die Front abkommandiert worden war. Und er kannte schier unglaubliche Details aus der Befehlszentrale des Todes. Admiral Canaris hatte sich von dem Linzer Offizier Lahousen auf zahlreichen Terminen in den Führungsgremien der Wehrmacht wie auch bei Besprechungen mit Hitler vertreten lassen. So gewann der Österreicher nicht nur einen tiefen Einblick in die Führungsstrukturen des Naziregimes, er wusste auch, wie sich einzelne NS-Repräsentanten zu den jeweiligen Maßnahmen verhalten hatten.

Canaris hatte Erwin Lahousen auferlegt, ein Diensttagebuch zu führen. Das Original dieses Buches wurde angeblich nach der Festnahme des Admirals verbrannt. Der Abwehroffizier aber hatte sich Kopien gemacht und diese seinem eigenen Abteilungsdiensttagebuch beigeheftet – dieses Dokument wurde durch einen Bombeneinschlag schwer beschädigt, aufgrund der Hinweise von Lahousen sollten die Alliierten später jedoch noch Teile davon finden.

Im Mai 1945 nahmen die Engländer den österreichischen General in Gefangenschaft und brachten ihn in das Lager Bad Nenndorf. Die Behandlung des Offiziers, der in den letzten Kriegsmonaten schwer verletzt worden war, ließ offenbar zu wünschen übrig: Lahousen baute immer stärker ab. Im Herbst 1945 wurde er nach Nürnberg gebracht, wo man ihn zunächst im Gerichtsgefängnis festhielt. Am 22. Oktober schickte der General von dort ein Telegramm an seine Frau: »I am here as a witness, so don't worry.« Er sei »physically fit« hieß es weiter, doch das war sicher maßlos übertrieben. Tatsächlich litt der 48-Jährige an schweren Herzproblemen, Mitte November 1945 wurde er wohl auch aus diesem Grund in die Novalisstraße verlegt.

Im Herrenzimmer des Zeugenhauses war die Musik mittlerweile verklungen, und der General hatte sich wieder gefangen. Erst jetzt bemerkte die Gräfin, wie ungepflegt der Mann aussah. Seine Jacke war speckig, die eingefallenen Backenknochen waren von Bartstoppeln übersät, und sein Geruch empfahl ihn für ein Bad. »Kann ich Ihnen mit irgendetwas aushelfen?«, fragte sie diskret. »Ich habe weder Seife noch Rasierklingen«, antwortete Lahousen. Kálnoky überlegte nicht lange, in diesem Fall konnte nur Foto-Hoffmann weiterhelfen. Sie stieg die Treppe hinauf und klopfte an Hoffmanns Tür. Widerstrebend rückte der Hitler-Vertraute ein Stück Seife und Rasierklingen aus seinen gebunkerten US-Beständen für den einstigen Widerständler heraus.

Beim Abendessen sah Lahousen bereits entschieden besser aus. Hoffmann begann sofort ein Gespräch mit General Köstring, der einst Militärattaché an der deutschen Botschaft in Moskau gewesen war. Der Fotograf hatte ihn dort einmal auf einem Empfang getroffen: »Erinnern Sie sich? Ich kam mit Ribbentrop«, eröffnete er dem General. Dann erläuterte er, dass Hitler ihn seinerzeit gebeten habe, den Außenminister zu begleiten, als dieser 1939 zum Abschluss des Nichtangriffspaktes nach Russland reiste: »Ich sollte Hitler meinen Eindruck von Stalin schildern«, behauptete Hoffmann, denn auf das Urteil seiner Diplomaten habe der »Führer« wenig gegeben. Die Gräfin beobachtete, wie Köstring sowie der Botschafter von Rintelen, ein Mittvierziger, baumlanger Westfale, bei diesen Worten erstarrten. Doch die Diskussion wandte sich bald anderen Themen zu. Nun schwadronierte General Kessler über die Luftwaffe und die Frage der Kriegsführung. »Man hätte eben erst den Krieg gewinnen müssen«, warf jemand in der Tischrunde ein: »Dann wäre man mit Hitler und der Partei schon fertig geworden.«

Bis in die späte Nacht wurde diskutiert, Lahousen blieb dabei weitgehend unbeteiligt. Auch in den darauf folgenden Tagen hielt er sich auffallend zurück. Indes schienen sich auch die Generäle nicht sonderlich für ihren österreichischen Kollegen zu interessieren – die Gräfin hatte gar den Eindruck, als würden sie ihn meiden. Zwar wusste zu diesem Zeitpunkt noch niemand im Zeugenhaus, dass Lahousen ein entscheidender Zeuge der Anklage sein würde. Doch seine zurückhaltende Art fiel auf in der Runde: Lahousen fehlte jegliche Jovialität, er machte keine Scherze, erzählte weder Anekdoten noch Heldengeschichten vom Krieg, ja er konnte offensichtlich überhaupt nichts Ruhmreiches an der jüngeren Vergangenheit finden. Die übrigen Bewohner des Hauses nahmen das mit Befremden zur Kenntnis.

Bald war in der Zeugenherberge kaum mehr spürbar, dass die Generäle Kriegsgefangene waren. Niemand von ihnen durfte das Anwesen verlassen, sicher. Der Diplomat von Rintelen beschwerte sich denn auch, als einstiger Regierungsbeamter in der Novalisstraße »völkerrechtswidrig festgehalten« zu werden. Ansonsten genossen die Herren jedoch sichtlich die charmante Gastfreundschaft der jungen Gräfin. Sie hatten sich bestens auf dem kleinen Grundstück eingerichtet und unternahmen nach dem Essen gerne einen Verdauungsspaziergang durch den Garten. Einer nach dem anderen marschierten sie dann ums Haus herum, kletterten an den Mauerresten der zerstörten Garage vorbei und drehten so ihre Runden.

Gerhard Krülle, der oft in der Gegend unterwegs war, beobachtete das Schauspiel manchmal verstohlen aus der Ferne: Wie da leibhaftige Generäle und einstige Größen des NS-Reiches im Gänsemarsch um sein Elternhaus spazierten, wirkte unfreiwillig komisch. »Das würde der Vater nicht verkraften«, schoss es Gerhard durch den Kopf: »Aber er hätte den Krieg wohl seelisch auch kaum überlebt.«

Ernst Köstring, der Älteste unter den Militärs und ein General der Kavallerie, machte sogar täglich einen Dauerlauf auf dem überschaubaren Terrain. Jeweils eine halbe Stunde lang drehte der 69-Jährige seine Runden, bei Wind und Wetter. Mutter Krülle hatte für die übertriebene Sportlichkeit des alten Herrn eine einfache Erklärung: Der General habe trotz seines Alters noch ein kleines Kind bekommen, hieß es bald in Küchenkreisen – da müsse er sich wohl fit halten.

Einzig Erwin Lahousen hatte beinahe jeden Tag einen Vernehmungstermin im Gerichtsgebäude. Meist kam ein junger US-Soldat namens Richard Sonnenfeldt, um ihn abzuholen. Sonnenfeldt war ein aufgeweckter Bursche mit dunklem Haar und munterer Natur. Er war erst 22 Jahre alt, doch er galt als einer der besten Übersetzer im Anklageteam – und er hatte einen persönlichen Draht zu Erwin Lahousen gefunden. Zunächst war der österreichische General recht verschlossen gewesen, er fühlte sich zutiefst gekränkt durch die schlechte Behandlung im britischen Gefangenenlager. Zugleich empfand er ein unbestimmtes Schuldgefühl: Fast alle seine Kollegen aus der legendären Abwehrabteilung waren von den Nazis umgebracht worden. Er hatte überlebt. Aber wozu? Was für einen Sinn sollten seine Erklärungen jetzt noch haben?

Sonnenfeldt war das glatte Gegenteil zu dem schwermütigen General. Dabei hätte auch er Grund zur Bitternis gehabt: Der junge Jude hatte den Krieg und die Nazizeit überlebt, während Millionen seiner Glaubensgenossen getötet worden waren. Sonnenfeldt, 1923 in Gardelegen bei Magdeburg geboren, hatte seine Kindheit teilweise in Berlin verbracht. 1938 schickten seine Eltern ihn mit seinem jüngeren Bruder auf ein Internat in England, um die Kinder vor den Nazis in Sicherheit zu bringen. Das ging ein paar Jahre lang gut. Dann erklärten sich Deutschland und England gegenseitig den Krieg, und Sonnenfeldt wurde, weil er über 15 war, auf der Insel interniert – wie viele andere geflüchtete Juden steckte man ihn als deutschen Staatsbürger zusammen mit NS-Aktivisten in ein Lager.

Mit Mut, Chuzpe und viel Glück gelang es ihm jedoch, sich abzusetzen von den scheinbar vorbestimmten Wegen. Auf abenteuerlichen Seereisen kam er zunächst nach Australien und später nach Bombay, bis er sich auf eigene Faust nach Amerika aufmachte. Sonnenfeldt kehrte als US-Soldat nach Deutschland zurück. Bevor er im Sommer 1945 Nürnberg erreichte, hatte er das befreite Konzentrationslager Dachau besucht. »Die Leichenstapel schockierten mich nicht so sehr wie die Überlebenden«, schrieb er später in seinen Memoiren. Der junge Jude hatte versucht, mit den Menschen in Dachau zu reden, doch angesichts des unermesslichen Leids konnte er nur noch stammeln.

»Warum bin ausgerechnet ich verschont geblieben? War es Zufall oder Fügung?« Diese Fragen gingen dem Soldaten nicht aus dem Kopf. Lahousen hatte sich wohl ähnliche Fragen gestellt. Und es lässt sich zwischen den Zeilen seiner Vernehmungsprotokolle herauslesen, welche Antwort er für sich fand: Gerade weil er als nahezu Einziger aus seiner Gruppe überlebt hatte, gab es jetzt eine Art höhere Verpflichtung für den Offizier, »Zeugnis abzulegen« über das Geschehene, wie Lahousen es selbst formulierte. Und so begann er, mit den Amerikanern zu kooperieren.

Richard Sonnenfeldt hatte die Aufgabe, sich um einige besondere Bewohner des Zeugenhauses zu kümmern. Und da er keinerlei Berührungsängste hatte, kam er mit vielen der Gäste ins Gespräch. Noch Jahrzehnte später konnte sich der einstige Botschafter von Rintelen an den jungen Mann erinnern: Als »Private« Sonnenfeldt – »Private« ist der amerikanische Begriff für »einfacher Soldat« – erwähnte er ihn auch in einem handschriftlichen Brief an die Gräfin. Das brachte mich auf die Idee, nach Sonnenfeldt zu suchen.

»Das Zeugenhaus? Natürlich, ich erinnere mich«, brüllte mir der alte Herr im Frühjahr 2005 ins Telefon, ich hatte ihn endlich ausfindig gemacht und in seinem Haus auf Long Island erreicht. Mittlerweile war Sonnenfeldt 82, etwas schwerhörig und nach einem Schlaganfall nicht mehr ganz so beweglich, wie er erzählte. Doch sein Gedächtnis schien noch tadellos intakt: »Lahousen und Diels, ja das waren Schlüsselzeugen für den Prozess«, berichtete er mit seiner dunklen, brummigen Stimme, »ich habe oft mit ihnen gesprochen.«

Von den US-Soldaten des Anklageteams, die einst im Zeugenhaus ein- und ausgingen, gehört Richard Sonnenfeldt heute zu den ganz wenigen, die noch am Leben sind. Seine Vorgesetzten von damals sind alle längst tot. Einmal hatte er Ärger mit ihnen bekommen – wegen Lahousen. Der junge US-Soldat war verabredet mit dem General, denn er sollte ihn am Abend noch einmal zu einer Vernehmung durch Colonel John Harlan Amen holen, einen hochrangigen Mitarbeiter des amerikanischen Anklageteams, der die Anschuldigungen gegen die Wehrmachtsangehörigen vertrat. Zwischenzeitlich aber war im Zeugenhaus ein neuer Gast angekommen, den Lahousen vermutlich von früher kannte: Paul Leverkühn, eine etwas undurchsichtige Figur. Einst hatte der Jurist von Istanbul aus für Canaris' Abwehrabteilung gearbeitet, nach Gründung der Bundesrepublik sollte er später für die CDU in den Bundestag einziehen. In Nürnberg trat er nun als Anwalt auf, allerdings wusste keiner, welchen Mandanten er eigentlich betreute.

Leverkühn pflegte beste Kontakte zu General William J. Donovan, einem wichtigen Mitglied des amerikanischen Anklagestabs, und dieser Verbindung mochte der Anwalt auch die Einquartierung im Zeugenhaus verdanken. Wahrscheinlich kannten die beiden sich aus Geheimdienstkreisen, denn Donovan, auch »Wild Bill« genannt, war der Gründer und Chef des amerikanischen OSS, des Office of Strategic Services, der Vorläuferorganisation der CIA. Im Namen Donovans lud Leverkühn an jenem Novemberabend 1945 Erwin Lahousen zu einem Essen bei dem US-General ein. Zugleich beschwichtigte er ihn, dass der Termin mit Sonnenfeldt und Amen nicht so wichtig sei. Lahousen fuhr mit zu dem Essen, doch von Donovan sollte er nicht viel zu sehen bekommen, da dieser erst erheblich später dazustieß. Dafür beschwerte sich Amen am darauf folgenden Morgen empört bei Lahousen, was er sich denn dabei gedacht habe, einfach den Termin mit ihm platzen zu lassen. Doch der Österreicher hob nur hilflos die Hände, wie sich Sonnenfeldt später erinnerte: Man habe ihm befohlen in

Donovans Wagen zu steigen – »was hätte ich armer Kriegsgefangener denn tun sollen?«.

Der Vorfall hatte sich am 22. November 1945 ereignet, zwei Tage nach der offiziellen Eröffnung des Hauptprozesses und damit in einer Phase höchster Nervosität im Anklagestab. Die Sache schlug solche Wellen, dass Donovan bald darauf erzürnt aus dem amerikanischen Team um den Chefankläger Robert Jackson ausschied. Leverkühn flog wenige Tage nach dem folgenreichen Abendessen aus dem Zeugenhaus; Sonnenfeldt dürfte einen Verweis erhalten haben, weil er Lahousens Ausflug nicht verhindert hatte, und auch die Gräfin fühlte sich betroffen. Hätte sich dieser dumme Zwischenfall nicht vermeiden lassen?

Ingeborg Kálnoky lebte in der ständigen Angst, etwas falsch zu machen im Zeugenhaus. Seit die Generäle im Hause waren, hatte sie häufiger mit Angehörigen des amerikanischen Geheimdienstes CIC zu tun. Die Agenten kamen ins Haus und befragten sie. Das war ihr recht unangenehm, wie sie später berichtete.

Mittlerweile wurde das Haus von ständig wechselnden Gästen frequentiert. So stieg Luise Jodl, die Frau des angeklagten Wehrmachtsgenerals immer mal wieder hier ab, um sich in Nürnberg mit den Anwälten ihres Mannes – Jahrreiß und Exner – zu treffen. Auch die beiden Verteidiger hatten vorübergehend im Zeugenhaus gewohnt, waren aber bald wieder ausquartiert worden. Frau Jodl hatte ihren Mann erst wenige Monate vor Kriegsende geheiratet, jetzt setzte sie Himmel und Hölle in Bewegung, um ihm zu helfen. Viele bewunderten die Frau für ihre Aufopferungsfähigkeit. Kurz vor Beginn des Prozesses war sie zu Fuß von Berchtesgaden nach Nürnberg marschiert. Pater Flynn, der immer bestens über die Vorgänge im Umfeld des Gerichtsgebäudes informiert war, berichtete, dass Frau Jodl versucht habe, an der

Gefängnispforte »zwei Eier und eine Orange« für ihren Mann abzugeben. Gräfin Kálnoky hatte wenig Sympathie für die Dame – sie kam ihr vor wie »ein gehetztes Wild«.

Die Gesellschaft im Zeugenhaus war bunt gemischt. Neben den Generälen, die sich täglich weniger zu beschäftigen wussten, hatte auch ein höherer NSDAP-Funktionär namens Bertus Gerdes im Hause Quartier bezogen. Der Mann, blond und blauäugig, sah aus, als wäre er einer nationalsozialistischen Lebensbornanstalt entsprungen. Mit seiner Aussage bei Gericht sollte er später den Angeklagten Ernst Kaltenbrunner schwer belasten, der einst die rechte Hand von Heinrich Himmler und seit 1943 Chef des Reichssicherheitshauptamtes, der Gestapo gewesen war. Die Göring-Sekretärin Gisela Limberger plauderte über Diels und andere einstige Lieblinge ihres Chefs. Zeitweise sollen auch zwei ehemalige Geliebte von Ernst Kaltenbrunner im Zeugenhaus gewesen sein, wie sich Sonnenfeldt erinnert: »Wir hatten versucht, etwas aus ihnen herauszuholen.« Einen weiteren Beleg für die Anwesenheit der Damen gibt es jedoch nicht.

Viele Herren und auch Damen mussten sich mit anderen Bewohnern ein Zimmer teilen, was nicht gerade zu entspannter Stimmung beitrug. Und dann war da noch das Baby der Gräfin: Bobbie, wie die Kleine recht bald genannt wurde, lag jetzt meistens in einem kleinen Bettkörbchen auf dem Küchentisch, das Kind schrie oft, wie die Gräfin sich noch viele Jahre später erinnerte – und Cuci, die Kinderfrau, ließ es schreien.

In all diesem Durcheinander musste Ingeborg Kálnoky sich verunsichert und zuweilen auch überfordert fühlen. So mag es ihr durchaus gelegen gekommen sein, dass Pater Flynn mit auffallender Regelmäßigkeit in der Novalisstraße vorbeischaute. Meist brachte der Geistliche etwas Nützliches mit, Kaffeepulver zum Beispiel, das trotz der guten US-Versorgung immer noch als Mangelware galt.

Dann braute Elise Krülle schnell eine Kanne Kaffee, während Pater Flynn und die Gräfin sich ins Herrenzimmer setzten. Der Geistliche hörte geduldig zu, wenn Ingeborg Kálnoky ihm wortreich von ihren täglichen Sorgen und Nöten berichtete, und er wusste meistens klugen Rat. So mochte die Gräfin es übersehen, dass Flynn sich mehr und mehr von ihr angezogen fühlte, nicht allein im seelsorgerlichen Sinne.

Mutter Krülle aber, die Praktische, ahnte bald, dass den Pater durchaus weltliche Gefühle bewegten. Und auch ihr Sohn Gerhard verfolgte die Besuche von Fabian Flynn mit aufmerksamem Interesse. Dem Jungen kam es so vor, als ob der Geistliche doch sehr angetan von der Dame des Hauses war.

Stellungskrieg um einen Füllfederhalter

General Köstring vermisste seinen Füller. Solch ein Schreibgerät war nachgerade ein Schatz in jenen Tagen, da kaum jemand eine Armbanduhr besaß, und deshalb fand der Offizier diesen Verlust gar nicht spaßig. Köstring fragte einen Gast nach dem anderen, ob er seinen Füller gesehen habe, und deutete immer wieder auf den Tisch im Herrenzimmer: Dorthin habe er das Schreibgerät gelegt. Botschafter von Rintelen, der wie immer in einem Sessel saß und las, warf einen missbilligenden Blick zu dem Militär hinüber: »Ist das denn so wichtig, dass Sie uns hier alle damit unterhalten müssen«, raunzte er den Offizier an.

Köstring sah den Diplomaten einen Moment lang sprachlos an, dann platzte es plötzlich aus ihm heraus: »Sie haben hier gut reden«, schimpfte er den ehemaligen Botschafter an, »Sie konnten im Krieg auf hoher Ebene den Zivilisten spielen, während wir unser Leben riskieren mussten.« Rintelen blickte hinter seinem Buch hervor, und sein Gegenschlag ließ keine Sekunde auf sich warten. »Generäle? Seit wann stehen denn die an der Frontlinie?«, fragte er spitz. »Vor allem als Militärattaché in Moskau, da steht man wohl ganz nah an der Front, Herr General, wie?«

In diesem Moment war die Gräfin in den Raum gekommen, sie setzte ihr liebenswürdigstes Lächeln auf und trat zwischen die beiden Streithähne: »Gentlemen, wollen wir uns nicht über amüsantere Dinge unterhalten?« Peinlich berührt entschuldigte sich der alte Köstring sogleich für diesen Ausbruch an schlechten Manieren, und von Rintelen murmelte, das ewige Warten mache ihn noch völlig krank. Als die Gräfin dann zu ihrem Stuhl gehen wollte, fühlte sie plötzlich einen festen Gegenstand unter ihrem Schuh und – da lag der Füllfederhalter.

Seit dem Eröffnungstag des Tribunals am 20. November 1945 war die Stimmung im Zeugenhaus zunehmend gereizt. Einige Bewohner plagten unbestimmte Ängste, andere fühlten sich ganz offensichtlich täglich unwohler in ihrer Haut, denn plötzlich schien es richtig ernst zu werden mit dem Prozess. Doch während Lahousen noch immer täglich zur Vernehmung beordert wurde, interessierte sich für die anderen Herren offenbar niemand mehr. Das war vermutlich noch unerträglicher als eine tägliche Befragung. Aber auch Lahousen wirkte immer nervöser. In den öffentlichen Sitzungen befasste sich die Anklage derzeit noch mit der Vorlage von Dokumenten, der Österreicher war bald danach als ihr erster Zeuge vorgesehen, was er wohl als schier erdrückende Verantwortung empfand. Manchmal beobachtete die Gräfin ihn, wie er am Radio saß, Musik hörte und seine Fingernägel bearbeitete: Ein General, der weinte und an den Nägeln kaute – Lahousen entsprach nicht ganz ihrem Bild vom anderen Geschlecht, obgleich er in Friedenszeiten vermutlich ein attraktiver Mann gewesen war.

Auch die Amerikaner sorgten sich um den Seelenzustand von Erwin Lahousen. Und so sandten sie eines Tages eine ungewöhnliche Besucherin ins Zeugenhaus. Das Mädchen hatte dunkle Haare und war etwas rundlich, wie die gertenschlanke Gräfin fand. »Sie ist eine gute Bekannte des Generals und wird drei Tage bei ihm bleiben«, erklärte ein US-Soldat, der sie begleitete, doch ihr Besuch im Hause sei »streng vertraulich«. Tatsächlich blieb das Mädchen drei

Nächte bei Lahousen, währenddessen musste sein Wachposten, der sonst mit ihm in seinem Zimmer geschlafen hatte, Stellung vor der Zimmertür beziehen. Ob Lahousen die Frau tatsächlich kannte, und wie es überhaupt zu dem Besuch gekommen war, vermag auch Richard Sonnenfeldt nicht mehr zu sagen. »Da wird ihn jemand von uns gefragt haben: Was machst du gern?«, mutmaßt der alte Herr 60 Jahre später. Die Gräfin notierte trocken in ihrem Bericht, »dass das Gericht für besondere Zeugen auch besondere Medizin verschreiben konnte«.

Als der Tag von Lahousens Aussage näher rückte, befand die Gräfin, dass der General nicht in seinem schmuddeligen Jackett vor Gericht erscheinen konnte. Sie stieg zu Elise Krülle in den Keller hinunter. Zunächst erkundigte sich die Gräfin, ob es neue Nachrichten gebe von dem vermissten Gatten. Nein, Elise Krülle hatte keinerlei Informationen, außer einem Brief von ihm, der bereits im September angekommen war. Darin schrieb er zwar, alles sei in Ordnung und er glaube noch an ein »gutes Ende«. Doch das Schreiben war schon im April 1945 abgestempelt worden, Elise Krülle betrachtete den Brief daher eher als Indiz dafür, dass es nunmehr zwecklos sei, auf eine Rückkehr ihres Mannes zu hoffen.

Es werde dringend ein Anzug gebraucht, kam die Gräfin nun endlich zur Sache. Daraufhin stöberte die hilfsbereite Mutter Krülle den Kleiderschrank durch, und bald hatte sie einen dunklen Anzug gefunden, der noch ganz passabel aussah. Ärmel und Hosenbeine waren zu kurz für Lahousens Gardemaß. Doch man konnte noch etwas Saum herauslassen. Schließlich bügelte Elise Krülle das gute Stück gründlich, dann ging die Gräfin zu Lahousen damit. Der General war äußerst verlegen und zugleich erfreut, wie sie später berichtete.

Am nächsten Morgen saß Lahousen schon früh im Herrenzimmer, Kálnoky fand, dass er sehr gepflegt aussah. Um so ärgerlicher wurde sie am Abend, als sie den Radiobericht über den Auftritt des Abwehroffiziers hörte: Da erklärte der Reporter, ein gewisser Gaston Oulmann, doch tatsächlich, Lahousen sei »nicht wie ein General, sondern wie ein Postmeister angezogen« gewesen.

Erwin Lahousens Aussage vor dem Tribunal war ein Paukenschlag. Er legte schonungslos offen, welch verbrecherischer Methoden sich Hitler bedient hatte, um den Krieg vorzubereiten, und wie sehr die Wehrmachtsspitze in diese schmutzigen Tricks eingeweiht und verwickelt war. Der General hatte sich setzen dürfen im Zeugenstand, aus Rücksicht auf seine Herzprobleme. Dann begann er in ruhigem und sehr sachlichem Ton, die Einzelheiten auszubreiten. Unmittelbar vor dem Polenfeldzug im Spätsommer 1939 habe die Abwehr einen mysteriösen Auftrag bekommen: Sie sollte polnische Uniformen und Ausrüstungsgegenstände wie Feldbücher und ähnliche polnische Accessoires für ein »Unternehmen Himmler« bereitstellen.

Die Utensilien wurden eines Tages von einem SS-Mann abgeholt. Wozu sie gedient hatten, konnten die Abwehrleute sich dann wenig später aus einem internen Wehrmachtsbericht zusammenreimen: Häftlinge aus Konzentrationslagern seien, wie es hieß, gezwungen worden, verkleidet in polnische Uniformen den deutschen Radiosender in der schlesischen Stadt Gleiwitz anzugreifen. Als »Beweis« für den angeblich polnischen Angriff hatten die SS-Leute einen toten KZ-Häftling am Tatort liegen lassen. Am frühen Morgen des nächsten Tages, es war der 1. September 1939, fielen deutsche Truppen in Polen ein, was in der deutschen Propaganda als Verteidigungsschlag ausgegeben wurde: »Polen hat nun heute Nacht zum ersten Mal auf unserem eigenen Territorium auch durch reguläre Soldaten geschossen«, erklärte Hitler wenig später im Reichstag.

Das »Unternehmen Himmler« war so geheim gewesen, dass selbst die geschulten Geheimdienstler aus der Canaris-Abteilung nicht viel Genaueres darüber herausbekommen konnten. Bis heute sind nicht alle Einzelheiten der Aktion geklärt, so beispielsweise die Frage, wer genau die polnischen Uniformen trug und ob sie überhaupt Verwendung fanden. Lahousen jedenfalls hatte später gehört, dass offenbar alle an der Aktion Beteiligten – nicht nur die als Polen verkleideten KZ-Insassen, sondern auch die SS-Angehörigen – anschließend getötet worden waren, um Mitwisser und potenzielle Informanten über diesen fingierten Kriegsvorwand auszuschalten. Das war jedoch nicht ganz korrekt, wie sich herausstellen sollte: Der Anführer des Unternehmens, SS-Sturmbannführer Alfred Naujocks, überlebte die Aktion jedenfalls, und berichtete später auch darüber.

Kurz nach dem inszenierten Ausbruch des Krieges gab es verschiedene Besprechungen im so genannten »Führerzug«, auch darüber wusste Lahousen bestens Bescheid. Er hatte seinen Chef Canaris zu der Zusammenkunft begleitet, an welcher der damalige Außenminister Ribbentrop, OKW-Chef Keitel und der seinerzeitige Chef des Wehrmachtsführungsstabes Jodl teilgenommen hatten sowie zeitweise auch Hitler selber. »Erkennen Sie Ribbentrop hier im Gerichtssaal?« wollte Colonel Amen jetzt wissen, der ihn vernahm. Lahousen wandte den Blick zur Anklagebank hinüber und erklärte in ruhigem Ton: »Jawohl.« Es sei der Mann »in der ersten Reihe, der Dritte von links«.

Bei den Besprechungen im »Führerzug« ging es um die beabsichtigte Bombardierung von Warschau, außerdem sprach man über ein Vorhaben, das Keitel, so erinnerte sich Lahousen noch wortgenau, in Anlehnung an eine Formulierung von Hitler, »politische Flurbereinigung« genannt habe: Die massenweise Erschießung von polnischen Intellektuellen, Adligen, Geistlichen und natürlich der Juden. Canaris habe aufs Heftigste den geplanten Aktionen widersprochen, berichtete Lahousen im Gerichtssaal, und er zitierte seinen großen Mentor: »Für diese Methoden wird einmal die Welt auch die Wehrmacht, unter deren Augen diese Dinge stattfinden, verantwortlich machen.« Keitel aber habe nur erwidert, dass alles »bereits vom Führer entschieden« sei.

Noch eine weitere Aktion kam bei dem Treffen im »Führerzug« zur Sprache. Die Abwehrabteilung solle, so verlangte Ribbentrop, in der galizischen Ukraine einen Aufstand inszenieren, sodass möglichst alle polnischen Gehöfte in Flammen aufgingen und die jüdischen Bewohner getötet würden. Immer wieder, betonte Lahousen in seiner Aussage vor Gericht, seien in der Besprechung Worte gebraucht worden wie »liquidieren« oder »umlegen« – und zwar von den im Gerichtssaal anwesenden Angeklagten.

Mit dicken Kopfhörern bewaffnet, saß Lahousen auf dem Zeugenstuhl und erzählte ein Detail nach dem anderen. Seine Ausführungen waren tödlich, vor allem für Keitel, Jodl und Ribbentrop. Sachlich und präzise berichtete der Österreicher über diese und jene Sitzung mit den Herren und erinnerte sich auch an telefonisch von Keitel ergangene Befehle. So habe der OKW-Chef, der in Wehrmachtskreisen wegen seines Unterwürfigkeitsverhältnisses zu Hitler nur »Lakeitel« genannt wurde, ihn, Lahousen, persönlich aufgefordert, die Ermordung eines hohen französischen Militärs zu organisieren, den Keitel aus dem Weg geschafft haben wollte. Auch ein zweiter französischer General hatte nach Lahousens Bericht auf Keitels Geheiß ermordet werden sollen. Ferner berichtete der Abwehroffizier darüber, wie die planvolle Massentötung russischer Kriegsgefangener durch

SS-Kommandos mit der ausdrücklichen Genehmigung der Wehrmachtsspitzen ins Werk gesetzt worden war. Und er vergaß nicht zu erwähnen, dass auch britische Gefangene gruppenweise erschossen werden sollten.

Gegen Ende von Lahousens Vernehmung lenkte Anklagevertreter Harlan Amen den Blick auf einen Kasten, den er im Gerichtssaal deponiert hatte. Darin wurden die Reste von Lahousens Diensttagebuch aufbewahrt wie eine wertvolle Relique, die keiner berühren durfte. Eine Bombenexplosion hatte das Papier des Originals so brüchig werden lassen, dass es beim Herausnehmen unwillkürlich zerbröselt wäre. An den Blatträndern war das Papier bereits mächtig ausgefranst, dunkle Brandflecken verdeckten teilweise den Text. Vorsichtig hatten die Amerikaner eine Kopie des wertvollen Zeitdokuments anfertigen lassen, und nicht mal Lahousen selbst war erlaubt worden, sein altes Diensttagebuch im Original zu lesen.

In der Mittagspause bat der Gefängnispsychologe Gustave M. Gilbert einige Angeklagte um ihren Kommentar zu Lahousens Auftritt. »Dieser Verräter!«, schimpfte Göring, »den vergaßen wir am 20. Juli.« Und auch Jodl sah Verrat gegeben, wie Gilbert später berichtete, allerdings in etwas anderem Sinne: Wenn Lahousen der Ansicht gewesen sei, dass man auf dem falschen Wege gewesen war, hätte er rechtzeitig »etwas sagen müssen und nicht seine Offiziersehre verraten sollen«, fand der einstige Chef des Wehrmachtführungsstabes. Als Gilbert später Lahousen mit solcherlei Äußerungen konfrontierte, meinte dieser nur bitter: »Jetzt reden sie von Ehre, nachdem Millionen ermordet worden sind.« Er habe sich verpflichtet gefühlt, all diese Dinge zu sagen, fuhr Lahousen fort: »Ich muss einfach für die sprechen, die sie ermordet haben.«

Lahousen hatte im Gerichtssaal seine Ehre wiedergefunden, und so kehrte er völlig verwandelt ins Zeugenhaus zurück. Als die Gräfin ihn nach seinem Befinden fragte, meinte er nach ihrer späteren Erinnerung nur, dass alles eigentlich »ganz natürlich und selbstverständlich« gelaufen sei: »Ich hätte mir nie solche Ruhe und Gefasstheit zugetraut.« Später bei den Abendnachrichten war der Bericht über seinen Auftritt kaum zu verstehen, weil alle im Hause durcheinander redeten. Manch ein Bewohner wollte wohl auch gar nicht so genau wissen, was Lahousen alles über die Wehrmacht gesagt hatte. Und genauso wenig interessierte sich Lahousen vermutlich für die Sorgen und Nöte dieser aufgeregten Gesellschaft im Zeugenhaus.

Als am nächsten Morgen die Verteidigung Lahousen befragte, war in seinen Antworten bereits ein neues Selbstbewusstsein spürbar. Otto Nelte, der Anwalt von Keitel, versuchte dem Offizier allerlei Formulierungen in den Mund zu legen, sodass er seinem Mandaten noch einen Rest von Ehrenhaftigkeit bescheinige. Habe Keitel nicht immer wieder betont, dass Offiziere, die Gewissensprobleme plagten, sich vertrauensvoll an ihn wenden könnten? Nein, erwiderte Lahousen, »diesen Eindruck hatte ich ganz bestimmt nicht«. Habe der OKW-Chef nicht überhaupt nur militärischen Gehorsam verlangt, keinen politischen? Nein, wehrte Lahousen wiederum ab, Keitel habe entschieden eine »nationalsozialistische Wehrmacht« gewollt, und er habe in seinem Umfeld absolut keine Offiziere geduldet, die nicht »die bedingungslose Gefolgschaft des Führers verbürgten«.

Im Gerichtssaal hatte Lahousen seine Schlacht geschlagen, im Zeugenhaus aber begann ein nebulöser Stellungskrieg. Als die Zeitungen berichteten, was der Österreicher im Zeugenstand gesagt hatte, muss das für einige Bewohner wie ein Schock gewesen sein. In den folgenden Tagen bewegten sich die Diskussionen bei Tisch immer wieder um

Werte wie Loyalität, Diensteid und Pflichterfüllung. Was dabei genau gesagt wurde, ist nicht überliefert. Gräfin Kálnoky berichtete viele Jahre später nur, das »set up« des Prozesses sei aufs Heftigste kritisiert worden: »Dass da die Gewinner über einzelne Vertreter des Verliererlandes zu Gericht saßen«, sagte mir die alte Dame in ihrem behäbigen, kehlig klingenden thüringischen Tonfall, »hat vielen in meinem Haus nicht gefallen.«

Das war in ihrer kleinen Wohnung in Cleveland, Mitte der 90er Jahre. Draußen schneite es riesige Schneeflocken, sodass die Straßen bald kaum mehr befahrbar waren. Drinnen flimmerte der Fernseher. Derweil saß die alte Dame in einem gemütlichen Sessel und ließ in ihren Erzählungen ihre große Zeit im Zeugenhaus wieder lebendig werden. Auch in Nürnberg war in jenen Tagen Schnee gefallen. »Unsere Wachposten hatten sich wegen der Kälte ein Feuer auf der Straße angemacht«, erzählte die Gräfin, »der Schein der Flammen leuchtete bis ins Haus.« Und sie erinnerte sich noch gut an die im Herrenzimmer versammelte Runde: »Schauen Sie, das ist der Köstring«, die alte Dame zeigte auf ein leicht zerknittertes Foto und fügte hinzu: »Das Bild hat der Hoffmann gemacht.« Daneben war noch ein etwas verschwommenes Gesicht auf dem Foto erkennbar – »Bertus Gerdes«, krächzte Kálnoky, »der war Stabsleiter gewesen bei der NSDAP«.

Dann zog sie aus einer Schachtel einen vergilbten Zeitungsschnipsel hervor, auf der ein Mann mit einem breitflächigen Gesicht abgebildet war: »Hier, das ist der General Kessler.« Dass insbesondere den Generälen die Ausführungen Lahousens nicht gefallen haben konnten, lag auf der Hand. War es für die Männer in den Führungspositionen der Wehrmacht nicht schon schwer genug gewesen, trotz aller Vorbehalte gegen Hitler ihre Pflicht zu tun? Hatten sie nicht einen Diensteid geschworen, der sie zum Gehorsam verpflichtete? Gab es nicht überhaupt stets die dringende Verpflichtung, die Befehle der vorgesetzten Stellen zu befolgen? Solche und ähnliche Fragen warfen die Herren im Winter 1945 im Zeugenhaus auf. Erwin Lahousen hörte sich die Diskussion eine Zeit lang wortlos an. »Ich verstehe«, sagte der Offizier dann plötzlich mit beinahe tonloser Stimme, und es klang, als redete er eher zu sich selbst als zu den anderen, »die Zeugen von gestern sind wohl die Angeklagten von Morgen.«

Einen Moment lang wurde es still im Herrenzimmer. Bald gelang es der Gräfin jedoch, das Gespräch in ein seichteres Fahrwasser zu lenken. Sie hatte die Gabe, völlig übergangslos aus der tiefschürfendsten Diskussion in die belangloseste Plauderei überzuwechseln. Meist gelang ihr dies mithilfe einer ihrer halbwahren Anekdoten, die sie gern zur allgemeinen Erheiterung vortrug.

An einem der Abende im Dezember 1945 erzielte sie einen besonderen Lacherfolg. Wieder einmal waren neue Gäste angekommen, darunter Hans Luther, ein ehemaliger Reichskanzler der Weimarer Republik, der im NS-Reich von 1933–1937 Botschafter in Washington gewesen war, und Niklas von Horthy, der Sohn des ungarischen Regierungschefs Miklós von Horthy, der mit Hitler paktiert hatte und nun im Zeugenflügel des Nürnberger Gerichtsgefängnisses saß.

Die Geschichte, die Kálnoky an jenem Dezemberabend erzählte, lautete etwa so: Ihrem Cousin sei beim Fechten in einer schlagenden Verbindung die Nasenspitze abgehauen worden; kein Problem, habe der Arzt gesagt, die nähen wir wieder an. Wenn bloß der Hund ihres Cousins nicht mit der Nasenspitze verschwunden wäre. Daraufhin sei dem Arzt nichts anderes übrig geblieben, als dem Cousin ein Stück

Hühnchenfleisch auf die Nase zu setzen. Es wuchs prima an, doch irgendwann hätten sich Federn darauf gebildet, und so habe der Cousin fortan immer die Nase mitrasieren müssen.

Im Herrenzimmer wurde herzlich gelacht, wie die Gräfin später berichtete. Besonders Horthy schien sich nachgerade königlich zu amüsieren. Immer wieder ergriff der charmante Ungar Kálnokys Hand und übersäte sie mit Küssen. In diesem Moment kam die älteste Tochter der Gräfin herein, Eleonora, ein bildhübsches Mädchen mit dicken blonden Zöpfen. Wahrscheinlich konnte sie nicht schlafen. Als die Zehnjährige ihre Mutter in solch vertraulich anmutender Nähe mit dem jungen Horthy scherzen sah, blieb sie wie angewurzelt stehen. Gräfin Kálnoky klärte die Situation, indem sie ihre Anekdote wiederholte. Höflich wurde wieder allenthalben gelacht, nur die kleine Eleonora fand die Geschichte überhaupt nicht witzig: »Das ist doch alles gar nicht wahr«, rief das Mädchen trotzig aus.

Kálnoky kannte Dutzende solcher Geschichten. Vermutlich hatte man sich dergleichen in früherer Zeit an langen Kaminabenden auf den einsamen Landschlössern erzählt, auf denen die Gräfin einst residiert hatte. Manchen Gästen im Zeugenhaus waren die Anekdoten gerade recht als folgenlose Zerstreuung, anderen mag diese Art Unterhaltung etwas zu oberflächlich vorgekommen sein. Kálnokys Kinder hatten es jedenfalls nicht ganz einfach mit ihrer eloquenten Mutter: Meist spielten sie im Garten oder saßen mit dem Kindermädchen Cuci in einem etwas entfernter gelegenen Nebenraum im Erdgeschoss, in welchem sie auch mit Cuci zusammen schliefen.

Zur Schule wurden die Kinder nicht geschickt, doch hatte die Gräfin ihnen umgehend eine Englischlehrerin organisiert. Das war Frau Gerschwitz, eine Person mittleren

Alters, deren eigentümliche Körperausdünstungen Kálnokys Sohn Fárkas noch viele Jahrzehnte später präzise beschreiben konnte: »Wie feuchte Küchenlappen.«

Gräfin Kálnoky genoss es, im Mittelpunkt einer Gesellschaft zu stehen, und als blendend aussehende Frau war sie es auch gewohnt, alle Blicke auf sich zu ziehen »Die haben mich bewundert und verwöhnt«, erzählte die alte Dame mir nicht ohne Stolz in ihrer kleinen Wohnung bei Cleveland, während draußen noch immer die Schneeflocken fielen. Plötzlich huschte ein Lächeln über ihren rot geschminkten Mund, ihre Augen flackerten auf und wie ein Weichzeichner legte sich jugendliche Attraktivität über ihr Gesicht, als die 87-jährige etwas leiser hinzufügte: »Manche haben mich auch verehrt.«

Der OKW-Offizier Scheidt zum Beispiel. Mehr und mehr schmachtete er der Gräfin hinterher, irgendwann behauptete er gar, seine Frau wolle sich scheiden lassen von ihm. Doch Kálnoky fühlte sich kein bisschen angezogen von dem Offizier, der ausweislich einer von Hoffmann angefertigten Zeichnung eine etwas korpulente Figur hatte. »Steif und zweiflerisch«, fand sie ihn – das war nichts für sie. Leben, das bedeutete aus ihrer Sicht vor allem gute Unterhaltung; Ernsthaftigkeit konnte leicht in Trübsinn münden, Sachlichkeit in Langeweile – und nichts war schlimmer als das.

Auch der einstige Gestapochef Diels, der unter Hausarrest stand, flirtete unentwegt mit der Hausdame – Kálnoky war seine »Maisgräfin«, wie Gerhard Krülle mitbekam, der immer mal aufhorchte, wenn sich interessante zwischenmenschliche Entwicklungen anbahnten. Doch die Gräfin begegnete Diels mit Vorsicht: »Der könnte genauso ein Seeräuberhauptmann sein«, fand sie. Foto-Hoffmann hatte bereits seine Theorie entwickelt, warum Diels ausgerechnet in der Novalisstraße unter Hausarrest stand: »Die Amis wissen, dass er nie vor einer Dame davonlaufen würde«, erklärte er unter Gelächter in großer Runde – »wenn, dann würde er wohl höchstens mit ihr flüchten.«

Das Zimmer von Diels lag direkt neben dem Schlafgemach der Gräfin, das kleiner war, aber einen Ausgang zum selben Balkon hatte. Außer seiner Vorliebe für schöne Frauen hatte er noch ein zweites Steckenpferd: die Botanik. Und so bat er Kálnoky zuweilen, ihm aus dem Garten oder dem nahe liegenden Wald kleine Pflanzen oder auch Samen mitzubringen. Später beobachtete sie, wie er sich daraus im Frühjahr 1946 kleine Moospflänzchen heranzog, die er stets liebevoll mithilfe des Wasserkruges begoss, der ihm zum Waschen ins Zimmer gestellt worden war.

Allerdings durfte Diels im Dezember 1945 für einige Zeit sein Zimmer im Zeugenhaus verlassen. Er hatte sich von den Amerikanern ein zweites, etwas mondäneres Domizil für seinen Stubenarrest genehmigen lassen: das Jagdschloss des Grafen von Faber-Castell in Dürrenhembach bei Feucht im Süden von Nürnberg. Diels war mit der Dame des Hauses, Katharina von Faber-Castell, befreundet, und diese hatte verwandtschaftliche Beziehungen ins Anklageteam. Sie war eine entfernte Cousine von Captain Drexel Sprecher, einem Mitarbeiter des amerikanischen Chefanklägers Robert Jackson. Das Jagdschloss entwickelte sich bald zu einem hochexklusiven Nebenschauplatz des Prozessgeschehens – hier trafen sich an den Wochenenden Ankläger, Anwälte und illustre Zeugen vom Kaliber eines Diels, sie plauderten miteinander über Dinge, die beim Prozess so nicht besprochen werden konnten, oder sie jagten Rehböcke in den weitläufigen Wäldern rundum.

Das Hauptschloss der Faber-Castells in Stein westlich von Nürnberg, in dem auch der Firmensitz des Unternehmens beheimatet war, hatten die Amerikaner als Pressecamp konfisziert. Hier logierten die mehr als 250 Journalisten, die zur Prozesseröffnung angereist waren. Gegessen wurde in festlichen Bankettsälen, geschlafen teils in großen Gruppenräumen, und beim Zähneputzen im gemeinsamen Waschraum konnte man auf bekannte Schriftsteller wie John Steinbeck, Ernest Hemingway oder John dos Passos treffen, wie sich George W. Herald, damals Korrespondent der amerikanischen Nachrichtenagentur International News Service, später erinnerte. Seit das Tribunal begonnen hatte, war Nürnberg gleichsam über Nacht einer der interessantesten Orte in Europa geworden.

Plötzlich pulsierte amerikanisches Society-Leben in der zertrümmerten Stadt, von der man zuvor nur die Bleistifte, die Lebkuchen und die Aufmärsche bei den Reichsparteitagen kannte. Der neue Stil war vor allem in dem notdürftig instand gesetzten Grand Hotel spürbar, das kaum Zeit gehabt hatte, »sich von einer Art Okkupation auf eine andere einzustellen«, wie Philipp Fehl, ein Mitarbeiter des amerikanischen Anklageteams, in einem zauberhaften Aufsatz feststellte: Das Essen im Grand Hotel, das früher mal »Hotel Reichsparteitag« hieß, wurde mit Hotelsilber serviert, auf dem noch Adler und Hakenkreuz eingraviert waren. Drei Bars gab es im Erdgeschoss des Hauses, eine davon lag in dem bald legendären »Marble Room«, dem Marmorsaal, in dem nun ständig wechselnde Entertainer auftraten. Der Eingang des Hotels war durch Militärpolizisten gesichert, vorm Haus warteten »Krüppel und Kinder«, wie Philipp Fehl beobachtete, um sich auf die Zigarettenkippen zu stürzen, die von den Privilegierten weggeworfen wurden.

Drinnen ging es zuweilen durchaus handfest zu. So schlug der Vertreter der Anklage Drexel Sprecher einmal kurzerhand einen US-Offizier nieder, der seinen Kollegen beim Schlips gepackt hatte. »Ich fühlte mich völlig im Recht dabei«, erzählte mir Sprecher, als ich ihn in Washington besuchte: »Sicherheitshalber habe ich an diesem Abend aber dann umgehend das Lokal verlassen«.

Einlasskarten in den Marble Room waren hoch begehrt, deutsche Fräuleins kamen nur am Arm eines US-Soldaten hinein. Noch weit feiner ging es freilich im Jagdschloss Dürrenhembach zu, wohin nur handverlesene Gäste eingeladen wurden. Auch im Zeugenhaus hätten einige Bewohner viel darum gegeben, einmal im Jagdhaus der Faber-Castells mit dabei zu sein. Gisela Limberger, die Göring-Sekretärin, ließ jedenfalls nichts unversucht, um Diels dazu zu bewegen, ihr eine Einladung nach Dürrenhembach zu verschaffen. Doch dieser sandte nur einen handschriftlichen Zettel an die Gräfin, auf dem er ihr mitteilte, dass er »sehr erholsame, ruhige Tage« bei den Faber-Castells verbringe und sich sein Aufenthalt auf dem Lande noch etwas hinziehen werde. Diels grüßte in dem Brief auch sehr herzlich »Frl. Limberger, deren Überführung für einige Tage hierher« er allerdings schwerlich organisieren könne.

So musste Gisela Limberger sich im Zeugenhaus mit der Gesellschaft eines anderen alten Bekannten begnügen: des Hitler-Fotografen Heinrich Hoffmann, sie hatte erst kürzlich in einem österreichischen Vernehmungslager wieder von ihm gehört.

Geburtstagsschecks vom Zigarettenkönig

Gisela Limberger gehörte zu jenen Gästen des Zeugenhauses, für die in den letzten Monaten eine Welt zusammengebrochen sein musste. Sie hatte Hermann Göring wie einen Gott verehrt. Nun erfuhr sie von den US-Offizieren, die sie verhörten, dass er ein Kriegsverbrecher und ein Kunsträuber war – und sie hatte dem Mann, wenn auch vermutlich ohne die Hintergründe zu kennen, auch noch geholfen bei seinen schmutzigen Machenschaften. Bis zum letzten Moment.

Als sie im November 1945 in der Novalisstraße eintraf, war die ehemalige Privatsekretärin von Göring bereits Monate lang vernommen worden. Limberger gehörte zu einer Gruppe von 16 Personen, von denen sich die Amerikaner Aufschluss erhofften über Görings finanzielle Verhältnisse und seine Aktivitäten hinsichtlich der Beschaffung von Kunstwerken. In seinem pompösen Landhaus Carinhall am westlichen Rand der Schorfheide nördlich von Berlin hatte der »letzte große Mann der Renaissance«, wie ihn einer seiner Mitarbeiter genannt hatte, einen beispiellosen Schatz an Kunstwerken zusammengetragen. An den Wänden der Villa hingen Werke von Cranach, Rubens und Rembrandt. Limberger war zeitweise für die Betreuung der Bildersammlung zuständig gewesen, sie führte Görings Konten und erledigte seine private Post, sortierte seine Bücher und inventarisierte Gemälde und Skulpturen.

Bereits 1930 hatte sie den späteren Reichsmarschall kennen gelernt. Göring suchte eine Sekretärin. Gisela Limberger, damals eine unverheiratete Frau von 37 Jahren, lehnte sein Angebot dankend ab und entschied sich, noch eine Bibliothekarsausbildung zu machen. 1933 ließ Göring, inzwischen preußischer Ministerpräsident, erneut bei ihr anfragen, diesmal brauchte er jemanden, der seine Bücher ordnete. Limberger, die als tüchtig, gebildet und ehrlich galt, erledigte den Auftrag zur höchsten Zufriedenheit, doch sie blieb bei der Staatsbibliothek. Ein Jahr später bat der NS-Politiker die Bibliothekarin noch einmal um ihre Hilfe, und diesmal sagte Limberger zu. Mittlerweile, so berichtete sie in Nürnberg den Amerikanern, sei in der Staatsbibliothek ein erheblicher Druck auf die Mitarbeiter ausgeübt worden, in die NS-Partei einzutreten – da habe sie sich entschieden, lieber gleich in die Höhle des Löwen zu gehen. In Görings Büro sei nach Parteizugehörigkeit nicht gefragt worden. Im Gegenteil, Görings Staatssekretär Paul Körner, der zugleich ein hoher SS-Funktionär war, habe gesagt: »Auf euch Mädchen kommt es gar nicht an.«

Tatsächlich war Gisela Limberger nie in die NSDAP eingetreten, »ich bin in Kreisen verkehrt, die nicht in der Partei waren«, erklärte sie in ihrer Vernehmung. Über ihre Schwester, die in Berlin eine Klinik leitete und später emigrierte, hatte die Bibliothekarin mit jüdischen Ärzten Kontakt. Einer sei 1938 festgenommen worden: »Ich bin zu Göring gegangen und habe für ihn gebeten«, berichtete Limberger den Vernehmungsoffizieren. Kurz darauf sei der Mann freigekommen.

So wenig wie Gisela Limberger mit den Nazifunktionären zu tun haben wollte, so unkritisch begegnete sie ihrem Chef: Hunderttausende von Reichsmark wanderten in seinem Auftrag durch ihre Hände, sie verwaltete Millionen auf seinem Konto, und sie katalogisierte Kunstwerke von unschätzbarem Wert, die in Wahrheit vielfach Raubgut waren. Auf Görings Geburtstagen hatte sie immer mächtig zu tun, denn sie musste stets notieren, woher die unzähligen Geschenke kamen: Wirtschaftskapitäne wie Friedrich Flick oder Wilhelm Tengelmann brachten regelmäßig wertvolle Präsente mit, beispielsweise Gemälde, Teppiche oder auch Skulpturen; der Zigarettenkönig Philipp Reemtsma spendete stets größere Mengen Geld, im Laufe der Zeit mindestens elf Millionen Reichsmark, wie er später selbst eingestand.

Nach der Feier pflegte Göring in seine Hosentasche zu greifen, wie Gisela Limberger berichtete, er zog die Schecks hervor, die ihm zugesteckt worden waren und beauftragte seine Sekretärin: »Bringen Sie das zur Bank.« Auf diese Art konnten bei einem Geburtstag schon um die 250 000 Reichsmark an Bargeld zusammenkommen – nicht besonders viel aus Sicht der Sekretärin, die gewöhnt war, mit größeren Summen zu jonglieren. Görings persönlicher Jahresetat habe zwischen 200 und 250 Millionen Reichsmark betragen, erinnerte sie sich später – und dabei, betonte sie, seien die Summen, die er für Baumaßnahmen ausgab, noch nicht mitgerechnet. Woher das Geld kam, das ein Vielfaches eines normalen Regierungssoldes ausmachte, darüber hatte sich Limberger keine Gedanken gemacht. Sie selbst bekam nur ein kleines Beamtengehalt nach Besoldungsordnung, ausbezahlt von der preußischen Staatsregierung; Extragelder vom Chef waren »nicht üblich« gewesen, wie sie einem der US-Soldaten erklärte, der sie befragte.

Noch bis zum letzten Augenblick blieb die Privatsekretärin ihrem Chef in Nibelungentreue verbunden. Göring bat sie im April 1945, nach Berchtesgaden zu kommen und Geld und Bücher mitzubringen. Die Privatsekretärin packte einen Koffer voll Bücher und verließ Berlin mit einem der letzten Züge. Anderntags, es war der 23. April, versuchte sie, Kontakt mit Göring aufzunehmen – vergebens. Dieser hatte zunächst seine Kunstwerke in einem Konvoi gen Süden geschickt und dann sein geliebtes Carinhall sprengen lassen. Bald darauf war er mit großem Tross zu seiner Villa am Obersalzberg bei Berchtesgaden gereist und hatte von dort, an eben jenem 23. April 1945, in einem Telegramm nach Berlin erklärt, er sei bereit, die Nachfolge des »Führers« anzutreten. Göring war der Fehleinschätzung aufgesessen, dass Hitler bereits am Ende sei. Dieser wertete das Telegramm des Reichsmarschalls jedoch als Hochverrat und ließ ihn festnehmen. Auch bei der Göring-Sekretärin tauchten SS-Männer auf, sie beschlagnahmten den Bücherkoffer wie auch das Bargeld und empfahlen ihr, schleunigst das Weite zu suchen.

Gisela Limberger, die im selben Alter wie Görings Ehefrau Emmy war, hatte stets beste Kontakte zur Familie ihres Chefs gehabt. So ging sie nun zu Görings Schwester nach Mattsee in Österreich. Dort wurde die Bibliothekarin im Mai 1945 von den Alliierten entdeckt. Man brachte sie ins österreichische Altaussee, wo ein Spezialtrupp der US-Armee sich niedergelassen hatte, um den Kunstraub der Nazis zu recherchieren. Die Privatsekretärin wie auch verschiedene andere Mitarbeiter Görings wurden wochenlang vernommen, als Ergebnis ihrer Recherchen listeten die Ermittler mehr als 20 000 Wertgegenstände auf, darunter Gemälde, Möbel, Gobelins und Porzellan. Für sich persönlich hatte Göring allein 2000 Objekte zusammengerafft, andere Stücke waren für das so genannte »Führermuseum« bestimmt, das in Linz entstehen sollte.

An diesem Unternehmen hatte auch Heinrich Hoffmann als künstlerischer Berater mitgewirkt, weshalb die Amerikaner den Reichsbildberichterstatter ebenfalls bereits im Sommer 1945 vernahmen – allerdings nicht in Altaussee, sondern im Gefängnis München-Stadelheim. Auch Hoffmann hatte sich eine recht ansehnliche Gemäldegalerie zugelegt, er sammelte Bilder der Romantik und nannte mehrere Spitzwegs sein Eigen. Nun hatte er gewisse Schwierigkeiten, den Amerikanern zu erklären, wie er in den Besitz der einzelnen Gemälde gekommen war. Hoffmann entschuldigte sich: »Wenn ich eine unklare Auskunft gebe, dann liegt das daran, dass durch meine Hände Tausende von Bildern gegangen sind.« Das Leben war hart, auch für den Hitler-Fotografen. »Ich habe zuletzt keine Freude mehr an meinen Bildern gehabt«, klagte Hoffmann in seiner Vernehmung, »weil ich fast immer weg war.«

Hoffmanns Aussagen über das Unternehmen Kunstraub waren vermutlich nicht allzu ergiebig für die Amerikaner gewesen. Gisela Limberger aber hatte offenbar wertvolle Hinweise geliefert. Und so wurde sie nach Nürnberg gebracht, um gegebenenfalls im Prozess gegen Göring auszusagen. Dazu kam es jedoch nicht, was sie sicherlich als Erleichterung empfand. Trotz aller bösen Entdeckungen über die kriminelle Kunstbesessenheit ihres einstigen Chefs fühlte sie sich seiner Familie weiterhin sehr verbunden, und so sollte sie auch mit Görings Witwe Emmy später noch lange Kontakt halten.

Im Zeugenhaus gab es für sie nun praktisch nichts mehr zu tun, und so verfolgte Gisela Limberger mit größtem Interesse die abendlichen Debatten. Da erzählte Bertus Gerdes seine schockierende Geschichte. Der große, blonde Mann war bis vor kurzem ein überzeugter Nazi und Gaustabsamtsleiter von München gewesen, also die rechte Hand des Gauleiters. Ernst Kaltenbrunner, der Chef des von der SS beherrschten Reichssicherheitshauptamtes in Berlin, hatte ihn einst wegen seines arischen Aussehens für den Posten empfohlen, wie Gerdes jetzt bei Tisch erzählte. In der Münchner Gauleitung hatte er Mitte April 1945 einen Befehl entgegengenommen, der direkt von Kaltenbrunner kam. Demnach sollte Gerdes einen Plan ausarbeiten, um die »Liquidierung« aller Insassen des Konzentrationslagers Dachau sowie zweier weiterer Arbeitslager für jüdische Zwangsarbeiter in den bayerischen Ortschaften Landsberg und Mühldorf vorzubereiten. Kaltenbrunner hatte vor, die beiden Außenlager von der Luft aus bombardieren zu lassen – das Unternehmen trug den Decknamen »Wolke A1«.

»Ich wollte diese Aktion auf keinen Fall durchführen«, beteuerte Gerdes in Nürnberg. Als Kaltenbrunner daraufhin durch SS-Kuriere übermitteln ließ, dass ihm bei Nichtbefolgung des Befehls die Hinrichtung drohe, redete sich der Gaustabsamtsleiter mit schlechtem Flugwetter sowie Benzin- und Bombenmangel heraus. Für das Konzentrationslager Dachau sah Kaltenbrunners Befehl vor, sämtliche jüdischen Häftlinge »mit Gift zu liquidieren«, wie Gerdes berichtete. Überdies plante Kaltenbrunner jetzt, die jüdischen Zwangsarbeiter aus den Arbeitslagern zu Fuß nach Dachau in Marsch zu setzen, um auch sie mittels Gas zu vergiften. Mit dem Kennwort »Wolkenbrand« sollte die Aktion ausgelöst werden. Gerdes zögerte die Dinge zunächst hinaus, dann vernichtete er die Befehlspapiere und setzte sich aufs Land ab. »Ich habe die Vergasung von etwa 120 000 Menschen verhindert«, brüstete er sich im Zeugenhaus.

Als die Amerikaner Bayern bereits eingenommen hatten, geriet Gerdes in eine US-Kontrolle. Er gab sich als »Ostflüchtling« aus, bekam einen provisorischen Ausweis und suchte sich Arbeit auf einem Bauernhof. So wäre er wohl kaum als höherer Nazischerge erkannt worden, wenn er sich nicht selbst gestellt hätte, um gegen Kaltenbrunner auszusagen. Eines Abends kam er in Nürnberg an und meldete sich beim Gericht, daraufhin steckte man ihn erstmal in eine Gefängniszelle. Nachdem er jedoch am anderen Morgen einem US-Offizier seine Geschichte erzählt hatte, durfte er ins Zeugenhaus überwechseln.

Gerdes blieb etwa vier Wochen in Nürnberg, während dieser Zeit wurde er immer mal wieder verhört. Seine Aussage legten die Amerikaner schließlich als wichtiges Beweismittel zur Untermauerung ihrer Anklagevorwürfe gegen Kaltenbrunner vor: Die von dem RSHA-Chef in letzter Minute befohlene Liquidierung der Insassen von Konzentrationslagern und NS-Gefängnissen im ganzen Reich spielte dabei eine wichtige Rolle. Auch im Zeugenhaus bekam die Gräfin mit, dass Gerdes' Vernehmungen offenbar zur vollsten Zufriedenheit der Amerikaner verliefen – »er wurde reich mit Zigaretten beschenkt«, registrierte Kálnoky, die selbst Kettenraucherin war.

Kurz vor Weihnachten 1945 verließ Gisela Limberger das Zeugenhaus, ins Gästebuch trug sie sich nicht ein. Ob sie vor ihrer Abreise noch einmal den von ihr so geschätzten Rudolf Diels traf, ist unklar. Vermutlich hätte er ihr noch ein bisschen stärker die Augen öffnen können über die Untaten der Nazis. Der einstige Gestapochef hatte sich inzwischen in zahllosen eidesstattlichen Versicherungen als nützlicher Informant der Ankläger erwiesen. Von Anfang an bestritt er die unter Zeugen und Angeklagten weit verbreitete Behauptung, man habe ja nichts von den Vorgängen in den Konzentrationslagern gewusst. Wer sich damals informiert habe, dem konnten nach Meinung von Diels auch »die Vergasungen« nicht verborgen geblieben sein. Er persönlich wollte schon zu Beginn der 40er Jahre von dem so genannten Schädlingsbekämpfungsmittel Zyklon B gehört haben: »Es war allgemein bekannt in 1943, was mit diesem Gas gemacht wurde.«

Auch dass man im Dritten Reich nicht habe widersprechen können, treffe nicht zu, meinte Diels und behauptete, er selbst sei ein lebendes Beispiel dafür. Freilich ließ der Bonvivant, der wegen seines ausschweifenden Lebensstils als Kölner Regierungspräsident am Rhein auch der »Borgia« genannt wurde, wohlweislich unerwähnt, dass er noch recht lange unter dem Schutz von Göring gestanden hatte. Das wiederum konnte Gisela Limberger recht ausführlich erzählen. Diels hatte sich in Köln neben verschiedenen anderen Skandalen auch ein Verhältnis mit einer ortsbekannten Schauspielerin geleistet, die schließlich schwanger von ihm wurde. Solcherlei Vorfälle waren in der NS-Bürokratie höchst unerwünscht und führten gewöhnlich zu schweren Ahndungen. Diels aber wurde 1935 lediglich als Regierungspräsident nach Hannover versetzt.

Von dort ging er 1941 als Direktor der Schifffahrtsabteilung zu den Reichswerken Hermann Göring, einer Staatsgesellschaft, die gegen Ende der 30er Jahre gegründet worden war. Der Direktorenposten war seine »Mitgift« für die Hochzeit mit Ilse Göring, wie Diels selbst offen eingestand. Die neue Stellung eröffnete ihm bald Einblicke in die allerorten laufenden Judendeportationen. So sollten auch über die Donau Transporte führen, Diels brüstete sich in Nürnberg, dies verhindert zu haben, »weil es mir unappetitlich war«. Angeblich wurden die Deportationen zu Wasser durch einige seiner Mitarbeiter blockiert, die stets einen Stau in dem Fluss organisiert hätten, wenn Transporte dieser Art anstanden, behauptete Diels. Daraufhin habe er jeweils von Berlin aus, wo sein Amtssitz war, den Schifffahrtsverkehr vorübergehend einstellen lassen.

Solche und andere Heldengeschichten erzählte Diels im November 1945. Und natürlich ließ er nicht unerwähnt, dass er die letzten Monate des Dritten Reiches im Kellerge-

Nürnberg, am 8. Mai 1945: Amerikanische Soldaten hissen die Siegesfahne auf dem ehemaligen Reichsparteitagsgelände – der Krieg ist zu Ende.

Die alte Frankenstadt ist ein Trümmermeer, rund um die Lorenzkirche gibt es nur Ruinen. Erst langsam entwickelt sich wieder Leben in den zerstörten Gassen.

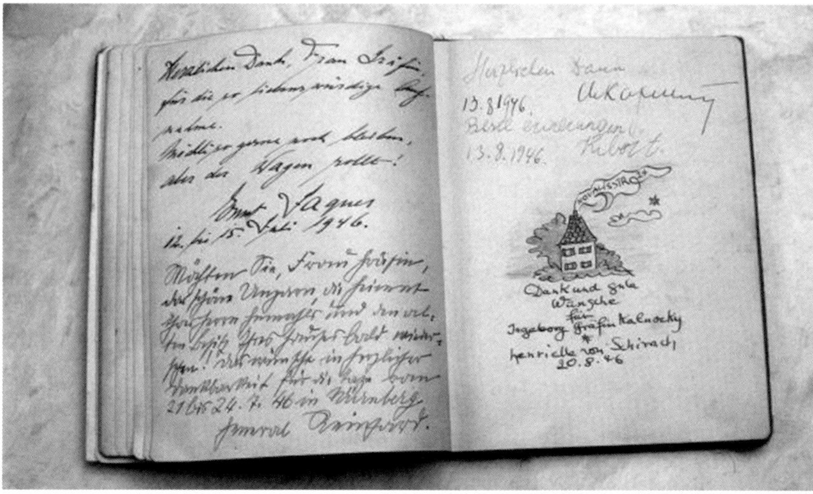

Wie ein Poesiealbum voll widersprüchlicher Erinnerungen: Das erste Gästebuch des Nürnberger Zeugenhauses. Oben rechts haben sich zwei Holocaust-Überlebende eingetragen, darunter eine Skizze von Henriette von Schirach.

Als Hausmädchen im eigenen Haus angestellt: Elise Krülle sorgte für das Wohl der Gäste im Zeugenhaus. Ihr Sohn Gerhard, damals 13 Jahre alt, beobachtete sie. Der Junge, hier in einer Aufnahme aus dem Jahre 1949, sammelte Erkenntnisse fürs Leben.

»Sie war so ein Typ Sünderin«: Ingeborg Gräfin Kálnoky, die erste Hausdame des Zeugenhauses. Im August 1945 hatten die Amerikaner sie engagiert: Adelig, politisch unbelastet, mehrerer Sprachen kundig und bildhübsch – das passte. Die Amerikaner verpflichteten die Gräfin, die gerade ihr viertes Kind zur Welt gebracht hatte, noch vom Wochenbett weg.

Auf den ersten Blick war die Villa in der Novalisstraße eine Enttäuschung: Klein und geduckt stand das Gebäude da, ein Würfel mit heruntergezogenem Dach. Doch im Innern spielten sich denkwürdige Szenen ab.

Ein Langzeitbewohner im Zeugenhaus: Hitlers Leibfotograf Heinrich Hoffmann 1946 beim Bildersortieren im Gericht.

Talentiert, aus jeder Situation ihren Nutzen zu ziehen: Hoffmanns Tochter Henriette von Schirach 1946.

Frauenverführer mit Schmiss aus Männerbund-Zeiten: der erste Chef der Gestapo Rudolf Diels im Zeugenhaus.

Einer der ersten Verhandlungstage im Gerichtssaal: Ein Vertreter der Anklage erläutert Dokumente und Strukturen der NS-Organisation.

Hermann Göring im Zeugenstand des Hauptkriegsverbrecherprozesses. Der Angeklagte gelobte vor seiner Vernehmung, die Wahrheit und nichts als die Wahrheit zu sagen. Seine Aussage im März 1946 war im Gericht mit Spannung erwartet worden.

Robert M. W. Kempner, der Chefankläger im Wilhelmstraßen-Prozess, hier 1948 im Gerichtssaal mit seiner Assistentin Jane Lester.

Ein streitbarer Jurist, dessen Verhörmethoden gefürchtet waren: Kempner in den 50er Jahren.

SS-Chef Heinrich Himmler 1933 im Gespräch mit Rudolf Diels, dem ersten Leiter der Gestapo. Ein parteiinterner Machtkampf mit Himmler sorgte dafür, dass Diels schon 1934 den Posten wieder verließ.

Adolf Hitler und die Spitzen der Militärs bei einer Besprechung im Führerhauptquartier: Rechts neben dem Diktator General Franz Halder, der Spezialist für die Blitzkriege. Halder, der später in Ungnade fiel, erklärte US-Anklägern bei seiner Vernehmung nach dem Krieg in Nürnberg anhand von Spielzeugsoldaten seine Taktik.

fängnis des Reichssicherheitshauptamtes in der Berliner Prinz-Albert-Straße verbracht hatte. Wie viele andere war er nach dem Attentat des 20. Juli 1944 festgenommen worden, erst die Alliierten befreiten ihn aus der Haft. Für die Amerikaner entwickelte sich Diels bald zu »einem der Schlüsselzeugen«, wie sich der US-Gefreite Richard Sonnenfeldt erinnert: Diels sei vor allem in den Anfangswirren der Prozessvorbereitungen äußerst wertvoll gewesen, denn er konnte den Amerikanern wie kaum jemand anders detailliert erklären, wie das NS-Regime funktioniert hatte.

Und das war wohl auch dringend nötig. »Sie müssen wissen, dass im Anklagestab zeitweise ein ziemliches Chaos herrschte«, sagt Sonnenfeldt mit seiner dunklen, amerikanischen Stimme, während er in seinem Haus auf Long Island am Telefon sitzt: »Wir wussten doch im Grunde bis Anfang Oktober noch nicht, was die Beschuldigungen sein sollten.« Ein hochkomplizierter Koordinierungsprozess sollte in Gang gesetzt werden, schließlich ging es nicht nur darum, die Anklagepunkte für das erste Weltgericht gegen einen Staat und seine Repräsentanten zusammenzutragen, die Beschuldigungen mussten auch noch genauestens unter den anklagenden Nationen abgestimmt sein, die sich keineswegs immer einig waren.

Auf Long Island ist es später Nachmittag. Sonnenfeldts Haus liegt in der Nähe eines kleinen Yachthafens, auf dessen glitzernder Wasseroberfläche die Boote wie bunte Blechschildchen im Wind schaukeln. »In der Nachschau scheint alles so zielgerichtet und planvoll organisiert«, sinniert der Nürnberg-Veteran, »dabei war die Wirklichkeit ganz anders.« Vieles sei durcheinander gegangen, einzelne Stellen hätten munter aneinander vorbei gearbeitet, andere auch gegeneinander. Noch in einem der Nachfolgeprozesse beschwerte sich der Ankläger Kempner per Rundschreiben an die Kollegen, bei ihm würden häufig Zeugen vorgeführt, von denen »keiner weiß, wer sie bestellt hat«.

Während des Prozesses lag die Organisation in den Händen des gerichtlichen Generalsekretariats. Dort wurde die Übersetzung von Schriftstücken organisiert und die Ladung von Zeugen. Von Seiten der Anwälte gab es ständig Beschwerden über die Arbeit des Büros. So wurden beispielsweise eidesstattliche Erklärungen häufig nicht rechtzeitig bis zum Vorlagetermin bei Gericht übersetzt, als Folge war es für die Verteidiger dann nicht möglich, die entsprechenden Dokumente oder eidesstattlichen Erklärungen in das Gerichtsprotokoll einzubringen – vorgelegt werden durften nämlich nur Schriftstücke, die in allen Prozesssprachen lesbar waren. Auch bei der Ladung von Zeugen gab es immer wieder Pannen. Da wurden Entlastungszeugen angeblich nicht gefunden, obgleich deren Adressen jedermann bekannt war. Zeugen, deren Anhörung vom Gericht konzediert worden war, bekamen keine Benachrichtigung, während andere Personen in Nürnberg auftauchten, die keiner angefordert hatte. Ob es nur Schlamperei war oder Methode, ließ sich letztendlich nicht feststellen – einige Anwälte klagten jedenfalls offen darüber, dass sie sich behindert fühlten.

Auch in der Novalisstraße tauchten zuweilen Personen auf, die offensichtlich gar niemand bestellt hatte. Eine Dame namens Erna Michaela Ross klopfte eines Tages im Zeugenhaus an. Die Frau, »rund wie ein Ofen«, wie die Gräfin ihre Leibesfülle wenig charmant umschrieb, hatte offensichtlich zunächst ein paar Tage im Nürnberger Gefängnis verbracht, bevor man sie in die Villa am Wald verlegte. »Der Zweck ihres Erscheinens war ihr wie allen anderen ein Rätsel«, notierte Kálnoky, die bald bei Anwälten und Anklägern herumfragte, wer die Dame angefordert haben könnte. Sie war Lehrerin von Beruf und kam aus Berlin, mehr als ein paar Erlebnisse von der Ankunft der Russen in der zerbombten Hauptstadt hatte sie freilich nicht zu erzählen. Ross blieb wochenlang im Zeugenhaus, ohne dass sich Sinn und Beweggründe ihres Aufenthaltes klären ließen. Eines Tages wurde sie schließlich mit einer größeren Limousine abgeholt. Freilich verließ sie das Haus nicht, ohne ein längeres, umständlich gewundenes Gedicht im Gästebuch zu hinterlassen: »Mein Dank ist groß, mein Name ist nur klein«, reimte sie darin, »schöner als hier kann es ja nirgends sein.«

Bis Heiligabend 1945 hatte sich die Nürnberger Prozessgemeinde mächtig ausgedünnt. Das Heer der Journalisten war bereits erheblich dezimiert, nachdem die Ankläger ihre Zuhörerschaft mit endlosen Monologen langweilten, in denen Dokumente über Dokumente vorgelegt wurden. Kurz vor Weihnachten flogen nun die Richter und Staatsanwälte zu ihren Ehefrauen in aller Welt, während sich die deutschen Anwälte in mühevollen, zumeist mehrere Tage dauernden Etappenfahrten über holperige Verkehrswege ihren heimatlichen Behausungen näherten.

Auch im Zeugenhaus bereitete man sich auf eine kleine Weihnachtsfeier vor, es sollte Truthahn zu essen geben, denn immerhin waren etwa eine Hand voll Gäste in Nürnberg geblieben. Am frühen Abend tauchten Sonnenfeldt und sein Kollege Leutnant Wulff mit einem überraschenden Präsent bei der Gräfin auf: Neben Zigaretten und etwas Whiskey brachten sie eine große Schachtel mit Spielzeugsoldaten und Gerät für Kálnokys Kinder mit. Die Soldaten, kleinen Panzer und Kanonen trugen noch die Wehrmachtsembleme – für deutsche Kinder war der Umgang mit solcherlei Kriegsspielzeug strengstens verboten in jenen Tagen.

Sonnenfeldt hatte die Sachen in einem Privathaushalt konfiszieren lassen, um sie bei einer Zeugenvernehmung einzusetzen: General Franz Halder, Hitlers Spezialist für die

Blitzkriegstrategie, sollte den Amerikanern anhand der Figuren erklären, wie die Wehrmacht Norwegen, Belgien oder Frankreich so schnell eingenommen hatte. Halder war Generalstabschef des Heeres gewesen und hatte in den ersten Kriegsjahren entscheidend die deutsche Angriffsstrategie geprägt. Nach Auseinandersetzungen mit Hitler hatte ihn dieser jedoch 1942 entlassen, zwei Jahre später wurde Halder im Zuge der Verhaftungswelle nach dem 20. Juli festgenommen. Mittlerweile 61-jährig saß der fränkische Offizier mit dem preußischen Bürstenschnitt und den runden Brillengläsern nun im Dezember 1945 neben dem jungen amerikanischen Gefreiten Sonnenfeldt auf dem Fußboden. »Es war eine bizarre Szenerie«, sagt Sonnenfeldt: »Ich spielte mit einem leibhaftigen General die Blitzangriffe der Nazis nach.«

Im Zeugenhaus wiederholte sich die Szene kurz darauf in etwas modifizierter Form. Da saßen nun der 8-jährige Fárkas, der Uniformen über alles liebte, und seine Schwester Eleonora mit den Spielfiguren auf dem Boden, während die anwesenden Generäle von ihren Sesseln aus die Befehle gaben.

Auch Pater Flynn hatte ein Weihnachtsgeschenk vorbeigebracht, eine Krippe aus Porzellan. Die Gräfin fand das Stück allerdings etwas kitschig und verschenkte es gleich an Elise Krülle weiter. Wichtiger war ihr, dass der Geistliche eine Schreibmaschine für sie aufgetrieben hatte. Flynn schrieb in seiner Freizeit häufiger Artikel für das katholische Monatsblatt »The Sign«, deren Mitherausgeber er einmal gewesen war. Auch über Nürnberg hatte der vielseitige Priester gerade eine Reportage verfasst, in welcher er die Stadt des Militärtribunals als »tragisches Abbild des heutigen Deutschlands« beschrieb. Bestimmt hatte der Geistliche die Gräfin ermutigt, ihre täglichen Erlebnisse im Zeugenhaus aufzuschreiben. Und so saß sie bald abends in ihrem Zimmer und tippte. Auch eine Staffelei sowie Pinsel und Farben hatte Kálnoky geschenkt bekommen. Die Gräfin war eine talentierte Freizeitmalerin, in Budapest hatte sie sogar einige Kirchenfenster ausgemalt. Im Zeugenhaus bat sie nun einzelne Gäste, für sie Modell zu sitzen; was dabei an Portraits entstand, ist allerdings nicht überliefert.

Den Heiligen Abend konnte Pater Flynn nicht im Zeugenhaus verbringen, der Geistliche hatte zwei Christmessen zu lesen, an denen insgesamt rund 1400 Leute teilnahmen, wie sich aus seiner Personalakte ergibt. Auch Gottes Segen wurde in der US-Armee bürokratisch kontrolliert, deshalb hatte der Priester jeden Monat einen »Monthly Report of Chaplains« abzugeben. Flynn füllte die vorgedruckten Formulare stets sorgfältig aus, und so wissen wir heute, dass er sich in jenen Tagen wohl einige Sorgen um die Sexualmoral der Truppe machte. Das Nürnberger Hauptquartier des Paters war die Antoniuskirche, ein im Jugendstil erbautes Gotteshaus, das nicht weit vom Gerichtsgebäude im Nürnberger Stadtteil Gostenhof lag und wie durch ein Wunder den Bombenhagel überstanden hatte. Ende Oktober 1945 traute der Geistliche hier das erste deutsch-amerikanische Hochzeitspaar. Es darf angenommen werden, dass die beiden jungen Leute nicht ganz ohne »Rückenwind«, also quasi zu dritt zum Traualtar gingen.

Ob in den Büros der Besatzungstruppen, in Nürnberger Kneipen oder auf den Straßen – allenthalben sah man jetzt amerikanische Soldaten mit deutschen Mädchen schäkern. Selbst in den zerbombten Gassen, aus denen mancherorts noch der Leichengeruch der unter den Ruinen begrabenen Menschen hervorkroch, breitete sich eine neue Lebenslust aus.

Das Flirtfieber ergriff die Stadt völlig unerklärlich und

doch schien es erklärlich. Der Krieg war zu Ende, und die Bewohner beflügelte das Gefühl von Freiheit; überdies hatten sich in Nürnberg wohl selten zuvor so viele junge Menschen über längere Zeit versammelt wie in den Monaten unmittelbar nach Kriegsende. Schon die Besatzereinheiten bestanden vor allem aus jungen Soldaten, und seit sich im Herbst 1945 auch noch die Prozessgemeinde in der Frankenstadt niedergelassen hatte, waren die jungen Leute eindeutig in der Überzahl: Ob Stenotypistinnen oder Dolmetscher, frisch examinierte Juristinnen oder Aktenrechercheure – viele der zahlreichen Hilfskräfte und Assistenten waren unter 35, und der Anteil der Frauen am Prozesspersonal lag für damalige Verhältnisse ungewöhnlich hoch.

All diesen jungen Menschen las Pater Flynn jetzt die Leviten. Neben seinen zahlreichen Gottesdiensten hielt er seit Dezember 1945 jede Woche noch zusätzlich eine »Lesung zur Sexualmoral« ab, an der jeweils über 100 Zuhörer teilnahmen. Sich selbst schien der Pater in seine Moralpredigten freilich nicht einzuschließen: Nach den Beobachtungen der Hausangestellten in der Novalisstraße machte er der Gräfin mittlerweile immer offener den Hof. Längst wurde im ganzen Haus darüber geklatscht, einzig Ingeborg Kálnoky schien nichts davon zu bemerken – vorerst jedenfalls.

Anfang Januar 1946 wurden die Generäle aus dem Zeugenhaus abgeholt, und das ging plötzlich ganz schnell. Nachdem Kessler, Köstring und die anderen Offiziere praktisch eineinhalb Monate lang nichts als gewartet hatten, mussten sie nun binnen einer halben Stunde ihre Sachen packen. Köstring wurde bald danach in den Zeugenflügel des Gerichts verlegt, die Generäle Kessler und Hardy kamen vermutlich ebenfalls in Gewahrsam. Lahousen, der mittlerweile keine Leibwache mehr hatte, und der Botschafter von Rintelen wurden in eine Villa in Fürth verbracht, wo sie weiterhin als Kriegsgefangene galten und täglich gemeinsame Spaziergänge unternahmen.

Lahousens Aussagen vor Gericht sollten in den folgenden Monaten immer wieder im Prozess zitiert werden – an ihm persönlich aber hatten die Ankläger kein Interesse mehr, und auch die Verteidiger mochten den Mann nicht hören, der ihren Mandanten so schwer geschadet hatte. Selbst von Rintelen mied den Kronzeugen der Anklage bald. »Er war schwer nervös und von abgrundtiefem Pessimismus«, berichtete der Botschafter später in einem Brief an die Gräfin über Lahousen, »ich beschloss, nicht mehr mit ihm spazieren zu gehen, da er sich guten Zwecken einfach verschloss.«

Bittere Souvenirs

Ein neuer Besucher war angekommen. »Der Mann hatte kaum noch Zähne im Mund, und er zeigte mir seine von Hundebissen zerfleischten Beine«, tippte die Gräfin abends in ihre neue Schreibmaschine. Zum ersten Mal seit der Eröffnung des Zeugenhauses hatte sie einen ehemaligen KZ-Häftling zu Gast. Blass war er ihr vorgekommen, als er ihr zur Begrüßung gegenüberstand, sehr blass. Sein kläglicher Anblick hatte Kálnoky im ersten Moment erschreckt, kurz darauf fühlte sie sich nur noch mulmiger: Wie sollte sie diesen Mann mit Hitlers Leibfotografen zusammen an einen Tisch setzen?

Vor lauter Aufregung vergaß Kálnoky, auch nur irgendeine weiterführende Information über den neuen Gast zu erkunden: Sie hielt weder seinen Namen fest, noch sein Alter oder das Konzentrationslager, in dem er gefangen gewesen war. Nur dass er »ein Ingenieur« war und längere Zeit im Zeugenhaus logiert hatte, konnte sie später erinnern. Noch ein zweiter »gewesener Konzentrationslagerinsasse«, wie sie sich ausdrückte, wurde gebracht: ein Bauer aus Franken. Anders als der Mann ohne Zähne, der sehr ernst und still gewesen sei, war der Franke jedoch »ein Mann von übersprudelnder Lebensfreude«, wie sie notierte – damit kam die Gräfin schon besser zurecht.

Der Bauer suchte alsbald nach sinnvoller Beschäftigung, er sprach mit Elise Krülle und türmte bald einen Berg zerrissener Kinderstrümpfe vor sich auf. Fortan habe er Abend für Abend kunstvoll die Löcher gestopft, die ihre Kinder sich in die Strümpfe gerissen hatten, schrieb die Gräfin in ihren Bericht. Der Mann, der in Dachau gewesen sei, habe vor allem die »weiße, duftende Bettwäsche« im Hause genossen, notierte sie ferner und setzte hinzu: »Nach all den Entbehrungen.« Doch worüber er tagsüber aussagte, wollte sie wohl lieber nicht wissen – es findet sich jedenfalls kein Hinweis darauf in ihrem Bericht. Und sie fragte auch diesen Gast nicht nach seinem Namen. Im Gästebuch hinterließen weder der Bauer noch der Ingenieur ohne Zähne irgendeine Spur. Und so ist bis heute unergründbar, wer sie waren, woher sie kamen und was aus ihnen geworden ist.

Doch sie sollten nicht die einzigen Zeugenhausbewohner bleiben, die sich – aus welchen Gründen auch immer – nicht ins Gästebuch eintrugen. Und die Gräfin selbst war vergesslich, besonders was die Namen von ihr nicht besonders bekannt erscheinenden Menschen betraf. Im Falle eines weiteren ehemaligen Lagerhäftlings erinnerte sie sich später nur, dass er wohl in Mauthausen gewesen sei. In jener Zeitperiode, in der die von Kálnoky beschriebenen Zeugen in Nürnberg gewesen sein sollen, weilten tatsächlich mehrere KZ-Überlebende in Nürnberg, um vor Gericht auszusagen, mehrere davon kamen aus dem Konzentrationslager Mauthausen – möglich, dass zumindest einige von ihnen ebenfalls im Zeugenhaus übernachteten.

Etwa Franz Blaha, ein tschechischer Arzt, der am 11. Januar 1946 vor dem Militärtribunal als Zeuge erschien. Vier Jahre hatte er in Dachau verbracht, bis zur Befreiung im April 1945. Zunächst war er in der Strafkompanie gewesen, dann im medizinischen Bereich. Dort hatte der Arzt, der fließend Deutsch sprach, etwa 7000 Autopsien von Verstorbenen persönlich durchgeführt und 5000 weitere geleitet, und so wusste er bestens Bescheid über die Menschenversuche, die in Dachau unternommen worden waren. Beispielsweise die Magen- und Gallenoperationen oder die Leberpunktionen, die Münchner Studenten zu Übungszwecken an völlig gesunden Menschen durchführen durften – manchmal endeten sie mit einem Blutsturz, das Todesurteil für den Operierten. Es gab auch Typhus-, Malaria- und Phlegmoneversuche, bei denen regelmäßig ein Großteil der Versuchsopfer starb. Besonders hoch war die Todesrate bei den Phlegmoneexperimenten: Man spritzte gesunden Menschen Eiter in Muskeln oder Venen, was zu schweren, sehr schmerzhaften Entzündungen führte oder auch zu Blutvergiftungen. Teilweise wurden den Menschen alle Glieder amputiert, die meisten starben infolgedessen früher oder später.

Bei den Toten sei es dann »allgemein üblich« gewesen, ihre Häute zu entfernen, berichtete Blaha: »Es wurde mir öfter befohlen, dies zu tun.« Gefragt sei vor allem die Haut von Rücken und Brüsten gewesen, »sie wurde chemisch behandelt und in die Sonne zum Trockenen gelegt«. Nachher seien die menschlichen Häute für Reithosen, Handschuhe, Hausschuhe und Damenhandtaschen verwandt worden. Wenn Not an Häuten gewesen sei, habe man auch eigens Menschen dafür getötet. Schädel und Skelette von Gefangenen seien ebenfalls verlangt worden – »in diesen Fällen kochten wir den Schädel oder den Körper in einem Kessel«, dann seien die »weichen Teile« entfernt und die Knochen gebleicht und wieder zusammengesetzt worden. Bei Schädeln sei besonders auf gute Zähne geachtet worden. »Deswegen war es gefährlich in Dachau«, erklärte Blaha, »eine gute Haut oder gute Zähne zu haben.«

Was die letzten Tage im April 1945 betraf, so widersprach der tschechische Arzt den Äußerungen des Gaustabsamtsleiters Gerdes aus dem Zeugenhaus in einem Punkt. Denn entgegen dessen Behauptungen wurden nach Blahas Informationen kurz vor der Befreiung durch die Alliierten im Konzentrationslager Dachau doch noch etwa 40 Menschen hingerichtet. Das waren die so genannten »Nacht-und-Nebel«-Häftlinge, KZ-Insassen, denen keinerlei Kontakte nach außen erlaubt worden waren, weil ihr Aufenthalt im Lager geheim bleiben sollte. Nach Blahas Feststellungen wurden sie alle durch Halsschüsse getötet und dann ins Krematorium geschoben.

Blaha blieb mehrere Tage in Nürnberg. Der schmale, blasse Mann mit der auffallend hohen Stirn sprach zwar perfekt Deutsch, doch er hasste die Sprache mittlerweile. Im Gerichtssaal hatte er sich nur deshalb davon überzeugen lassen, Deutsch zu sprechen, weil es, wie er meinte, für viele Begriffe, die sich auf das Leben im Konzentrationslager bezogen, einfach nur deutsche Worte gäbe – gleichsam ein Vokabular des Unmenschen, für das sich »in keiner anderen Sprache ein entsprechendes Äquivalent« finde.

Ende Januar 1946 übernahm die französische Anklagevertretung die Beweisführung im Gerichtssaal. Sie präsentierte Überlebende der Konzentrationslager Mauthausen, Auschwitz und Ravensbrück im Zeugenstand. Der französische Häftling Maurice Lampe berichtete von der Arbeit im Steinbruch in Mauthausen, zu dem genau 186 höchst unregelmäßige Stufen hinunterführten. Einmal sei auf dieser in den Stein gehauenen Treppe eine Gruppe von englischen, amerikanischen und holländischen Fliegeroffizieren auf qualvolle Weise umgebracht worden, indem man sie gezwungen habe, immer wieder schwerste Steinbrocken die Stufen hinaufzutragen. Nach und nach seien die Männer zusammengebrochen, die Treppe sei bald voller Blut und Leichen gewesen, erklärte Lampe: »Ich wäre beinahe auf einen Unterkiefer getreten.«

Einige Tage später trat Marie-Claude Vaillant-Couturier in den Zeugenstand. Sie war eine hübsche, schlanke Frau von 33 Jahren und trug ein Kostüm mit eng taillierter Jacke und ausgestelltem Rock. Vor ihrer Verhaftung im Februar 1942 hatte sie als Fotoreporterin gearbeitet und sich nach der deutschen Besetzung Frankreichs der Résistance angeschlossen; jetzt saß sie als kommunistische Abgeordnete in der verfassungsgebenden Versammlung des französischen Parlaments. Vaillant-Couturier war im Januar 1943 mit einem Transport von 230 französischen Frauen nach Auschwitz gekommen, nur 49 von ihnen sollten die Tortur dort überleben. Sie berichtete von Zwangssterilisationen und von der Tötung schwangerer Frauen, von den Arbeitsbedingungen bei der Trockenlegung von Sümpfen nahe des Lagers und davon, wie einzelnen Kameradinnen beim morgendlichen Appell aus reiner Willkür der Schädel eingeschlagen worden sei.

Vaillant-Couturier erzählte auch von dem Bordell für SS-Männer in Auschwitz wie auch im Konzentrationslager Ravensbrück, wohin sie im Juli 1944 überführt worden war. Wenn die weiblichen Häftlinge gewaschen und desinfiziert wurden, seien häufig SS-Männer vorbeigekommen und hätten sich unter den nackten jungen Frauen einzelne herausgesucht, die dann als persönliche Dienerinnen herangezogen worden seien. Die Oberaufseherin habe dem jeweils ausgewählten Mädchen gesagt, dass es dem SS-Mann »absolut gehorchen müsse, was immer von ihm verlangt würde«. Nicht viel anders sei die Begutachtung gewesen, wenn Industrielle oder Fabrikmeister ins Lager kamen, um Arbeitskräfte zu rekrutieren. »Es sah wie auf einem Sklavenmarkt aus«, berichtete die Französin: »Sie betasteten die Muskeln, prüften den Gesundheitszustand und trafen dann ihre Wahl.«

Block 25 sei in Auschwitz das Vorzimmer zur Gaskammer gewesen, oft hätten sich die Leichenberge davor gestapelt, Ratten so groß wie Katzen hätten an den leblosen Körpern genagt. Später, als sie befreit worden war, habe sie sich dann in Ravensbrück die Gaskammern genauer angeschaut: »Innen war noch der unangenehme Geruch der Gase zu spüren.« Kleine, hellgrüne Kristalle habe das Gift hinterlassen, die man dann einfach weggekehrt habe. In Auschwitz habe man dieselbe Substanz zum Töten von Menschen verwandt, die bei der Vergasung der Läuse benutzt worden sei. Vaillant-Couturier nannte den Namen des Giftes nicht, doch sie meinte das Zyklon B.

Als der französische Anklagevertreter seine Vernehmung beendet hatte, meldete sich der Nürnberger Anwalt Hans Marx zu Wort. Er vertrat den einstigen fränkischen NS-Gauleiter und Judenhetzer Julius Streicher, der jetzt mit auf der Anklagebank saß. Marx hatte im Grunde nur eine Frage: »Ja, wie ist es zu erklären«, wollte der Anwalt wissen, und er sprach dabei in einem Ton, als habe er einen Eierdieb ertappt, »dass Sie selbst so gut all dies überstanden haben, dass Sie in gutem Gesundheitszustand zurückgekommen sind?« Vaillant-Couturier antwortete kühl, dass sie bereits im Frühjahr 1945 befreit worden sei – »in einem Jahr hat man Zeit, sich zu erholen«.

Nach ihrer Vernehmung wandte sich die junge Französin mit einer schwungvollen Bewegung in Richtung zur Anklagebank, sodass ihr weiter Rock ins Wippen kam. Dann ging sie ganz langsam an den Beschuldigten vorbei und schaute jedem von ihnen ins Gesicht. »Ich wollte sehen, wie sie waren«, erklärte sie einige Jahre später in einem Radiointerview, dessen wörtliche Abschrift mir ihr Sohn zur Verfügung stellte. Wie eine Art Wunder sei es ihr vorgekommen, dass sie, die einstige KZ-Gefangene, nun gleichsam Aug in Aug vor Leuten wie Göring stand, und dass diese einst mächtigen Nazigrößen jetzt als Häftlinge auf der Anklagebank saßen, »während ich selbst am Leben war«. Dass sie überhaupt hatte aussagen können in Nürnberg, führte die Französin auf ihr Geschlecht zurück: »Der Ankläger wollte eine Frau als Zeugin.«

Marie-Claude Vaillant-Couturier reiste noch am Tag ihrer Aussage, es war der 28. Januar 1946, nach Paris zurück. Und so hatte sie vermutlich nur eine Nacht, von Sonntag auf Montag, in Nürnberg verbracht. Ob sie im Zeugenhaus logierte, ist nicht bekannt. Die Gräfin erwähnt sie an keiner Stelle, doch das muss nicht unbedingt etwas heißen, denn Damen gegenüber – insbesondere jungen, hübschen Damen – verhielt sich Ingeborg Kálnoky zuweilen durchaus reserviert. Robert Kempner machte später einmal eine Andeutung, der zufolge Vaillant-Couturier im Zeugenhaus gewohnt haben könnte.

Wo auch immer die Zeugin der Anklage nächtigte, sicher ist, dass die französische Bildreporterin damals in Nürnberg einen spanischen Kollegen traf: Francesco Boix, einen dunkelhaarigen, groß gewachsenen Katalanen von 25 Jahren. Boix war im Konzentrationslager Mauthausen gewesen und hatte dort im fotografischen Laboratorium gearbeitet. Er dürfte ebenfalls am Sonntag, dem 27. Januar 1946, in Nürnberg angekommen sein, auch wenn sich seine Vernehmung dann noch bis zum Dienstag hinzog. Während seines Aufenthalts in Nürnberg schoss der Spanier mehrere Fotos von Marie-Claude Vaillant-Couturier, die heute im Besitz ihres Sohnes sind. Auch die Französin erzählte später, dass sie den jungen Fotografen in Nürnberg getroffen habe.

Beide sprachen recht gut Deutsch. Wenn sie tatsächlich im Zeugenhaus untergebracht waren, dann müssen sie dort auf Heinrich Hoffmann getroffen sein. Der Hitler-Fotograf war stets neugierig auf neue Gäste, und besonders interessierte er sich für jene, die aus Konzentrationslagern kamen, wie die Gräfin beobachtet hatte. Im Falle des Ingenieurs ohne Zähne hatte Hoffmann ihrem Bericht zufolge recht bald nach Einzelheiten aus dem Haftalltag gefragt: »Hoffmann wollte einen Einblick in das wirkliche Leben im Konzentrationslager tun«, notierte Kálnoky, »von dem er keine Ahnung zu haben vorgab.« Und der Ingenieur habe dem Hitler-Freund daraufhin »kein Detail erspart«.

Freilich wollte der Fotograf in Wahrheit wohl gar keine Einzelheiten ergründen. Denn als im Zeugenhaus die Rede auf die in manchen Kreisen begehrten KZ-Produkte kam, wie die in verschiedenen Lagern hergestellten Schrumpfköpfe oder die Lampenschirme aus tätowierten Menschenhäuten, hatte Hoffmann nach Kálnokys späterer Erinnerung schnell abgewunken: »Diese Absurditäten« seien nichts Neues für ihn, er habe dergleichen bereits kürzlich im Nürnberger Gerichtsgebäude gesehen. Doch ganz so ahnungslos konnte Hitlers Haus- und Hoffotograf auch vorher nicht gewesen sein. Mindestens einmal, im Januar 1943, war Hoffmann jedenfalls selbst in Dachau gewesen, wie sich aus den Memoiren eines ehemaligen Häftlings ergibt, der seinerzeit antreten musste, um ihn zu begrüßen.

Zu Beginn des Prozesses im November 1945 hatten die Amerikaner einen Film mit Originalaufnahmen aus den Konzentrationslagern gezeigt, der allgemeine Erschütterung ausgelöst hatte, selbst bei einzelnen Angeklagten. Auch im Zeugenhaus war darüber gesprochen worden. Ingeborg Kálnoky musste daraufhin wieder an die schrecklichen Schreie der durstigen Menschen denken, die sie seinerzeit gehört hatte, als sie und ihre Familie nach der Flucht aus Budapest beim Bischof von Györ Unterschlupf gefunden hatten. Eine Woche lang waren durch die Ortschaft täglich Güterzüge gekommen, voll gestopft mit Menschen. Durch die kleinen Fenster der Viehwaggons hatte man ein paar Gesichter sehen können, vermutlich fuhren die Züge in Richtung Auschwitz. Damals hatte Kálnoky eine erste Ahnung des barbarischen Grauens bekommen, das Menschen andernorts erdulden mussten, jetzt erfuhr sie die ganze Wahrheit.

Heinrich Hoffmann leugnete jedoch beharrlich, je davon gewusst zu haben. Er behauptete im Zeugenhaus felsenfest, weder Hitler noch er hätten irgendeine Ahnung von den Vernichtungslagern gehabt. Überhaupt habe er sich für Politik niemals interessiert, wurde der Fotograf nicht müde zu wiederholen; für seinen Freund Hitler sei er vor allem »ein Beruhigungsmittel« gewesen, und seine Fotos – die hätten ja nun rein gar nichts mit politischen Fragen zu tun gehabt. Der Hitler-Vertraute bemühte sich unablässig darum, den Eindruck zu erwecken, mit den von den Nazis verübten Verbrechen nichts zu tun gehabt zu haben. Selbst die Gräfin wurde allmählich misstrauisch und äußerte den Verdacht, Hoffmann wolle »irgendetwas verschleiern, das ihm Schwierigkeiten bringen könnte«.

Es gab hinreichend Gründe für Hitlers Leibfotografen, seine Rolle im »Dritten Reich« herunterzuspielen. Hoffmann war der Mann gewesen, der den Führerkult zu einem beträchtlichen Teil mit gefördert hatte. Seine Postkarten, seine Großfotos, seine Bildbände und vor allem auch seine Einklebehefte, mit denen Schulkinder sich ihr Fotoalbum vom Führer mittels Klebebildchen zusammenstellen konnten, waren die perfekte Manipulation fürs Wohnzimmer. Dank Hoffmann hatte Hitler die totale Kontrolle über das öffentliche Bild, das von ihm verbreitet wurde. Nicht nur waren Hoffmann und einige seiner handverlesenen Mitarbeiter die Einzigen, die den »Führer« aus der Nähe ablichten durften. Über Publikationen wie den »Illustrierten Beobachter«, ein interessant gestaltetes Bilderblatt, das als illustriertes Pendant zur NS-Zeitung »Völkischer Beobachter« galt, sorgte Hoffmann dafür, dass Hitlers Politik auch optisch eindrucksvoll in Szene gesetzt wurde. Sein Foto-Versanddienst lieferte exklusive »Führer«-Fotos in praktisch jede deutsche Zeitungsredaktion. Hoffmanns Kontrolle über die im Reich gedruckten Bilder war damit nahezu perfekt.

Der Leibfotograf stand dem Diktator stets zu Diensten. Und wenn Hitler einmal ein Foto nicht als veröffentlichungsfähig erschien, dann riss er die rechte obere Ecke des Bildes ab, und Hoffmann wusste, was zu tun war.

»Die Kamera lügt nicht«, pflegte Hoffmann zuweilen zu sagen, und diesen Satz hätte vielleicht auch Francesco Boix unterschreiben können – allerdings legten die beiden Fotografen diese Worte in völlig anderem Sinne aus. Der Katalane verstand sich als Reporter der Wahrheit, der die Lebensbedingungen der einfachen Menschen dokumentierte. Boix, der aus Barcelona kam, hatte im spanischen Bürgerkrieg auf der Seite der Republikaner gekämpft und war nach dem Sieg des Diktators Franco nach Frankreich geflohen, wo er sich bei Kriegsbeginn zur Armee gemeldet hatte. Im Juni 1940 war er von deutschen Soldaten gefangen genommen worden. Statt in ein Kriegsgefangenenlager zu kommen, wurde er nach Mauthausen verbracht.

Im Nürnberger Gerichtssaal legte Francesco Boix Bilder aus dem Konzentrationslager Mauthausen vor. Sie zeigten etwa eine makabre Hinrichtungsszene, bei der eine Zigeunerkapelle die Melodie von »J'attendrai« – ich werde warten – habe spielen müssen, wie Boix erläuterte. Überdies war ein Besuch von SS-Chef Heinrich Himmler und dem Angeklagten Kaltenbrunner dokumentiert, wobei die Herren offenbar unter anderem den Leichnam eines Mannes inspizierten, der soeben den Steinbruch hinuntergestürzt war.

Als der Anklagevertreter fragte, ob der Fotograf im Gerichtssaal jemanden wiedererkenne, den er in Mauthausen gesehen habe, wendete Boix sein Gesicht zur Anklagebank und sagte: »Speer.« Der Architekt und Kriegsminister sei 1943 in einer Gruppe mit anderen Besuchern in Mauthausen gewesen. Albert Speer habe damals einen hellen Anzug getragen, und nicht zuletzt deshalb hatte Boix den Mann auf allen 36 Bildern erkannt, die von diesem Besuch aufgenommen wurden: »Er sah auf den Fotografien immer sehr zufrieden aus«, fügte der Spanier hinzu.

Die Zeugen, die im Januar 1946 persönlich vor Gericht erschienen, um über die Verhältnisse in den Konzentrationslagern der Nazis auszusagen, waren nicht die Einzigen, die in diesem Zusammenhang nach Nürnberg gebeten und befragt wurden. Keineswegs alle wurden jedoch zur Aussage in den Gerichtssaal gerufen. Es war üblich, dass Zeugen nach außergerichtlichen Einzelvernehmungen durch die Ankläger lediglich eidesstattliche Erklärungen abgaben, die dann als Beweisdokumente in die Verhandlung eingebracht wurden. Trotzdem mussten auch diese Zeugen anschließend häufig in Nürnberg ausharren, um sich für den Fall bereitzuhalten, dass sie doch noch in einem gerichtlichen Verhör gebraucht wurden. Aus diesem Grund lassen sich die Eintragungen im Gästebuch des Zeugenhauses zeitlich nicht immer einem aktenkundigen Auftritt im Gericht zuordnen.

Um das Verfahren im Gerichtssaal abzukürzen, präsentierten die Ankläger möglichst nur solche Zeugen, deren Wissen über die Informationen hinausging, die man aus den bereits vorliegenden Dokumenten herauslesen konnte. Das Beweismaterial bestand teils aus erbeutetem Aktenmaterial, teils aus eidesstattlichen Versicherungen. Aber natürlich musste zunächst herausgefunden werden, ob ein Zeuge nicht doch mehr zu sagen hatte, als in den Unterlagen dokumentiert war. So wurden im Vorfeld wesentlich mehr Personen vernommen, als hinterher im Prozess in den Zeugenstand traten. Eine ganze Abteilung im Anklageteam war damit befasst, mögliche Zeugen aufzuspüren. So erklärt es sich, dass in der Novalisstraße immer wieder Gäste für Wochen oder gar Monate logierten, obgleich sie im Prozess nicht sichtbar in Erscheinung traten.

Das trifft offenbar auf den fränkischen Bauern zu, von dem wir nicht viel mehr wissen, als dass er Gefangener im KZ Dachau war. Nach den Äußerungen der Gräfin verbrachte der Mann eine längere Zeit im Zeugenhaus. Da er sich nützlich machte und sämtliche Strümpfe stopfte, war er bald ein lieb gewordener Gast – doch im Gästebuch hinterließ er nicht einmal seinen Namen.

Aber auch das lässt sich erklären: In Gästebücher schreiben Besucher vor allem dann, wenn sie einen Ort als äußerst angenehm empfunden haben. Hat sich dieses Gefühl nicht eingestellt, gebietet es die Höflichkeit, lieber gar nichts einzutragen. Dass sich ein ehemaliger KZ-Häftling in der Gesellschaft von Menschen wie Foto-Hoffmann wohl gefühlt haben soll, ist schwer vorstellbar – da mag die Gräfin noch so viel »leichte Plaudereien«, wie sie es nannte, zur zwischenmenschlichen Verständigung angestoßen haben.

Hingegen dürften die früheren NS-Funktionäre und Wehrmachtsoffiziere in der Novalisstraße die Anwesenheit von ein paar ehemaligen Widerständlern keineswegs als störend empfunden haben. Es entsprach einem Gefühl der Zeit, dass während jener Tage des Übergangs, da das alte NS-Reich zusammengebrochen und die neue Bundesrepublik noch nicht gegründet war, die alten Wertmaßstäbe in den Köpfen der Menschen mangels verbindlicher Alternativen noch unumschränkte Gültigkeit besaßen – auch wenn die äußeren Embleme dieser Welt wie Reichsadler, Hitlerbilder und Hakenkreuze allenthalben eiligst entfernt worden waren.

Das Zeugenhaus war nichts anderes als ein Spiegel dieser Zeit. Hier wurde wie im Brennglas sichtbar, was sich auf größere Distanz bereits zu verwischen drohte. Für Gerhard Krülle, den jungen Heranwachsenden, der stets mit wachen Augen und Ohren die Vorgänge in der Novalisstraße beobachtete, war die alte Werteordnung nach Kriegsende noch unmittelbar spürbar. »Da gerierten sich die alten Nazis noch wie die Herren«, erinnert er sich, »und die Leute aus den Konzentrationslagern fühlten sich irgendwie immer noch als Menschen zweiter Klasse.« Während die einen, vom Schlage Hoffmanns, laut und polternd das Abendgespräch dominierten, wurden andere Bewohner zuweilen kaum wahrgenommen, wenn sie auf leisen Sohlen das Haus durchquerten. Vor diesem Hintergrund wird das Befremdliche plausibel: Hitlers ehemalige Helfer, die Mitläufer und die Unterstützer, verewigten sich im Gästebuch mit langen, lamentierenden Texten, gereimten Gedichtzeilen und vermeintlich lustigen Skizzen, während ihre Opfer und Kontrahenten es vorzogen, kommentarlos ihren Namen zu hinterlassen oder ihre Anwesenheit im Zeugenhaus gar nicht zu dokumentieren.

Manche Zeilen im Gästebuch atmen jedoch erkennbar Bitternis und Trauer. So beispielsweise ein Eintrag, der im März 1946, also etwa zwei Monate nach den Aussagen der französischen KZ-Häftlinge in Nürnberg, geschrieben wurde. Der Text ist in französischer Sprache abgefasst, die Unterschrift habe ich nicht entziffern können. Und auch die Gräfin hatte keine Idee, wer da in ihr Gästebuch geschrieben haben mochte – als ich ihr in ihrer Wohnung bei Cleveland, Ohio, den Eintrag zeigte, konnte sie sich jedenfalls an keinen passenden Gast erinnern. In der Liste der im Prozess vernommenen Zeugen taucht ebenfalls niemand auf, dem die Zeilen zuzuordnen wären.

Mag sein, dass der Text von einem Landsmann der französischen KZ-Überlebenden verfasst wurde, der in Nürnberg vernommen werden sollte, aber schließlich doch nicht in den Zeugenstand gerufen wurde. Möglich auch, dass ein französischer Diplomat die Zeilen geschrieben hat, der im März 1946 die Vernehmung des NS-Außenministers Ribbentrop verfolgte. Bei diesem Verhör spielten die letzten Bemühungen der Franzosen eine Rolle, über diplomatische Kanäle den Kriegsausbruch 1939 zu verhindern. Vielleicht aber hat sich auch ein deutscher Zeuge nur der französischen Sprache bedient, um auf diese Weise etwas auszudrücken, was er anders nicht sagen wollte oder konnte.

Die Worte sind in zierlichen, gleichmäßig gefassten Kringeln aufs Papier geworfen.

C'est bon d'avoir de beaux souvenirs,
mais c'êst malheureux d'être obligé d'en rire.

Ein bitteres Bonmot, das vieldeutig interpretiert werden kann. Sinngemäß lese ich daraus: Es ist gut, sich Erinnerungen zu bewahren, doch es ist ein Unglück, wenn man gezwungen wird, sie mit einem Lächeln zu belegen.

Ein unsittlicher Angriff

Die Kinder jubilierten: Endlich waren sie den Drachen los! Der Drachen hieß Frau Gerschwitz und hatte die Aufgabe, ihnen Englisch beizubringen. Doch die Lehrerin roch immer so unangenehm nach feuchten Küchenlappen. Außerdem verstand sie keinen Spaß, und überhaupt meinten die Kinder, dass sie eigentlich gar keine Englischlehrerin brauchten. Schließlich sprachen die Wachposten draußen auf der Straße viel besser Englisch als Frau Gerschwitz mit ihrem deutschen Akzent. Und die amerikanischen Soldaten verstanden auch noch Spaß. Fárkas, der acht Jahre alt war, und seine zwei Jahre ältere Schwester Eleonora bespritzten die GIs gelegentlich aus Jux mit Wasser. Wenn sich die US-Posten dann wortreich beschwerten, konnte man bestens seine Englischkenntnisse erweitern.

Fárkas und Eleonora gingen in Nürnberg nicht zur Schule. Vielleicht hatte das organisatorische Gründe, vielleicht lag es auch daran, dass sie ungarische Staatsbürger waren und deshalb keinen Platz in der Schule bekamen. Damit sie wenigstens ein bisschen was lernten, hatte ihre Mutter Frau Gerschwitz engagiert. Sie sollte den Kindern Englisch und Französisch beibringen. Doch jetzt war die Lehrerin plötzlich von einem Tag auf den anderen gefeuert worden. Die Kinder fanden das völlig in Ordnung, gelernt hatte man ja sowieso nichts bei ihr, behaupteten sie. Im Zeugenhaus munkelte man jedoch, dass Frau Gerschwitz gehen musste, weil sie behauptet hatte, die Gräfin und der amerikanische Priester hätten ein Verhältnis miteinander.

Ob Ingeborg Kálnoky die Englischlehrerin aus diesem oder einem anderen Grund kündigte, ist nicht bekannt. Im Zeugenhaus wurde inzwischen so viel geredet, dass es immer schwieriger wurde, Dichtung und Wahrheit auseinander zu halten. Ob es tatsächlich mehr als nur eine freundschaftliche Verbindung zwischen Ingeborg Kálnoky und Pater Flynn gab, wusste zu diesem Zeitpunkt niemand. Doch galt die Gräfin als besonders interessantes Klatschobjekt: Sie war hübsch, sie war allein, sie war die Chefin des Hauses. Und sie hatte jede Menge Verehrer. Von den amerikanischen Offizieren, die regelmäßig ins Zeugenhaus kamen, wäre so mancher für ein kleines Abenteuer zu haben gewesen.

Einmal war es zu einem irritierenden Zwischenfall gekommen. Ein junger Leutnant sei es gewesen, erzählte mir Ingeborg Kálnoky in ihrer Wohnung bei Cleveland, Ohio: »Der wollte mich zwingen, mit ihm auszugehen.« Der US-Offizier hatte wohl auch irgendwie versucht, sich ihr physisch zu nähern und sie unsittlich anzugreifen. »Ich bin ihm ausgewichen«, berichtete die alte Dame, »es war unangenehm.« Anderntags, als sie mit einem anderen Offizier auf der Terrasse des Hauses saß, habe sie dann das Gefühl gehabt, dass der abgewiesene Leutnant zwischen den Büschen gestanden und sie beobachtet habe.

Es lag im Rahmen des Möglichen, dass einzelne Gäste der Hausdame mit ungezügelter Eifersucht begegneten. Indes organisierte Ingeborg Kálnoky ihrerseits manchmal Späße im Hause, für die nicht jedermann Verständnis haben mochte. So erschien sie ihren Gästen einmal mit einem weißen Bettlaken bekleidet als Gespenst; ein anderes Mal wirbelte sie mit einem aufgespannten Regenschirm durchs Haus, was den abergläubischen Hoffmann zu Tode erschreckte. Diese eigenartigen Aufmunterungsaktionen scheinen aus der Situation des Augenblicks geboren. Im Zeugenhaus herrschte eine enorme Spannung, die sich bisweilen auf bizarre Art entlud. »Es war eine Zeit«, erklärte die Gräfin später einmal ihre damaligen Lebensverhältnisse, »in der man ständig das Gefühl hatte, dass einem der Boden wegflog.«

Doch zugleich war es eine ungeheuer spannende Zeit. Das spürte auch Elise Krülle. Es gab so viele neue Dinge zu erkunden, interessante Persönlichkeiten kennen zu lernen und Informationen aus erster Hand zu erfahren, von denen man früher nicht den leisesten Schimmer hatte. »Meine Mutter«, berichtet Gerhard Krülle, »ist regelrecht aufgeblüht während dieser Zeit.« Elise Krülle hatte ein Problem mit ihrem Bein, es gab da eine Wunde, die einfach nicht verheilen wollte. »Sie hat Eierschalen darauf gelegt und alles Mögliche unternommen«, erzählt Gerhard Krülle, aber die Wunde am Schienbein wollte nicht verheilen, »es war so eine Art offenes Bein«. Was die Suche nach Gerhards Vater betraf, so gaben sie allmählich die Hoffnung auf. Ein Suchantrag über das Rote Kreuz war negativ verlaufen, und so musste sich Elise Krülle darauf einstellen, künftig allein mit ihrem Sohn die Zukunft zu meistern.

Bislang war das Leben der Elise Krülle nicht über die Maßen ereignisreich gewesen. Gebürtig aus Regensburg hatte sie ihren Mann bereits kurz nach dem Ersten Weltkrieg in einem Krankenhaus kennen gelernt. Er lag als Kriegsverletzter in der Klinik, in der sie als freiwillige Schwesternhelferin ihren Dienst tat. Erst 1925 heirateten die beiden, Walter Krülle wollte zunächst sein Studium beenden. Er bekam eine Stelle als Ingenieur in Nürnberg. Mitte der 30er Jahre hatten sie dann genügend Geld zusammengespart, um das Haus in der Novalisstraße zu bauen. Dass in diesen vier Wänden einmal Hitlers Leibfotograf zu Gast sein würde,

Hitlers Adjutant Wiedemann und Görings Sekretärin Limberger, hätte sich Elise Krülle nicht im Traum vorstellen können.

Foto-Hoffmann saß mittlerweile oft und gern in der Küche, und zuweilen nahm er sogar sein Essen dort ein, denn die Leute im Esszimmer waren ihm angeblich »zu vornehm«. Aber vermutlich gefiel ihm die dankbare Zuhörerschaft in der Küche einfach besser. Im Salon konnten einige Gäste seine endlosen Anekdoten von Hitler und Eva Braun inzwischen nicht mehr hören. Hier in der Küche aber verschlangen seine Zuhörerinnen beinahe jedes seiner Worte – etwa, wenn er erzählte, wie sich Hitler gegenüber Frauen verhielt: »Er war unendlich liebenswürdig zu ihnen, man konnte ihn direkt galant nennen.«

Im Prozess hatte mittlerweile die Stunde der Verteidigung begonnen. In der Novalisstraße waren daher nun vermehrt Zeugen beherbergt, von denen die Angeklagten eine positive Aussage für sich erhofften. Göring hatte einen schwedischen Ingenieur und Geschäftsmann namens Birger Dahlerus benannt, den er in den 30er Jahren kennen gelernt hatte. Im Sommer 1939 hatte Dahlerus mit Göring erneut Kontakt aufgenommen, der Schwede wollte versuchen, auf eigene Faust den drohenden Krieg zu verhindern. Durch Gespräche mit britischen Geschäftsfreunden war ihm klar geworden, dass die Engländer sich einen deutschen Angriff auf Polen nicht gefallen lassen würden, weshalb für Dahlerus ein Weltkrieg unausweichlich bevorstand. Der Geschäftsmann bat um einen Termin bei Göring, weil er ihn über die Situation aus englischer Sicht informieren wollte und auf diese Weise hoffte, die NS-Regierung von ihren Kriegsplänen abzubringen.

Am 4. Juli 1939 wurde Birger Dahlerus in Carinhall empfangen, die darauf folgenden Wochen sollte er eine heftige

Reisetätigkeit entwickeln, um im Auftrag Görings Vermittlungsgespräche zwischen London und Berlin in Gang zu bringen; überdies organisierte er ein deutsch-englisches Treffen auf seinem Landsitz in Schleswig-Holstein. In dem Prozess in Nürnberg erhoffte sich der einstige Reichsmarschall nun von Dahlerus, dass er von seinen damaligen Aktivitäten berichten und auf diese Weise bestätigen werde, wie sehr sich Göring angeblich noch im letzten Moment bemühte, den Krieg zu verhindern. Doch Dahlerus hatte im Nachhinein durchschaut, dass er 1939 nur als Schachfigur benutzt worden war in einem schmutzigen, diplomatischen Versteckspiel. In Wahrheit war Hitler immer fest entschlossen gewesen, Polen anzugreifen. Doch wollte er nach Möglichkeit verhindern, dass England sich als Folge eines deutschen Angriffs auf die Seite Polens schlagen würde. Unterdessen gab es jedoch Gerüchte, wonach die Briten bereits einen Beistandspakt mit Polen vorbereiteten – diesen galt es aus deutscher Sicht zu verhindern.

Und so setzte Göring den schwedischen Geschäftsmann gleichsam als diplomatischen Sonderkurier in Bewegung mit dem Ziel, Polen international zu isolieren. Mehrfach transportierte Dahlerus persönliche Briefe zwischen London und Berlin hin und her. Währenddessen trieben die Deutschen jedoch planmäßig ihre Kriegsvorbereitungen voran. Gegen Ende August 1939 sprach Göring mit Dahlerus direkt bei Hitler vor. Eine Begegnung, die der Schwede als ausgesprochen unangenehm in Erinnerung behielt: Hitler »roch so schlecht aus dem Mund«, berichtete er in Nürnberg, »dass es Selbstüberwindung kostete, nicht einen Schritt zurückzutreten«. Dahlerus hatte die Nachricht überbracht, dass der Beistandspakt zwischen England und Polen nunmehr doch geschlossen worden sei. Hitler habe daraufhin nur noch geschrien: »Wenn England ein Jahr Krieg führen will, werde ich ein Jahr Krieg führen, wenn England zwei Jahre Krieg führen will, werde ich zwei Jahre Krieg führen, wenn notwendig werde ich zehn Jahre Krieg führen!«

Dahlerus hatte noch während des Krieges ein Buch über seine Bemühungen geschrieben, das unter dem Titel »Letzter Versuch« erschienen war. Göring und sein Anwalt Otto Stahmer kannten den Text wohl nicht gut genug. Sonst hätten sie ahnen können, dass der Schwede kein guter Zeuge im Sinne von Görings Verteidigung werden würde. Dahlerus hatte in dem Buch dargelegt, welch doppeltes Spiel der dicke Reichsmarschall mit ihm gespielt hatte. Am Ende wäre der Schwede beinahe Opfer eines Mordanschlages geworden. Bei seiner letzten Begegnung mit Göring hatte dieser sich nachgerade sentimental von Dahlerus verabschiedet. Was Göring damals wusste, sein Gegenüber hingegen nicht: Nach einem Plan des Berliner Außenministers Ribbentrop sollte das Flugzeug des Schweden zum Absturz gebracht werden, vermutlich wollte man ihn als Mitwisser ausschalten.

Dazu war es jedoch nicht gekommen, und so konnte Dahlerus in Nürnberg die ganze Geschichte erzählen. Im Zeugenhaus, wo der Schwede Mitte März 1946 eintraf, fiel er der Gräfin als »sehr gepflegte Erscheinung« auf – die deutschen Gäste, die häufig aus zerbombten Behausungen kamen, wirkten meist wesentlich schmuddeliger. Ähnlich wie bei Lahousen hatten die Amerikaner dem Schweden eine Leibwache zur Seite gestellt, die ihn bis in sein Schlafzimmer begleiten sollte. Doch Dahlerus war kein Kriegsgefangener, ihn störte der Aufpasser erheblich, weshalb er mehrfach mit dem Gericht telefonierte. Die Wache aber blieb, nicht nur zu seinem persönlichen Schutz, sondern wohl auch um ihn im Auge zu behalten – schließlich ahnten die Anklagevertreter bereits, dass er eine gute Trumpfkarte für sie ziehen könnte.

Es vergingen ein paar Tage, bis der Schwede in den Zeugenstand gerufen wurde. Unterdessen hatte der gewöhnlich gut informierte Radioreporter Gaston Oulmann von den Überlegungen der US-Ankläger Wind bekommen. Oulmann berichtete im Rundfunk, der Geschäftsmann solle bloß nicht glauben, dass er in Nürnberg als Entlastungszeuge für Göring auftreten könne. Daraufhin tobte Dahlerus im Zeugenhaus und ließ nicht locker, bis er zum Gerichtssekretariat vorgelassen wurde. Wenn der Bericht nicht korrigiert werde, drohte Dahlerus dort, reise er sofort nach Stockholm zurück, ohne eine Aussage zu machen. Der Schwede blieb, und seine Aussage sollte recht belastend für Göring ausfallen. Anschließend ließen ihn die Amerikaner mit der Gräfin ins Pressecamp auf Schloss Stein fahren, wo er in einer viel beachteten Pressekonferenz seine Position darlegen konnte.

Kálnoky, die den Auftrag hatte, während des Presseauftritts möglichst unbemerkt von den Journalisten zu bleiben, registrierte nur ein »Stimmengewirr, eine Musikkapelle und ein buntes Durcheinander aller Nationen« auf Schloss Stein. Von dem Wirbel um den Radiobericht und Dahlerus' Aussage hatte sie offenbar kaum Notiz genommen. Erwähnenswert fand sie später vielmehr, dass Dahlerus ihr im Zeugenhaus häufiger mehr oder weniger charmante Vorhaltungen gemacht habe, weil sie zu viel rauche – »er versteckte immer meine Zigaretten«.

Der Rundfunkreporter Gaston Oulmann war eine Institution im Nürnberger Gerichtsbetrieb. Als Prozesskommentator der Radiosender München und Nürnberg sendete er täglich Berichte, die stets aufmerksame Zuhörer fanden, auch im Zeugenhaus. Zuweilen zog er in beißendem Ton über Zeugen oder Verteidiger her, die Ankläger kamen bei ihm hingegen meist glimpflich davon. Den Zeugen Lahousen mit seinem von Vater Krülle selig entliehenen Anzug hatte er respektlos einen »Postmeister« genannt, einen Bankbeamten, der über Schacht aussagte, machte der Rundfunkreporter gelangweilt als den »bisher trockensten Zeugen« nieder. Oulmann trat zumeist in amerikanischer Uniform mit dem Nationalitätsabzeichen von Kuba auf, wie Viktor von der Lippe, einer der Anwälte des Angeklagten Erich Raeder, in seinem Nürnberger Tagebuch vermerkte. Trotz dieses etwas merkwürdigen Aufzuges habe er jedoch »fließend Deutsch« gesprochen.

Ein weiterer prominenter Zeuge der Verteidigung erschien in der Novalisstraße, es war Carl Severing, der ehemalige preußische Innenminister. Klein gewachsen, mit hoher Denkerstirn und wallenden weißen Haaren saß er bald meistens im Garten und sonnte sich, wie die Gräfin vermerkte. Der inzwischen 71-jährige Sozialdemokrat war einer der profiliertesten Politiker der Weimarer Republik gewesen. Jetzt sollte Severing als Zeuge für Raeder aussagen, den einstigen Oberbefehlshaber der Kriegsmarine, und dabei politische Hintergründe im Zusammenhang mit dem Versailler Vertrag erklären. Doch er war viel zu früh nach Nürnberg geholt worden, weshalb er nun praktisch nichts zu tun hatte und stundenlang mit der Hausdame Kálnoky plaudern konnte. Diese war tief beeindruckt von dem Sozialdemokraten: »Selten begegnete ich einem Menschen, der über ein so großes Allgemeinwissen und so viel Bildung verfügt hätte«, tippte sie in ihren Bericht.

Nicht weit vom Zeugenhaus entfernt gab es ein kleines Gasthaus. Einige Bewohner zog es abends häufiger dorthin. Die Gaststätte »Zum Goldenen Stern« war in einem etwas heruntergekommen wirkenden Sandsteingebäude untergebracht, das an einer der alten Ausfallstraßen von Nürnberg lag. Angeblich hatte hier vor über 300 Jahren schon der

Schwedenkönig Gustav Adolf Rast gemacht. Jetzt dirigierte das Lokal der »Maisel-Wirt«, der bekannt war für sein loses Mundwerk. Es gab dünnes Bier in dem zünftig eingerichteten Gasthaus, manchmal schenkte Maisel aber auch Steinhäger aus, einen Kornschnaps, der in den Tagen nach dem Krieg eine echte Rarität war. Überdies servierte der Wirt zuweilen Wurstbrote ohne Lebensmittelkarten, weshalb sich das Lokal großer Beliebtheit erfreute.

Foto-Hoffmann galt als einer der eifrigsten Kneipengänger. Zwar hatte er in seinem Zimmer dank seiner guten Geschäftsbeziehungen zu den GIs mittlerweile ein beachtliches Depot verschiedenster Alkoholika angehäuft, von denen er durchaus selbst nennenswerte Mengen konsumierte. Doch in Gesellschaft schmeckte es wohl noch besser. Und so saßen die Zeugen in diesen Märztagen des Jahres 1946 häufig in bunter Runde in dem Gasthaus zusammen: Vom einstigen Wiener Polizeipräsidenten Michael Skubl über den Vizeadmiral und Raeder-Stellvertreter Walter Lohmann bis hin zu zwei ehemaligen Reichsbankdirektoren und dem Exminister Carl Severing. Hoffmann und der SPD-Politiker schwangen die lautesten Reden am Tisch, wie Rechtsanwalt von der Lippe in seinem Tagebuch vermerkt. Am Ende schritten der Hitler-Freund und der Sozialdemokrat als Letzte in trauter Eintracht und leicht beschwipstem Zustand mit einem gemeinsamen Hausschlüssel zurück in die Novalisstraße.

Einem anderen Zeugenhausbewohner brachte Severing nicht ganz so viel Sympathie entgegen, wie die Gräfin eines Tages erfahren sollte. Sie stand unten in der Halle, als plötzlich vom oberen Flur lautes Stimmengewirr hinunterschallte. Immer auf der Hut, etwaige Krisen und Konflikte zu vermeiden, hechtete sie mit einem Satz die Treppe hinauf. Dort stand Rudolf Diels in Hut und Mantel am Treppenabsatz. Ihm gegenüber hatte sich der etwa einen halben Meter kleinere Severing aufgebaut. »Sie sind mir damals in den Rücken gefallen«, schnauzte der Sozialdemokrat, dessen Wangen schon etwas gerötet von der Aufregung über die Auseinandersetzung waren, sein Gegenüber an. Diels reagierte kühl: »Haben wir nicht alle, jeder von seinem Standpunkt her, nur unsere Pflicht getan?«

Diels und Severing waren sich bestens aus den letzten Tagen der Weimarer Republik bekannt. Aus dieser Zeit rührte auch eine alte Fehde zwischen den beiden. Diels war Referent gewesen unter Severing, mit dem besonderen Aufgabengebiet, die kommunistischen Bewegungen zu beobachten. In diesem Zusammenhang hatte er einmal eine Zusammenkunft zwischen Severings damaligem Staatssekretär Wilhelm Abegg und zwei kommunistischen Reichstagsabgeordneten organisiert. Als die Zusammenkunft, nicht ohne Diels Zutun, bald darauf bekannt wurde, diente sie 1932 als ein Vorwand, um Severing und mit ihm die sozialdemokratisch geführte Preußische Regierung zu stürzen – eine der letzten roten Bastionen im zunehmend reaktionären Deutschland wurde so geschliffen.

Der Sozialdemokrat hatte damals keine weiteren Anstrengungen unternommen, um sich der heraufziehenden braunen Gefahr in den Weg zu stellen. Stattdessen zog er sich verbittert aus der Politik zurück, während Diels in der NS-Verwaltung Karriere machte. In Nürnberg musste sich Severing nun vorwerfen lassen, dass er untätig gewesen sei gegenüber Hitler. Hingegen hatte sich Diels, nicht zuletzt durch die Verbindungen seines einstigen Kollegen Robert Kempner, offenbar bestens mit den Amerikanern arrangiert. Und so wartete der einstige Gestapochef auch in diesem Moment nur darauf, von einem CIC-Offizier abgeholt zu werden. »Vor denen können Sie sich vielleicht reinwaschen«, fauchte Severing ihm noch hinterher, »aber nicht vor mir!« Diels hielt einen Moment inne, so als ob er noch etwas sagen wollte, dann stürmte er grußlos die Treppe hinunter.

Severing gegenüber mochte sich der einstige Gestapochef keine Blöße geben. Was sein eigenes Verhalten in den frühen 30er Jahren betraf, so plagten ihn jedoch mancherlei Gewissenbisse. »Ich war immer der Meinung, dass ich mitgeholfen hatte, das in die Welt zu setzen« – so oder ähnlich äußerte er sich mehrfach in den Vernehmungen der Amerikaner über die Anfänge des Nationalsozialismus. Weil er sich irgendwie mitschuldig fühlte, habe er auch »oft weggeschaut«, wo man eigentlich hätte hingucken müssen, meinte Diels ein anderes Mal in einem Verhör. Und er diskutierte immer wieder mit seinen amerikanischen Gesprächspartnern über die Frage, ob ein Einzelner in Einzelfällen habe helfen können. Diels Antwort war ein klares »Ja«. Natürlich, so meinte er, habe ein Dienststellenleiter hier und da auch eine Akte verschwinden lassen können: »Es kam auf seine Geschicklichkeit an«.

Ingeborg Kálnoky machte sich indessen Sorgen um ihren Mann. Seit etwa einem Jahr hatte sie nichts mehr von ihm gehört. Zwar war das Leben im Zeugenhaus sehr turbulent und abwechslungsreich, weshalb sie kaum Zeit zum Grübeln hatte. Zuweilen aber fragte sie sich, ob er wohl noch lebte. Einer der US-Offiziere hatte für sie die Erlaubnis erwirkt, ein Telefonat nach Budapest zu führen. Das war gar nicht so einfach: Die ungarische Hauptstadt lag im Einflussgebiet der Sowjetunion, und der Kalte Krieg hatte, nach außen zunächst kaum merklich, bereits begonnen. Das Gespräch musste über einen Vermittler hergestellt werden, Kálnoky gab ihm drei Nummern, von denen sich zwei als nicht mehr gültig herausstellten. Hinter der dritten Nummer verbarg sich jetzt ein Büro der Sowjetischen Militärregierung. Ein

Herr meldete sich auf Russisch, mit ihm zu sprechen, war zwecklos.

Einige Tage später stand Ingeborg Kálnoky im Herrenzimmer hinter ihrer Staffelei, als das Telefon klingelte. Im nächsten Moment kam Elise Krülle hereingestürmt, die Gräfin solle schnell kommen, es sei ein Auslandsgespräch. Vielleicht ein Telefonat aus Ungarn? Kálnoky spurtete zum Telefon, das in der Halle stand. In der Leitung war zunächst ein Rauschen zu hören, dann kam plötzlich Pater Flynn an den Apparat. Er sei in Rom, brüllte der Geistliche ins Telefon und schwärmte gleich im nächsten Atemzug: »Eine wunderbare Stadt!«

Krülle und die im Hause tätigen Geister hatten schnell heraus, wer da aus Rom angerufen hatte. Und so hieß es fortan, Pater Flynn sei zum Rapport beim Papst gerufen worden – wegen seiner unstatthaften Liaison mit der Gräfin.

Von Forellen- und Frauenjägern

Das Haus lag versteckt hinter Bäumen, seine Fenster waren hell erleuchtet. Die Faber-Castells hatten zu einer ihrer beliebten Abendgesellschaften nach Dürrenhembach gebeten, und diesmal war auch Ingeborg Kálnoky eingeladen. Sie traf auf viele bekannte Gesichter, Vertreter der Anklage wie der Verteidigung – und natürlich war auch Rudolf Diels zugegen. Der einstige Gestapochef stand im Zeugenhaus zwar immer noch unter Hausarrest, über seine guten Kontakte zu den Amerikanern fand er jedoch stets Mittel und Wege, dem Zimmerarrest vorübergehend zu entfliehen. Bei den Faber-Castells bewegte sich Diels nun mit erstaunlicher Ungezwungenheit, wie die Gräfin bemerkte, er schien ein sehr enger Freund des Hauses zu sein.

Noch vor wenigen Jahren war Dürrenhembach nur das Jagdhaus der Faber-Castells gewesen, während des Krieges zog die Familie dann fest in das von dichten Wäldern umgebene Anwesen, das mehr Schutz zu bieten schien vor den Bombenangriffen als der allzu nah bei Nürnberg gelegene Stammsitz in Stein. Das Jagdhaus war von einer angenehmen, ländlich-eleganten Atmosphäre erfüllt. Dunkle Hölzer verkleideten die Innenwände und in der Halle hingen Hirschgeweihe – die amerikanischen Besucher zeigten sich begeistert von diesem Stil. Drexel Sprecher, ein Mitarbeiter im Anklageteam und entfernter Verwandter der Gastgeberin, kam 1946 beinahe jedes Wochenende nach Dürrenhembach. »Ich hatte immer das Eckzimmer im ersten Stock«, erzählte er mir, als ich ihn im Herbst 2004 in Washington besuchte.

Drexel Sprecher wie auch andere Prozessmitarbeiter betrachteten das Anwesen der Faber-Castells als eine Oase der Entspannung und der Friedfertigkeit. Die Gäste konnten Tennis spielen, reiten oder auf die Jagd gehen. »Abends wurde das gejagte Wildfleisch gegessen, das die Köche zubereitet hatten«, berichtete Sprecher, »später saß man dann bei einem Drink und einer Zigarre im Herrenzimmer zusammen und diskutierte über die Zeitläufte.« Ab und zu wurde in Dürrenhembach auch Fisch serviert. Dann hatten Sprecher und der Hausherr in dem nahe gelegenen Bach- und Teichgelände Forellen gefangen: Sie wateten knietief durchs Wasser und fingen die Fische mit bloßen Händen an den Uferrändern. Nach dem Mahl kam bisweilen eine tiefernste Diskussion auf, etwa über die These von der so genannten Kollektivschuld der Deutschen oder auch über andere durch den Prozess angestoßene Themen. Dabei waren der Hausherr und seine amerikanischen Gäste durchaus nicht immer derselben Meinung, wie Sprecher sich erinnerte.

Ich traf Drexel Sprecher in einem Seniorenheim am Rande von Washington, das er kurz zuvor bezogen hatte. Sprecher, mittlerweile 91, war noch immer eine beeindruckende Erscheinung. Er bat mich in seine kleine Wohnung, die er mit seiner Frau teilte. Kerzengerade saß der baumlange alte Herr vor mir; unter seinen buschigen, weißen Augenbrauen schauten ausdrucksvolle blaue Augen hervor, von denen er das eine stets halb geschlossen hielt.

Im Zimmer türmten sich Berge von Dokumenten, viele davon stammten aus der Nürnberger Zeit. Sprecher hatte im Hauptprozess die Anklage gegen Baldur von Schirach vertreten, später war er der Chefankläger im IG-Farben-Prozess gewesen. Wie viele andere Prozessmitarbeiter war Sprecher als Junggeselle nach Nürnberg gekommen; in seiner Freizeit jagte er Rotwild, wie er erzählte – »und vor allem Frauen«. Die Hausherrin in Dürrenhembach, Katharina Gräfin von Faber-Castell, hatte der Amerikaner bereits zu Beginn der 30er Jahre kennen gelernt, damals war sie noch ein Teenager gewesen, sie trug ihren Mädchennamen Sprecher von Bernegg und lebte in der Schweiz. Später ging die junge Adelige nach Berlin, wo sie von NS-Offizieren nur so umschwärmt wurde.

»Nina war eine sehr gut aussehende Frau«, erzählte Sprecher mir augenzwinkernd in Washington. Zeitweise habe sie jedoch gewisse Sympathien für die Mächtigen jener Zeit gezeigt. Im Berliner Hotel »Adlon« lernte die Offizierstochter den Grafen Roland von Faber-Castell kennen, es soll Liebe auf den ersten Blick gewesen sein. Faber-Castell hatte damals bereits eine Scheidung hinter sich. In erster Ehe war er mit einer Enkelin des jüdischen Bankiers Simon Oppenheim verheiratet gewesen. Eine glückliche Ehe, bis die Nazis kamen. Der fränkische NS-Gauleiter Julius Streicher, der im Nürnberger Raum bereits zahlreiche Fabriken enteignet hatte, stellte dem Bleistift-Grafen Mitte der 30er Jahre ein Ultimatum: Entweder das Werk oder die Frau! Faber-Castell entschied sich für die Scheidung, seine ehemalige Frau flüchtete in die Tschechoslowakei.

1938 wurde die Hochzeit mit der 21-jährigen Nina Sprecher von Bernegg gefeiert. Die private Rochade verhinderte allerdings nicht, dass sich die Nationalsozialisten bald darauf dennoch des Werkes von Faber-Castell bemächtigten und in der Bleistiftfabrik fortan Munition produzierten. So stand der Graf nach dem Krieg vor einem wirtschaftlichen Trümmerhaufen.

Unterdessen hatten die Amerikaner Schloss Stein, den Firmensitz des Bleistiftfabrikanten, beschlagnahmt. Der Schlossherr Faber-Castell hatte mit den Besatzern bald eine Gesprächsebene gefunden. »Wir wussten, dass die Nazis ihn beinahe mal verurteilt hätten«, erklärte Sprecher, »deshalb war er gut angesehen bei den Amerikanern.« Als Rittmeister hatte Faber-Castell im Krieg in Polen den Befehl verweigert, 500 Juden erschießen zu lassen; später wurden ihm auch Beziehungen zu den Attentätern des 20. Juli 1944 nachgesagt. Nach dem Krieg hatte sich der Graf umgehend darum bemüht, seine Geschäfte wieder aufzunehmen. Und Faber-Castells Gattin Nina, mittlerweile 28, betonte gegenüber den Amerikanern immer, dass sie ja Schweizerin sei.

Die Gräfin von Faber-Castell war eine ausgezeichnete Pianistin, was sie bei den Abendgesellschaften in Dürrenhembach gern vor ihren Gästen unter Beweis stellte. So auch an diesem Abend, als Gräfin Kálnoky anwesend war. Es saßen Männer wie Robert Kempner im Salon, der Chefdolmetscher des Tribunals Wolfe Frank und der Münchner Anwalt Fritz Sauter, der den einstigen Reichswirtschaftsminister Walther Funk verteidigte sowie Baldur von Schirach, den ehemaligen Gauleiter von Wien. Neben Drexel Sprecher und Rudolf Diels waren außerdem noch einige »örtliche Leute« zugegen, wie Sprecher die Vertreter der Nürnberger Society nannte, die die Einladungen der Faber-Castells gerne annahmen.

Mit wem Ingeborg Kálnoky damals hinaus zu dem Jagdschloss gefahren war, konnte sie später nicht mehr mit Bestimmtheit sagen. Leutnant Wulff, der sich um die Jahreswende im Zeugenhaus so umsichtig der Generäle wie auch der Hausdame angenommen hatte, kann es nicht gewesen sein. Der US-Offizier hatte Nürnberg bereits im Januar 1946 verlassen, wie sich Richard Sonnenfeldt erinnerte. Sonnenfeldt selbst, der als Dolmetscher für die Anklage arbeitete, war nie in Dürrenhembach gewesen – der gesellschaftliche Status eines Gefreiten mag für eine Einladung nicht ausgereicht haben. Pater Flynn hingegen hätte die Gräfin nach Dürrenhembach mitnehmen können, schließlich verfügte er über ein Auto mit Fahrer. Doch der Geistliche weilte seinerzeit wohl noch in Rom. Wie auch immer, die Gräfin genoss den stilvollen Abend auf dem herrlichen Landsitz.

Bei den gesellschaftlichen Anlässen, die es zu jener Zeit in der Frankenmetropole gab, war Fabian Flynn ein gern gesehener Gast. Der Geistliche, der Französisch und Deutsch sprach, bewegte sich äußerst gewandt auch auf weltlichem Terrain. Er plauderte gern über dies und jenes und interessierte sich besonders für die Politik. Vor Jahren hatte er, unter Pseudonym, einen »Katechismus des Antikommunismus« geschrieben. In Nürnberg verfasste er gelegentlich Artikel für das vom Orden der Passionisten herausgegebene katholische Wochenblatt »The Sign«. In aktuellen politischen Fragen war der Pater stets gut informiert, überdies hatte er im Rahmen seiner Seelsorgertätigkeit wohl auch mit einigen Angeklagten Kontakt – ohne Zweifel ein interessanter und beliebter Gesprächspartner in jenen Tagen.

Mag sein, dass Rudolf Diels die Gräfin in Dürrenhembach nach dem Geistlichen fragte, er hatte ihn ja oft genug in der Novalisstraße sehen können. Doch Ingeborg Kálnoky war mittlerweile klar geworden, dass schon viel zu viel über sie und den Pater geredet wurde. Und so wendete sie sich wohl schnell einem anderen Gesprächspartner zu. Die Künstlerin der leichten Konversation war um Gesprächsstoff selten verlegen. Seit dem gelungenen Auftritt von General Erwin Lahousen im Gericht galt die Gräfin im Übrigen als »well respected person« unter den Anklägern, wie Drexel Sprecher mir erzählte.

Später am Abend setzte sich Nina Faber-Castell an den Flügel und sang dazu. Alle applaudierten, doch einer schien ganz besonders von den Reizen der Gastgeberin angetan zu sein. Kálnoky beobachtete ihren Hausarrestschützling Rudolf Diels eine Weile aus den Augenwinkeln, und sie konnte sich nur schwer vorstellen, dass er kein Verhältnis mit der Dame des Hauses hatte.

Seit Diels wieder ins Zeugenhaus zurückgekehrt war, bekam er häufig Besuch von der Gräfin Faber-Castell. Meist tauchte sie vormittags auf und setzte sich mit Diels zum Plaudern ins Wohnzimmer. Manchmal brachte Kálnoky sie auch hinauf in Diels Zimmer, wo die hübsche Besucherin ebenfalls länger verweilte. Ob die beiden sich tatsächlich nur miteinander unterhielten? Unter den Hausangestellten gaben die Besuche jedenfalls Anlass zu allerlei Spekulationen.

In der Novalisstraße wurde heftig über dies und das geklatscht. Zwischen Fakten und Fantasie konnte am Ende kaum mehr jemand unterscheiden. In dieser Atmosphäre tauchte nun plötzlich auch Pater Flynn wieder auf. Prompt wurde behauptet, er habe sich in Rom »die Absolution geholt« wegen seiner Verfehlungen, wie sich Gerhard Krülle erinnert. Dabei war der Geistliche mit einigen US-Soldaten nach Rom gereist. Die amerikanischen Offiziere hatten Gespräche mit dem italienischen Militärbischof geführt, wie aus einer Notiz des »Passionist Bulletin«, einem Nachrichtenorgan des Passionistenordens, vom März 1946 hervorgeht. Möglich, dass es dabei um italienische Priester ging, die von den Nazis als Zwangsarbeiter nach Deutschland deportiert worden waren. »Um diese Zeit«, meint jedenfalls Pater Fabiano Giorgini, »wurden immer noch einige verschleppte italienische Geistliche vermisst«.

Pater Giorgini ist ein asketisch wirkender älterer Herr mit sanfter, freundlicher Stimme. Er führt heute das Archiv in der Congregazione della Passione di Gesù Cristo, dem zentralen Sitz des Passionistenordens in Rom. Das Ordenskloster, das in einem der schönsten Winkel Roms gleich hinter dem Kolosseum liegt, ruht auf uralten römischen Gemäuern. Zwischen diesen Mauern ist das Klosterarchiv im Keller des weitläufigen Gebäudes untergebracht. Man sieht Blechschränke, die in langen Reihen hintereinander stehen, hier wird die Geschichte des im 18. Jahrhundert gegründeten Ordens aufbewahrt. In einem Holzschrank mit gelblichen Glasfenstern sind die Übernachtungsbücher des Klosters untergebracht – in den mit speckig wirkenden Papierumschlägen versehenen Kladden werden bis heute alle Übernachtungsgäste des Ordens eingetragen. Pater Giorgini holt mir dem Band mit dem Jahrgang 1946 aus dem Schrank. Die Namen der Gäste sind in langen Reihen handschriftlich mit blauer Tinte eingetragen – Pater Flynn ist dort nicht verzeichnet.

Später hat Fabiano Giorgini doch noch eine Notiz gefunden, die belegt, dass der Geistliche tatsächlich im Februar 1946 in Rom gewesen ist. Nach der Information, die ebenfalls aus dem »Passionist Bulletin« stammt, hatte er mit den US-Soldaten die römische Kirche Sankt Paul hinter den Mauern besucht. Zufällig traf die Gruppe dort auf den amerikanischen Militärbischof Francis Spellmann. Die beiden US-Geistlichen kannten sich, Flynn hatte erst einige Monate zuvor bei einer Messe assistiert, die Spellmann für amerikanische Militärs in Aachen zelebriert hatte. Wenige Tage nach der Begegnung mit Flynn in der römischen Kirche sollte Spellmann bei dem ersten Konsistorium der Nachkriegszeit, am 20. Februar 1946, zum Kardinal ernannt werden. Aus diesem Grunde hatte der US-Bischof für einige Geistliche aus seiner Region eine Audienz bei Papst Pius XII. organisiert– spontan lud Spellmann seinen Landsmann

Fabian Flynn dazu mit ein. Und so kam der Nürnberger Armeegeistliche zum Heiligen Vater.

Flynns Besuch beim Papst hatte also einen völlig anderen Hintergrund, als man sich im Zeugenhaus erzählte. Dort hatte die Gräfin allerdings ganz andere Sorgen, als der Pater ihr von seinen Abenteuern in Rom berichtete. Sie war zwischenzeitlich wieder einmal vom amerikanischen Spionageabwehrdienst befragt worden – und diesmal ging es um sie selbst. Ob sie von dem Leutnant angeschwärzt worden war, dessen Liebeswerben sie abgewiesen hatte, oder ob ihr Telefonat nach Budapest Verdacht erregt hatte, ließ sich nicht genau klären. Jedenfalls wurde sie im strengen Verhörstil nach ihren Kontakten zu Regierungsvertretern in Budapest befragt. Sie habe kürzlich mit »russischen Stellen« gesprochen, hielt ein US-Offizier ihr vor. Kálnoky konnte die Vorwürfe rasch ausräumen. Doch die Konfrontation ließ ahnen, dass der Kalte Krieg bereits in vollem Gange war.

Eines Abends, recht spät, im Frühjahr 1946 erreichten zwei Gäste aus der Schweiz das Zeugenhaus. Es handelte sich um die amerikanische Journalistin Mary Bancroft und um Hans Bernd Gisevius, einen ehemaligen Mitarbeiter des Abwehramtes von Canaris. Bancroft dürfte die einzige Journalistin gewesen sein, die je einen Fuß über die Schwelle des Zeugenhauses setzte. Genau genommen war sie keine Journalistin im eigentlichen Sinne, denn sie verfasste ihre Berichte weniger für Zeitungsredaktionen denn für das OSS, die Vorläuferorganisation der amerikanischen CIA.

Kálnoky hatte nur noch ein Bett frei: bei Luise Funk im Zimmer, der Gattin des angeklagten NS-Wirtschaftsministers und Reichsbankpräsidenten Walther Funk, die seit ein paar Tagen im Hause logierte. Die Gräfin überlegte einen Moment, was zu tun sei. Dann nahm sie Bancroft zur Seite und erklärte: »Ich kann eine Amerikanerin doch nicht mit der Frau eines Kriegsverbrechers in ein Zimmer stecken.« So wurde die Journalistin im Kinderzimmer einquartiert, während die Sprösslinge der Gräfin vorübergehend bei ihrer Mutter schliefen. Bancroft war dankbar, denn Luise Funk schien ihr wenig sympathisch: Eine Dame »mit Perlohrringen, feinen Seidenstrümpfen und einem sehr gequälten Gesichtsausdruck«, befand die Agentin. Auch Kálnoky hatte wenig übrig für die Angeklagtengattin, die sich ihrem Eindruck nach immer noch als etwas Besseres betrachtete: »Sie war klein, zart und immer magenkrank und schien die Welt nicht mehr zu verstehen«, notierte sie in ihrem Bericht. Und so war Kálnoky erleichtert, als die Dame schließlich wieder abreiste. »Ich komme wieder«, schrieb Luise Funk ins Gästebuch – die Gräfin konnte das nur als Drohung verstehen.

Indessen entpuppte sich auch Hans Bernd Gisevius als eine Herausforderung für Ingeborg Kálnoky. Der einstige Abwehrmitarbeiter machte einen äußerst eleganten Eindruck: Er trug einen gut geschnittenen Anzug, einen Siegelring und sehr weiße Manschetten. Doch als er erfuhr, dass er mit einem seiner Todfeinde unter einem Dach logierte, verlor er seine Contenance. Die Gräfin stieß einen stillen Seufzer aus: Wieder einmal war Rudolf Diels der Stein des Anstoßes. Gisevius hasste den einstigen Gestapochef. Beide kannten sich bereits vom Studium in Marburg an der Lahn, wo Diels, wie der neue Gast erzählte, ein ausschweifendes Studentenleben in einer erzkonservativen schlagenden Verbindung geführt habe. Demselben Verein, der so genannten Rhenania Straßburg, hatte auch der etwas jüngere Gisevius angehört. In Berlin arbeitete er später vorübergehend als Untergebener von Rudolf Diels. Uneinig über Ziele und Methoden, hatten die beiden in dieser Zeit wohl eine tiefe Feindschaft entwickelt.

Als Gisevius nun im Zeugenhaus erfuhr, dass der ehemalige Gestapochef zwar gewisse Restriktionen auferlegt bekommen hatte, aber doch auf freiem Fuß war, schnaubte er nur so vor Wut: »Den mach ich fertig«, verkündete er der Gräfin. Dann holte er einen kleinen Flachmann aus seinem Zimmer und bot ihr einen Cognac an. Kálnoky sah bereits die nächste Krise im Haus aufziehen und trank ganz gegen ihre Gewohnheit einen Schluck mit.

Ein Gast, der Goldzähne zählte

Im Gerichtssaal sorgte Hans Bernd Gisevius für einen Paukenschlag. Ursprünglich war er als Verteidigungszeuge für den früheren Reichsbankchef Hjalmar Schacht geladen, doch der ehemalige Abwehrbeamte fühlte sich berufen, zu allem und jedem auszusagen. Und er wurde auch danach gefragt. Diels habe »eine Räuberhöhle« aus der Polizei gemacht, erklärte Gisevius gleich im ersten Atemzug und holte zu einem Rundumschlag gegen den verhassten Exvorgesetzten aus. »Brutal, zynisch und zum Letzten entschlossen« sei dieser Mann gewesen, er habe das preußische Innenministerium nicht nur für SA- und SS-Leute geöffnet, sondern die Behörde den nationalsozialistischen Machthabern gänzlich überantwortet.

Diels tobte, als ihm die Gräfin von der Vernehmung erzählte – und widmete sich im nächsten Augenblick umso intensiver seiner Kultur von Moospflänzchen, die er sich auf dem Balkon herangezogen hatte. Er war in seiner Jugend der Vorsitzende eines deutschlandweit organisierten Vereins von Hobbybotanikern gewesen, wie er der verblüfften Gräfin einmal erzählt hatte. Seit das Frühjahr hereingebrochen war, gab er von seinem Balkon aus Elise Krülle zuweilen Instruktionen bei der Gartenarbeit. In diesem Moment aber interessierten ihn die Pflanzen wohl herzlich wenig. Er stieß allerlei Verwünschungen gegen Gisevius aus, während er seine Mooskulturen goss.

Am Abend seiner Ankunft im Zeugenhaus, einige Wochen zuvor, hatte Hans Bernd Gisevius der Gräfin ein Buch gegeben, das er soeben veröffentlicht hatte, »Bis zum bitteren Ende« lautete der Titel. Das Werk hatte einen Umfang von über 400 Seiten, Ingeborg Kálnoky hatte absolut keine Lust gehabt, es zu lesen. Deshalb reichte sie den Wälzer kurzerhand an Rudolf Diels weiter, der sogleich eine schlaflose Nacht darüber verbracht hatte. Nun lag das Buch, mit Hunderten von Strichen versehen, auf Diels' Nachttisch. Unterdessen hatte Gisevius ihm in seiner Vernehmung bereits den zweiten Schlag versetzt. Diels sann auf Rache. Er borgte sich die Schreibmaschine von Kálnoky und hackte in den nächsten Tagen einen 17-seitigen Bericht zusammen, den er als Versicherung an Eides statt dem Gericht vorlegte. Darin äußerte er die Vermutung, dass Gisevius in seinem Buch nur deshalb so über ihn hergezogen sei, weil er geglaubt habe, »dass ich dem Gefängnis der Gestapo nicht lebend entkommen bin«.

Doch Gisevius hatte im Gerichtssaal einen solch fulminanten Auftritt hingelegt, dass die Nachrichtenagenturen Blitzmeldungen über ihn absetzten. Freilich ging es dabei um ein völlig anderes Thema. Gisevius hatte am frühen Morgen vor seiner Vernehmung, die am 24. April 1946 begann, eine Besprechung zwischen zwei Anwälten mitbekommen, deren Inhalt ihm höchst skandalös erschien. Görings Verteidiger Stahmer hatte im Gespräch mit dem Schacht-Anwalt Rudolf Dix darum gebeten, Gisevius möglichst nicht zu Hintergründen der so genannten »Blomberg-Fritsch-Affäre« zu befragen, einer vermutlich von Göring angezettelten Intrige, die Ende der 30er Jahre zum Rücktritt von zwei hochrangigen NS-Repräsentanten geführt hatte. Sollte Gisevius über diese Angelegenheit sprechen, dann werde auch Göring »gegen Schacht auspacken«, hatte Stahmer dem Kollegen erklärt – das klang nach einer unverhohlenen Drohung, und Gisevius machte das sogleich bekannt.

Wenig später erzählte er dann im Zeugenstand die Hintergründe der Affäre, wie er sie auch schon in seinem Buch beschrieben hatte. Werner von Blomberg war zuletzt Reichskriegsminister gewesen, Werner von Fritsch der Oberbefehlshaber des Heeres. Beide hatten 1938 zurücktreten müssen, wegen recht delikat klingender privater Fehltritte: Blomberg hatte das Verbrechen begangen, Hitler zum Trauzeugen zu bitten bei seiner Hochzeit mit einer ehemaligen Prostituierten; Fritsch wurde vorgeworfen, eine homosexuelle Verbindung eingegangen zu sein. Doch der Hauptgrund, warum die beiden Herren aus ihren Ämtern entfernt wurden, war offensichtlich ihre kritische Haltung gegenüber den von Hitler immer stärker forcierten Kriegsvorbereitungen gewesen.

Im Gerichtssaal erging sich Hans Bernd Gisevius in unendlich langen Erklärungen, wie sie die Amerikaner eigentlich gar nicht mochten. Und er antwortete häufig mit der als deutsches Unwort diskreditierten Formel: »Jawohl.« Trotzdem hatte Chefankläger Robert Jackson großen Gefallen an dem Zeugen gefunden, den er als den »einzigen Vertreter der demokratischen Kräfte in Deutschland« betrachtete. Tatsächlich war Gisevius, der 1933 zunächst in die NSDAP eingetreten war, ein Mitglied der Widerstandsgruppe gewesen, die das Attentat vom 20. Juli 1944 vorbereitet hatte. Und so hatte er eine Menge Interna zu erzählen. Nach dem Scheitern des Anschlags rettete Gisevius sich in die Schweiz, wo er bereits zuvor als Abwehrmitarbeiter gearbeitet hatte.

Dort lernte Gisevius auch die vermeintliche Journalistin Mary Bancroft kennen sowie ihren Chef Allen Dulles, der während des Krieges das wohl wichtigste amerikanische Agentennetz gegen das NS-Regime geknüpft hatte. Diese

Bekanntschaft, die schließlich zur Zusammenarbeit geführt hatte, war wohl vor allem der Grund, weshalb US-Ankläger Jackson soviel Wohlwollen gegenüber dem Zeugen zeigte: Gisevius hatte als Kontaktmann zwischen dem konservativen deutschen Widerstand und den Amerikanern fungiert.

Während Gisevius im Gerichtssaal bemüht war, seinen, wie er sagte, »alten Freund« Schacht nach Kräften zu entlasten, trat ein anderer Bewohner der Novalisstraße indirekt als Überraschungszeuge der Anklage auf: der Hitler-Freund Heinrich Hoffmann. Schacht hatte behauptet, bis zum Juli 1932 niemals öffentlich für Hitler oder die NS-Partei aufgetreten zu sein, sondern stattdessen gewarnt zu haben vor der braunen Gefahr. Und mit Figuren wie NS-Parteikanzleichef Martin Bormann oder dem Gründer des Wochenblatts »Der Stürmer« Julius Streicher, neben dem er zu Anfang des Prozesses – aus Gründen der alphabetischen Reihenfolge – zu seinem Leidwesen Schulter an Schulter auf der Anklagebank sitzen musste, habe er schon gar nichts zu tun gehabt. US-Ankläger Jackson legte nun ein Foto aus dem Fundus von Heinrich Hoffmann vor, auf dem Hjalmar Schacht direkt neben Bormann zu sehen war, nicht weit davon entfernt war auch Streicher im Bild.

Jackson zeigte ein weiteres Foto, das den ehemaligen Reichsbankpräsidenten Schacht in eindeutiger Position darstellte, wie er den Hitlergruß darbot. Auf einem anderen Foto war Schacht neben dem NS-Propagandaminister Joseph Goebbels abgebildet, ein viertes Bild zeigte ihn neben Funk und Göring. Knapp ein Dutzend Aufnahmen legte Jackson vor, alle stammten sie aus Hoffmanns Archiv. In einem entlegenen Zimmer des Gerichtsgebäudes war der Fotograf seit Monaten damit beschäftigt, seinen umfangreichen Fundus zu ordnen. Freilich schien Hoffmann noch nicht allzu weit vorangekommen zu sein mit seiner Arbeit, denn die Fotos, die im Falle Schacht vorgelegt wurden, waren nicht datiert, was ihren Beweiswert erheblich schmälerte.

Als »diensteifrigen älteren Herrn von höflicher Gebärde, halb Barbier, halb Dirigent«, beschrieb Philipp Fehl den einstigen Leibfotografen Hitlers. Fehl war ein Mitarbeiter der Anklage, der bei Hoffmann Fotos von den Personen einsah, die er zu vernehmen hatte. Hoffmann sei immer außerordentlich behilflich gewesen, die entsprechenden Bilder zu finden. Allerdings arbeitete der Fotograf nicht nur für die Amerikaner, sondern wirtschaftete nebenbei auch in die eigene Tasche, wie sich viele Jahre später herausstellen sollte: So entnahm er insgeheim offenbar größere Mengen von Fotos aus seiner Sammlung, wie der Münchner Kunsthistoriker Rudolf Hertz vor einigen Jahren nachwies. Vermutlich brachte er jeden Tag eine Hand voll Bilder mit ins Zeugenhaus, wo er sie dann zwischen den gebunkerten Rasierklingen, Seifepäckchen und Whiskeyflaschen versteckte.

In der Novalisstraße zeigte Hoffmann wohl auch einige dieser Fotos herum. So beispielsweise angeblich bisher unveröffentlichte Bilder von Eva Braun, auf denen man sie im Tanz mit ihrem Schwager, dem SS-Gruppenführer Herrmann Fegelein sah. Diese Fotos »besitze nur ich«, behauptete der Fotograf einmal gegenüber der Gräfin, denn »ich habe das Monopol, nur ich allein«. Auch vor den Frauen in der Küche setzte er sich gern mit dem Vorzeigen angeblich geheimer Fotos in Szene. Wo er all diese Bilder so plötzlich her hatte, obgleich er von den Amerikanern vor Monaten praktisch ohne Gepäck im Zeugenhaus abgesetzt worden war, erklärte er nicht – es fragte ihn auch niemand danach.

Ein neuer Gast kam im Zeugenhaus an, Heinz Max Hirschfeld, ein Niederländer. Während der deutschen Besatzungszeit in Holland war er eines der wenigen Mitglieder

der niederländischen Regierung gewesen, die in ihrem Amt verblieben, um im Interesse des eigenen Landes mit den Deutschen zu kollaborieren. Hirschfeld war als Generalsekretär zuständig für Wirtschaft und Landwirtschaft. Im Zeugenhaus wurde er insbesondere von Hoffmann stürmisch begrüßt: »Erinnerst du dich noch an unsere netten alkoholischen Abende?« So oder ähnlich hatte der Fotograf nach dem Bericht der Gräfin gefragt, als Hirschfeld am 10. Mai 1946 in der Novalisstraße eintraf. Heinrich Hoffmann sah den Niederländer vermutlich nicht zum ersten Mal, schließlich kannte er sich bestens in den besetzten Ländern aus. Er hatte Hitlers Expansionspolitik weidlich genutzt, um allerorten neue Filialen seines Fotokonzerns zu eröffnen.

Der Niederländer empfand das Wiedersehen mit dem Fotografen Hoffmann hingegen weniger angenehm. Auch einen weiteren Gast des Zeugenhauses wird Hirschfeld gekannt haben: Franz Hayler, einst Staatssekretär im Reichswirtschaftsministerium. Hayler war neben Diels der einzige Bewohner, der im Zeugenhaus unter Hausarrest stand. Dass er nicht im Gerichtsgefängnis untergebracht war verwunderte allerdings manchen – immerhin war er SS-General gewesen und hatte engste Kontakte zu Oswald Pohl gepflegt, dem Mann, der die systematische Ausplünderung der KZ-Häftlinge organisiert hatte. In einem der Nachfolgeprozesse sollte Pohl später zum Tode verurteilt werden.

Heinz Max Hirschfeld besah sich kurz die Szene im Hause und ließ sich schon eine halbe Stunde später mit dem Gericht verbinden, um einen Fahrer zu ordern, der ihn umgehend aus dem Zeugenhaus abholen sollte – nicht eine einzige Nacht wollte er mit all den Altnazis unter einem Dach verbringen.

Wo Hirschfeld dann bis zu seiner Vernehmung am 14. Mai 1946 übernachtete, ist unbekannt. Für seine Aussage vor Gericht wählte er die deutsche Sprache, weil das, wie er sagte, seine beste Fremdsprache sei. Ins Gästebuch der Novalisstraße aber hatte er sich auf Englisch eingetragen – auch das mag ein Zeichen für seine Distanz zu der Szenerie im Zeugenhaus gewesen sein.

Wenige Tage nach diesem Zwischenfall stieg ein unscheinbar wirkender Beamter in der Novalisstraße ab. Kálnoky bemerkte den Mann erst gar nicht in ihrer großen Gästeschar, so blass, servil und unauffällig bewegte er sich durch die Räume des Zeugenhauses – Albert Thoms entsprach dem Klischee des kleinen Bankbeamten, dessen äußere Erscheinung man schnell wieder vergisst: mit linealgerade gescheitelten Haaren, schmächtiger Figur und einer sehr leisen Stimme. Auch im Zeugenstand sollte er seine unterwürfige Haltung beibehalten, stets sprach er nur vom »Herrn Präsidenten« oder vom »Herrn Minister« – doch was Thoms über die Beteiligung der Reichsbankspitze und des einstigen NS-Wirtschaftsministers Walther Funk an den schlimmsten Verbrechen der Nazis zu sagen hatte, war vernichtend: Der Bankbeamte gab über das so genannte »Judengold« Auskunft, jene Bankeinlagerungen, die aus den Konzentrationslagern stammten und die letzten Wertgegenstände enthielten, die man den Juden in den Vorzimmern der Gaskammern abgenommen hatte.

Albert Thoms, der im Range eines Reichsbankrats stand, war in den Gewölbekellern der Reichsbankzentrale in Berlin für die Verwaltung der Gold- und sonstigen Edelmetallbestände zuständig gewesen. Bis zum letzten Augenblick hatte der Bankbeamte treu seinen Dienst erfüllt. Bei Kriegsende spürten die Amerikaner ihn in einem thüringischen Salzbergwerk auf. Monate zuvor war Thoms auf Geheiß seiner Vorgesetzten mit allen Gold- und Werteinlagerungen aus den Depots der Reichsbank in die Katakomben der Grube Merkers bei Eisenach umgezogen. Pflichtschuldigst harrte er dort aus zwischen Säcken mit Juwelen, Eheringen und Zahngold, bis die Amerikaner ihn fanden.

Sein Leben lang war Thoms ein ordentlicher Bankbeamter im höheren Dienst gewesen. Nie hatte er sich Fragen gestellt zu den Anordnungen, die er von seinen Vorgesetzten bekam. Auch dann nicht, als er im August 1942 unvermutet zu Emil Puhl gerufen wurde, der, in Vertretung von Reichswirtschaftsminister Funk, als geschäftsführender Reichsbankpräsident fungierte. Puhl kündigte dem Beamten einige Lieferungen von »nicht üblichen Vermögensgegenständen« an. Es handele sich um Gold, Silber und Devisen, aber auch um Juwelen und anderes. Das Depotgut sei Eigentum der SS und solle von der Reichsbank in Treuhänderschaft übernommen werden. Abschließend verlangte der amtierende Reichsbankpräsident Puhl von dem Beamten Thoms, dass er mit niemandem darüber sprechen dürfe – die Angelegenheit sei streng geheim.

Am 26. August 1942 nahm Thoms die erste Sendung entgegen, ein SS-Mann namens Bruno Melmer hatte sie in einem Lastwagen angeliefert. Thoms, der auf ordentliche Buchhaltung bedacht war, fragte, welchem Konto die Dinge gutgeschrieben werden sollten, daraufhin erklärte Melmer, der Erlös solle auf ein Konto mit dem Namen »Max Heiliger« gehen und dem Reichsfinanzministerium zugute kommen. Bald rollten immer mehr SS-Laster bei der Reichsbank vor. Beim Auspacken der angelieferten Kisten gerieten Thoms und seine Kollegen ins Stutzen: Gold- und Silbermünzen, das schien ja noch in Ordnung zu sein, aber es gab auch wertvolle Schmucksachen, Brillanten, riesige Mengen an Eheringen, goldene Brillengestelle und schließlich Bruchgold, das offensichtlich aus Zahnfüllungen stammte.

Um die Dinge zu zählen und ihren Wert aufzunehmen, breiteten die Reichsbankbeamten alle Gegenstände auf langen Tischen in den Tresorräumen aus, weshalb sie »von jedermann, der den Tresor besichtigte, eingesehen werden konnten«, berichtete Thoms in Nürnberg. Puhl sei öfters in dem Kellergewölbe vorbeigekommen, überdies hatte Thoms ihn über den Inhalt der Lieferungen in Kenntnis gesetzt. Einmal seien beispielsweise zwölf Kilo Perlen dabei gewesen, erzählte Thoms, da habe er »Herrn Präsident Puhl« gesagt, »dass ich eine derart ungewöhnliche Menge bisher in meinem Leben nicht gesehen hätte«.

Die Lieferungen rissen nicht ab. Insgesamt seien etwa 77 Sendungen entgegengenommen worden, berichtete Thoms dem Gericht: »Die Menge der Goldzähne wuchs in ungewöhnlicher Weise.« Anfang 1943 fiel dem Beamten ein Bündel mit Banknoten in die Hände, das offenbar in »Lublin« gestempelt war, ein anderes Mal las er die Aufschrift »Auschwitz«. Thoms und seine Kollegen hatten damals ein vages Wissen, dass sich hinter diesen Namen Konzentrationslager verbargen, deshalb erkundigten sie sich bei ihren Oberen, »wie das zusammenhing«. Man habe jedoch keine Antwort bekommen, erklärte Thoms in Nürnberg, »und wir fragten nicht weiter«. Schriftliche Unterlagen über die Einlieferungen seien in der Reichsbank nicht gefertigt worden, bemerkte Thoms schließlich am Ende seiner Ausführungen: »Es war ein ganz außergewöhnliches Geschäft.«

Am 15. Mai 1946 machte Thoms seine Aussage. Er blieb noch eine Nacht im Zeugenhaus und reiste erst am anderen Morgen ab. Mag sein, dass die Gräfin am Abend mit ihm noch ein paar freundliche Worte wechselte, im Gästebuch bedankte sich der Bankbeamte jedenfalls überschwänglich dafür, wie sie ihn mit »wirklicher Hilfsbereitschaft und verständnisvollster Teilnahme« aufgenommen habe – Kálnoky erinnerte sich später nicht mehr an den Mann, schließlich hatte sie sich um weit prominentere Gäste im Haus zu kümmern. Erst kürzlich war etwa der frühere Staatssekretär im Außenministerium Ernst von Weizsäcker in Nürnberg eingetroffen. Zuvor hatte es ein kleines prozesspolitisches Tauziehen um den Diplomaten gegeben, wie der Raeder-Anwalt von der Lippe in seinem Tagebuch notierte.

Ernst von Weizsäcker, der seit 1943 deutscher Botschafter beim Heiligen Stuhl gewesen war, hatte es nach Kriegsende vorgezogen, in Rom zu bleiben, weil er nicht ganz zu Unrecht befürchtete, in Deutschland interniert zu werden – immerhin war er zeitweise die rechte Hand des jetzigen Hauptangeklagten Ribbentrop gewesen. Der Vatikan hatte ihn daraufhin eingeladen, bis auf weiteres als Gast im Kirchenstaat zu bleiben. »Er hatte eine Wohnung im Palazzo San Carlo, dem Palast, in dem auch die Beichtväter wohnten«, berichtete mir Kardinal Paul August Mayer.

Der Benediktinerpriester Mayer, damals 34 Jahre alt, besuchte den ehemaligen Botschafter häufiger: »Von Weizsäcker hat uns im Vatikan zum Mittagessen eingeladen.« Groß, schmal und kerzengerade saß der Kardinal, mittlerweile 93 Jahre alt, in seiner spartanisch eingerichteten Wohnung unweit des Petersplatzes, als ich ihn im Herbst 2004 besuchte. Über sein altes Gesicht huschte ein Lächeln, während er von Frau von Weizsäcker erzählte. Sie habe immer gemeint, »dass ich ihrem gefallenen Sohn so ähnlich sehe«. Den Vormittag verbrachte Weizsäcker zumeist in der Vatikanbibliothek, wo er den unerschöpflichen Bücherreichtum des Kirchenstaats bewunderte; nachmittags malte er Aquarelle in den Vatikanischen Gärten oder auf dem Petersplatz.

Mitten in diesen friedfertigen Beschäftigungen hatte ihn die Anfrage aus Nürnberg erreicht, als Entlastungszeuge für den Angeklagten Wehrmachtsgroßadmiral Raeder aufzutreten. Weizsäcker war nicht abgeneigt, doch er fürchtete noch immer eine Internierung. Deshalb erbaten die Verteidiger

»freies Geleit« für ihn. Zunächst lehnte die Gerichtskanzlei das Ansinnen brüsk ab, dann war plötzlich doch alles möglich, und Weizsäcker durfte vor seinem Zeugenauftritt sogar noch seine Verwandten in Lindau besuchen. Am 3. Mai 1946 kam er im Zeugenhaus an, er stellte seine Sachen im Zimmer ab und saß am späteren Abend bereits in der üblichen Runde aus Zeugen und Verteidigern im Gasthaus »Zum Goldenen Stern«.

Erst drei Wochen später wurde Weizsäcker in den Zeugenstand gerufen, dann aber sorgte er für eine kleine Sensation. Seit einiger Zeit hatten verschiedene Verteidiger das Gespräch im Gerichtssaal immer mal wieder auf ein geheimes Zusatzprotokoll zum Hitler-Stalin-Vertrag von 1939 gelenkt. In dem Dokument, das dem Nichtangriffspakt beigeheftet war, hatten Deutschland und die Sowjetunion das polnische Hoheitsgebiet bereits komplett untereinander aufgeteilt.

Der Inhalt der Vereinbarung, der bis dahin nicht bekannt war, galt als hochbrisant: Stellte er doch womöglich einen Beleg dafür dar, dass eine der am Richtertisch sitzenden Mächte – nämlich Russland – sich selbst eines Verstoßes gegen das Völkerrecht schuldig gemacht hatte. Mit immer neuen Argumenten mühten sich die russischen Anklagevertreter daher, jedwede Frage nach dem Zusatzprotokoll abzublocken. Das war ihnen auch gelungen – bis Ernst von Weizsäcker auftrat. Der einstige Staatssekretär konnte sich detailliert an den Inhalt des Protokolls erinnern, und so ließ es sich nicht länger leugnen: Das Dokument existierte.

Im Gerichtssaal wurde bald das Thema gewechselt, im Zeugenhaus aber hörten die Bewohner am Abend alles noch einmal im Radio – sie hatten sich, wie so oft, um das große Telefunkenradio im Herrenzimmer versammelt. Als von Weizsäcker einen Mitschnitt seiner Stimme hörte, sei er völlig aus dem Häuschen gewesen, notierte die Gräfin später in ihrem Bericht: »Das bin doch nicht ich«, habe er immer wieder ausgerufen, »es ist die Stimme meines Bruders.« Am nächsten Morgen verabschiedete sich der Diplomat mit einem Zitat aus Goethes Iphigenie: »Hier bringt die Wohltat Segen, nicht der Gast«, schrieb er ins Gästebuch des Zeugenhauses.

Es war einer der Tage im Mai 1946, als Henriette von Schirach ins Zeugenhaus hereinschneite. Sie kam nicht zum ersten Mal. Seit sie Anfang März aus der Internierung in Bad Tölz entlassen worden war, hatte sie ihren Vater schon öfters besucht. Henriette von Schirach war eine »sehr auffallende Erscheinung«, wie die Gräfin fand. Und das lag nicht so sehr an ihrem etwas rundlichen Gesicht, es hatte mit ihren Haaren zu tun, deren rötlicher Ton, so meinte Kálnoky, »an die Bilder alter Meister erinnerte«. Dazu war sie stets in Pastelltönen gekleidet, sie sprach sehr leise und konnte so, glaubte die Gräfin, »leicht Beschützerinstinkte bei Männern erwecken«. Nur die Hände der 33-Jährigen schienen »selbstständige Lebewesen mit eigenen Gesetzen zu sein«, wie Kálnoky aufmerksam beobachtete. Ständig hätten ihre Hände an irgendetwas herumgespielt, ob an der Bluse, der Handtasche oder an den Handschuhen – Henriette von Schirach war augenscheinlich sehr nervös.

Die Tochter des Hitler-Fotografen Heinrich Hoffmann tauchte zumeist in Begleitung amerikanischer Offiziere auf, und es mangelte ihr offensichtlich an nichts. So brachte sie dem Vater, der selbst nicht verlegen um Schwarzgüter war, jede Menge Zigaretten mit, und sie versorgte ihn auch mit Alkohol. Mag sein, dass ihre Anziehungskraft auf gewisse US-Offiziere auch daher rührte, dass man sie dem persönlichen Zirkel Hitlers zuordnete. Als sie noch ein kleines Mädchen war, hatte der spätere Diktator mit ihr geturnt, er hatte ihr die Bücher zum Lesen ausgesucht und auch die

Schulaufgaben durchgesehen. So war es kein Wunder, dass sie ihn völlig kritiklos vergötterte.

In diesen Tagen im Mai war sie vermutlich nach Nürnberg gekommen, um ihrem Mann beizustehen, der am 23. Mai 1946 von der Anklagevertretung vernommen wurde. Aus Anlass dieser Vernehmung besuchte auch Ingeborg Kálnoky zum ersten Mal den Gerichtshof. Zugegen an diesem Tag in der Gerichtsverhandlung war auch die argentinische Schriftstellerin Victoria Ocampo, die über den Nürnberger Prozess einen Artikel verfasste. Baldur von Schirach, so berichtete sie, habe weitschweifig über die Hitlerjugend geredet, über seine angebliche Wahlheimat Weimar und über seine Liebe zu dem deutschen Nationaldichter Wolfgang von Goethe. Daraufhin habe einer der Richter abends in privatem Kreise über von Schirach gelästert: »Niemand wirft ihm vor, Goethe zu verehren, wohl aber Heine verbrannt zu haben.«

Die Richter hatten von Schirachs Vortrag immer mal wieder unterbrochen, schließlich standen nicht irgendwelche Jugendsünden zur Debatte, sondern seine Taten als Erwachsener. Aber selbst als von Schirach auf einen Besuch im Konzentrationslager Mauthausen zu sprechen kam, redete er nur von Kultur. Ein Symphonieorchester habe in dem Konzentrationslager musiziert, mit einem ausgezeichneten Tenor. Von dem furchtbaren Steinbruch und der Felswand, an welcher viele KZ-Häftlinge in den Tod gestürzt waren, hatte er angeblich nichts gesehen.

Nicht nur Henriette von Schirach kam jetzt oft ins Zeugenhaus, das sie in schmeichelhafter Übertreibung ein »Gefängnis für Gentlemen« nannte. Auch ihre Stiefmutter, die Gattin des Fotografen, Erna Hoffmann war häufiger dort anzutreffen. Sie hatte zwar keine offizielle Erlaubnis, im Zeugenhaus zu wohnen, außer an den gemeinsamen Mahlzeiten nahm sie jedoch an allem teil. Zu essen hatte sie selbst genug, Gräfin Kálnoky wunderte sich immer wieder, wo die etwas beleibte Person all die köstlichen Dinge auftrieb, die sie im Zimmer ihres Mannes bunkerte. Die Hoffmanns besaßen ganz offensichtlich das beneidenswerte Talent, sich stets und überall bestens durchzuschlagen.

Skelette im Birkenwald

Es war mitten in der Nacht, als die Gräfin von einem Geräusch geweckt wurde. Hatte da gerade jemand an ihre Zimmertür geklopft? Erschrocken setzte sie sich im Bett auf und horchte. »Gräfin Kálnoky, kommen Sie, schnell!«, vernahm sie eine halblaute Stimme von draußen. Kálnoky sprang mit einem Satz auf und öffnete die Tür. Da stand Erna Hoffmann und schien völlig aus dem Häuschen zu sein. »Mein Mann …«, stotterte sie, »es ist etwas passiert.« Kálnoky warf sich einen Mantel über die Schultern und eilte mit ihr zu Hoffmanns Zimmer, das schräg gegenüber auf der anderen Seite des Ganges lag. Da hing der Starfotograf knapp über dem Boden, sein Gesicht war blau angelaufen, um den Hals hatte er einen Gürtel, der mit einem Ende an einem der Bettpfosten festgebunden war.

»Ein Messer! Eine Schere!«, rief Kálnoky augenblicklich. Hastig durchwühlte Erna Hoffmann die von ihrem Mann auf Tisch und Stühlen ausgebreiteten Sachen. Da lagen Seifestückchen neben schmutzigen Unterhosen – ihr Gatte hatte eine unglaubliche Unordnung in seinem Zimmer hinterlassen. Schließlich fand sie eine Schere in dem Durcheinander und reichte sie mit zittrigen Händen zu Kálnoky hinüber. Der Gürtel war zum Glück sehr schmal und schon ziemlich gedehnt, gleichwohl war es nicht ganz einfach, das Leder zu durchtrennen. Kálnoky setzte die Schere an und nahm all ihre Kraft zusammen. Kurz darauf riss der Gürtel auseinander, und Hoffmanns Kopf landete unsanft am Boden. Die beiden Frauen versuchten, ihn aufs Bett zu hieven, doch das schien unmöglich, sein Körper war zu schwer. So legten sie nur ein Kissen unter seinen Kopf.

Heinrich Hoffmann stieß einen Seufzer aus, seine Brust bewegte sich, und er atmete in unregelmäßigen Stößen. Die Gräfin fühlte seinen Puls, er war schwach, aber stabil. »Er braucht einen Arzt«, meinte Kálnoky. »Nein, nein«, widersprach Erna Hoffmann hastig, »das bringt nur Ärger, für alle Beteiligten.« Man könnte ja verschweigen, was genau passiert sei, schlug die Gräfin vor. Doch im nächsten Moment fiel ihr der rote Streifen an Hoffmanns Hals ins Auge, den würde man einem Mediziner wohl schwer erklären können. »Ich glaube, es geht ihm schon etwas besser«, meinte Hoffmanns Gattin jetzt und zeigte auf den Tisch, wo eine leere Cognacflasche stand: »Er hat wohl ein bisschen zu viel getrunken.«

Erna Hoffmann hatte den Abend nicht mit ihrem Mann verbracht. Stattdessen war sie mit einigen anderen Zeugenhausbewohnern nach dem Essen in das Gasthaus »Zum Goldenen Stern« gegangen. Später hatte sie auf dem Flur noch Rudolf Diels getroffen, der soeben von einem CIC-Offizier nach Hause gebracht worden war. Die beiden Hausbewohner unterhielten sich noch einen Moment. Erna Hoffmann, das war der Gräfin schon aufgefallen, fand den einstigen Gestapochef anscheinend unwiderstehlich. Doch Heinrich Hoffmann war von krankhafter Eifersucht geplagt und fürchtete ständig, seine rund 20 Jahre jüngere Frau mit dem Puppengesicht könnte ihn eines Tages verlassen. Hatte er deshalb seinem Leben ein Ende setzen wollen?

Vermutlich drückten den Fotografen noch andere Probleme. Kálnoky hatte bemerkt, dass seine Stimmung sehr schwankte, mal war er himmelhochjauchzend und im nächsten Augenblick zu Tode betrübt. Jahrelang hatte er enorme

Mengen Alkohol konsumiert, weshalb den Reichsbildberichterstatter böse Zungen zuweilen auch Reichstrunkenbold nannten. Nun war er durch die Haftzeit vorübergehend abstinent geworden, seitdem er jedoch seinen schwunghaften Handel mit den GIs eröffnet hatte, gab es wieder Alkohol im Überfluss. Überdies plagte Hoffmann trotz allem zur Schau gestellten Optimismus wohl auch der Blick in die Zukunft: Zwar hatte er es sich gut eingerichtet mit seinen Fotos im Justizgebäude, zwar konnte er einige Fotos beiseite schaffen, die er später einmal gut zu verkaufen hoffte – doch bis er wieder richtig Boden unter den Füßen haben würde, konnte noch viel passieren.

Gräfin Kálnoky nahm sich vor, den Vorfall für sich zu behalten. Vor allem die CIC-Offiziere sollten nichts davon erfahren. Als sie jedoch am darauf folgenden Morgen das Frühstück zu Rudolf Diels aufs Zimmer brachte, schaute dieser sie merkwürdig wissend an: »Sie sehen aus, als hätten Sie keine gute Nacht verbracht«, begrüßte er die Gräfin. Kálnoky versuchte, sich mit Zahnschmerzen herauszureden, doch Diels schüttelte nur den Kopf. »Da war doch was mit Hoffmann«, fragte er ganz im Stil eines alten Polizeibeamten. Natürlich war ihm die nächtliche Hektik auf dem Flur nicht entgangen, den Rest hatte er sich dann zusammenreimen können.

»Unsere amerikanischen Freunde werden den Vorfall äußerst interessant finden«, bohrte er nun weiter. Kálnoky ließ sich für einen Moment an dem kleinen Tisch nieder, wo das Frühstückstablett stand, und stöhnte: »Bloß kein Wort zu denen!« Dann lehnte sie sich auf ihrem Stuhl zurück und atmete tief durch. »Wissen Sie, was mir der US-Offizier dringend empfohlen hat, als er mich für das Zeugenhaus engagierte? ›Keep things running smoothly‹, hat er gesagt, ›sorgen Sie dafür, dass alles ruhig verläuft‹.« Und nun, fuhr

Kálnoky fort, habe sie hier eine Krise nach der anderen zu meistern. »Wahrscheinlich«, meinte die Gräfin nachdenklich, »können sich die Amerikaner gar nicht vorstellen, was hier los ist.«

Diels goss sich langsam Kaffee in eine Tasse: »Ich nehme eher an, dass sie Wort für Wort aufzeichnen, das hier gesprochen wird.« Kálnoky blickte erschrocken zu dem ehemaligen Polizeichef hinüber, doch dieser zuckte nur mit den Achseln. »Wenn ich mich in die Amerikaner hineinversetze«, fuhr Diels fort, »dann hätte ich hier natürlich vor Ihrem Einzug eine Abhörvorrichtung installiert.«

Einen Moment lang wirkte Kálnoky wie vor den Kopf gestoßen. Die Idee, dass die Amerikaner das Haus womöglich verwanzt hatten, war ihr noch nie gekommen. Und sie konnte es sich auch nicht so recht vorstellen: Wozu wurde sie von den Beamten des CIC ständig befragt, wenn da nur jemand auf den Knopf zu drücken brauchte, um ein Tonband abzuhören? Überdies hatten die Spionageabwehragenten schon allerlei Untersuchungen im Haus angestellt, selbst bei Diels, der doch so gute Beziehungen zu haben schien, wurde regelmäßig das Zimmer gefilzt. Bei der letzten Durchsuchung hatten sie ihm, wie er anschließend erzählte, neben vielem anderen ausgerechnet das Papier abgenommen, das er Kálnoky für ihren Bericht über das Zeugenhaus zur Verfügung stellen wollte: Diels hatte darin über sich selbst geschrieben, in halb fertigem Zustand hatte die Gräfin das Blatt mal kurz überflogen, bevor es verschwand – »ein Mann, über den sich die Frauen Gedanken machen«, lautete einer der Sätze, die ihr im Gedächtnis geblieben waren.

Kálnoky war völlig in Gedanken versunken. Plötzlich hörte sie sich eine Frage stellen, die sie unter anderen Umständen wohl nie ausgesprochen hätte: »Haben Sie denn keine Sorge, dass Ihre zahlreichen Flirts auf diese Weise bekannt werden könnten?« Diels grinste nur und erwiderte lässig: »Das gehört nun mal zu mir, wie der Adelstitel zu Ihnen.« Doch die Gräfin hakte nach: Es werde schon allerlei im Hause geredet über seine Verbindung mit der Gräfin von Faber-Castell. »Die Dame ist ja oft genug hier«, fügte sie in etwas schnippischem Ton hinzu. »Maisgräfin, sind Sie etwa eifersüchtig?«, fragte Diels sichtlich amüsiert zurück. »Was macht eigentlich der von uns allen so geschätzte Pater Flynn?«, wollte er im nächsten Atemzug wissen und schob hinterher: »Ich weiß ja nicht, warum, aber man hat ihn so lange nicht mehr gesehen.«

Kálnoky stand abrupt auf, nahm das Tablett und ging zur Tür. Dann drehte sie sich noch einmal um: »Genau das ist es, was ich meinte, Gerede kann ziemlich unangenehm sein – und manchmal trifft es nicht einmal zu.«

Eine blonde, hübsche Frau von etwa 30 Jahren war im Zeugenhaus abgestiegen – Else Krüger, die Sekretärin von NS-Reichsleiter Martin Bormann. Der NSDAP-Kanzleichef im Range eines Reichsministers gehörte zu den Angeklagten des Militärtribunals, obgleich er vermutlich längst nicht mehr unter den Lebenden weilte. Um Letzteres zu belegen, war Fräulein Krüger Ende Juni 1946 nach Nürnberg gebeten worden. »Ein lustiges Mädchen«, schrieb Kálnoky in ihren Bericht, »wahrscheinlich viel intelligenter, als sie sich gab.« Krüger hatte im Führerbunker Hitlers Selbstmord miterlebt, im Zeugenhaus belagerten die anderen Bewohner sie nun mit Fragen. Auch Kálnoky hätte von ihr gern mehr über Hitler und auch Bormann erfahren, von dem es hieß, dass er in den letzten Jahren einen totalen Einfluss auf den »Führer« ausgeübt habe. Doch Fräulein Krüger blieb standhaft und verbreitete nicht einmal Allgemeinplätze über ihren Chef. »Man hatte das Gefühl, dass sie etwas verheimlichen wollte«, fand Kálnoky.

Else Krüger hatte bis zum letzten Augenblick im Führerbunker ausgeharrt. Sie saß mit im Raum, als Hitler am 22. April 1945 nach einer Besprechung mit den Generälen mit halb erloschenen Augen vor seine engsten Mitarbeiter trat und sagte: »Es ist alles verloren, hoffnungslos verloren.« Dann soll der »Führer« seiner Eva Braun vor der versammelten Mannschaft sogar einen Kuss auf den Mund gegeben haben, wie die Hitler-Sekretärin Traudl Junge in ihrem Lebensbericht schrieb. Krüger hatte sich mit der etwas jüngeren Traudl Junge zusammengetan, weil keine der Sekretärinnen so recht wusste, was sie tun sollte: »Ich habe mich damals innerlich auf meinen Tod vorbereitet«, berichtete Else Krüger jetzt in Nürnberg.

Tagelang hatten sie in Berlin wartend in dem Bunkergewölbe unter der Reichskanzlei ausgeharrt, während Hitler zunächst heiratete und kurz darauf mit seiner Frau Selbstmord beging. Alle hatten sie den Schuss gehört, der am 30. April 1945 die Stille im Bunker zerriss – Hitler hatte sich in den Mund geschossen.

Am Abend des 1. Mai 1945 versuchten Krüger und ein paar andere Sekretärinnen, aus dem Bunker zu entkommen. Durch verwinkelte unterirdische Gewölbe erreichten sie den Kohlenkeller der Neuen Reichskanzlei, wo eine Menge Männer herumstanden, bereit zur Flucht. Krüger entdeckte auch Bormann darunter. »Also, denn auf Wiedersehen«, habe der Reichsleiter zu ihr gesagt, berichtete die Sekretärin bei ihrer Vernehmung in Nürnberg. Dann war sie mit einer Gruppe von 20 Menschen den Mauerausstieg der Reichskanzlei am Wilhelmsplatz hinaufgeklettert. Auf dem Pflaster lag ein totes Pferd, hungrige Leute hatten sich schon einzelne Stücke aus dem Tierkörper herausgeschnitten.

Durch den U-Bahn-Eingang vor der Ruine des Hotels Kaiserhof war die Gruppe auf unterirdischen Wegen zum

Bahnhof Friedrichstraße gelangt. Dort wurde heftig gekämpft, Fräulein Krüger und die anderen rannten zwischen Häusertrümmern hindurch und fanden schließlich in einem Bunker Schutz, an dessen genaue Ortung sich die Sekretärin später nicht mehr erinnern konnte. Dort tauchte zu vorgerückter Stunde ein SS-Gruppenführer auf, den Else Krüger zuvor mit ihrem Chef Martin Bormann zusammen gesehen hatte. Der Mann hatte eine schwere Beinverletzung. »Es gibt Leichen in rauen Mengen«, rief er der Sekretärin zu, seine Begleiter seien alle tot – vermutlich auch Bormann.

Das war alles, was Fräulein Krüger in Nürnberg über den Verbleib des Reichsleiters erzählen konnte. Die Richter waren enttäuscht, da sich so der Nachweis von Bormanns Tod nicht führen ließ. Wenige Tage später baten sie daher Erich Kempka in den Zeugenstand, Hitlers einstigen Chauffeur. Er hatte Bormann in der Nacht zum 2. Mai 1945 an der Weidenhammer Brücke getroffen, direkt hinter dem Bahnhof Friedrichstraße. Im Schutz mehrerer deutscher Panzer hätten Bormann, Kempka und andere versucht, zu Fuß über die Brücke zu kommen, berichtete der Fahrer. Plötzlich habe jedoch der Panzer, neben dem Bormann ging, einen Treffer bekommen und sei in die Luft geflogen. »Wo der Martin Bormann ging, stieg eine Stichflamme heraus«, erklärte Kempka vor Gericht: »Ich sah noch eine Bewegung, die eine Art Zusammenbrechen, man kann auch sagen, ein Wegfliegen war.«

Nach eigenen Angaben war Kempka zu diesem Zeitpunkt nur etwa drei bis vier Meter entfernt von Bormann, er selbst habe zunächst die Besinnung verloren, und sei später weggerobbt, erklärte er in Nürnberg. Doch die Dinge hatten sich vermutlich etwas anders ereignet als von Kempka beschrieben. Die Leiche des Reichsleiters Martin Bormann sollte erst in den 70er Jahren bei der Berliner Invalidenbrücke ge-

Kronzeuge der Anklage in Nürnberg: General Erwin Lahousen. Das Zeitungsfoto hatte Gräfin Kálnoky über die Jahre aufbewahrt.

Ein prominenter General im Zeugenhaus: Der Fliegerkommandeur Ulrich Kessler, ebenfalls auf einem Zeitungsausschnitt aus dem Besitz der Gräfin.

Der sportlichste unter den Generälen: Ernst Köstring, der zuletzt Militärattachée in Moskau war, joggte im Garten des Zeugenhauses.
Heinrich Hoffmann hatte ihn am Abendbrottisch in der Villa fotografiert.

Sie heirateten 1934 in Thüringen: Hugo Graf Kálnoky und seine Braut Ingeborg von Breitenbuch.

Die Kálnoky-Kinder Fárkas, Lori, Antal und Ingeborg nach der Übersiedlung in die USA 1949.

Ein Traumschloss in Transsilvanien: Köröspatak, der Wohnsitz der Kálnokys. Ende der 30er Jahre musste die ungarische Familie das Anwesen jedoch auf Druck der rumänischen Regierung verlassen.

Schwieriger Neuanfang nach der Ankunft in Amerika: Gräfin Kálnoky in den 50er Jahren.

Vater und Sohn Krülle vor ihrem neuen Haus Ende der 30er Jahre – wer hätte gedacht, dass es später einmal Zeugen beherbergen sollte?

Familienidyll vor Kriegsausbruch: Walter Krülle meldete sich freiwillig an die Front und kam nie wieder zurück.

Als Zeugin in Nürnberg: Die Auschwitz-Überlebende Marie-Claude Vaillant-Couturier, fotografiert von dem Spanier Francesco Boix, der im Prozess über das Lager Mauthausen aussagte.

Völlig entkräftet und verhungert: Gefangene im Konzentrationslager Buchenwald am 16. April 1945, dem Tag ihrer Befreiung durch die Amerikaner.

Im Konzentrationslager Mauthausen am 6. Mai 1945: Spanische KZ-Häftlinge haben zur Begrüßung ihrer Befreier ein Transparent an der KZ-Mauer angebracht.

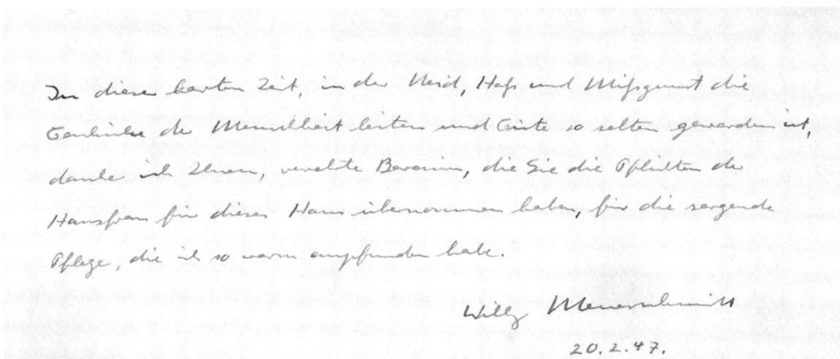

In dieser harten Zeit, in der Neid, Haß und Mißgunst die Gedanken der Menschheit leiten und Güte so selten geworden ist, danke ich Ihnen, verehrte Baronin, die Sie die Pflichten der Hausfrau für dieses Haus übernommen haben, für die sorgende Pflege, die ich so warm empfunden habe.

Willy Messerschmitt

20.2.47.

Ein Flugzeugkonstrukteur, der hoch im Ansehen der Nazis stand: Willy Messerschmitt (rechts) 1941 im Gespräch mit Hermann Göring. Darunter: Messerschmitts Eintrag im zweiten Gästebuch des Zeugenhauses im Februar 1947.

Zur gleichen Zeit im Zeugenhaus: Josef Ackermann, ehemaliger KZ-Häftling in Dora-Mittelbau, wo Messerschmitt Flugzeuge montieren ließ.

Ein Verhör wie eine Schlacht: Der Schriftsteller Eugen Kogon wurde 1947 in Nürnberg heftig von den Anwälten der Angeklagten attackiert.

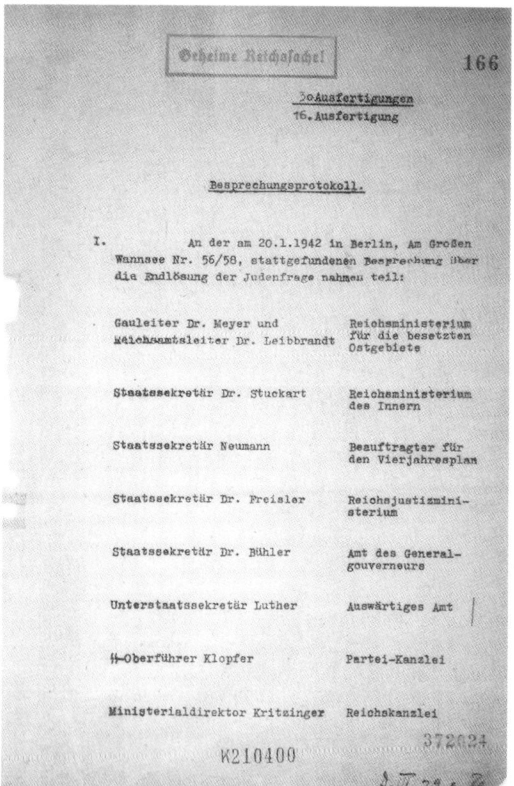

Geheime Reichssache!

166

30 Ausfertigungen
16. Ausfertigung

Besprechungsprotokoll.

I. An der am 20.1.1942 in Berlin, Am Großen Wannsee Nr. 56/58, stattgefundenen Besprechung über die Endlösung der Judenfrage nahmen teil:

Gauleiter Dr. Meyer und Reichsamtsleiter Dr. Leibbrandt	Reichsministerium für die besetzten Ostgebiete
Staatssekretär Dr. Stuckart	Reichsministerium des Innern
Staatssekretär Neumann	Beauftragter für den Vierjahresplan
Staatssekretär Dr. Freisler	Reichsjustizministerium
Staatssekretär Dr. Bühler	Amt des Generalgouverneurs
Unterstaatssekretär Luther	Auswärtiges Amt
SS-Oberführer Klopfer	Partei-Kanzlei
Ministerialdirektor Kritzinger	Reichskanzlei

372024

K210400

Ein Widerständler, der im Zeugenhaus auf Flick-Manager traf: Robert Havemann.

Das Protokoll der Wannsee-Konferenz: Von 30 Ausfertigungen wurde später nur diese eine Kopie gefunden, und auch das erst 1947, nach dem Ende des Hauptverfahrens.

Fabian Flynn,
katholischer Priester
im Dienste der
US-Armee und
häufiger Besucher
im Zeugenhaus.

Allseits bewundert und in mancher Hinsicht beneidet: Ingeborg Gräfin Kálnoky im Zeugenhaus, aufgenommen 1946 von Hitlers Leibfotograf Heinrich Hoffmann.

Ein Leben lang bewahrte sie ihre Erinnerungsstücke aus Nürnberg auf: Gräfin Kálnoky 1995 in ihrer Wohnung bei Cleveland mit ihrem alten Gästebuch aus der Novalisstraße.

Setzte sich nach dem Krieg als Anwalt für NS-Verfolgte ein: Robert Kempner 1969 in seiner Frankfurter Kanzlei.

funden und zweifelsfrei identifiziert werden: Bormann hatte offensichtlich auf eine Zyankalikapsel gebissen, sein Leben also durch Gift beendet. Jahrzehntelang hatten sich alle möglichen Gerüchte um Bormanns Verbleib gerankt. Kempka, der in Nürnberg von dem Gefreiten Sonnenfeldt betreut wurde, hatte die Legendenbildung indirekt noch geschürt: »Irgendwie hatte man den Eindruck, er sagt nicht alles, was er weiß«, mutmaßte Sonnenfeldt.

Endlich kam mal ein richtig gut aussehender Mann ins Zeugenhaus. »Eine große, elegante Erscheinung, mit grauen Schläfen und einer sehr liebenswürdigen Art«, notierte die Gräfin: Friedrich Ahrens hatte es ihr offensichtlich angetan. Der Oberst, ein Mann um die 50, logierte knapp vier Wochen im Zeugenhaus. Einzig die gläubige Putzfrau mochte ihm keine Sympathie entgegenzubringen: Er hatte die Angewohnheit, seine abgelegten Kleider auf den ausgestreckten Arm einer Christusstatue zu hängen, die in seinem Zimmer stand. Formal galt Ahrens als freier Mann, und doch hatten sich seit seiner Ankunft plötzlich sowjetische Militärfahrzeuge vor dem Zeugenhaus postiert. Die Russen betrachteten den deutschen Oberst als Hauptschuldigen für eines der abscheulichsten Kriegsverbrechen, das in den letzten Kriegsjahren begangen worden war: Friedrich Ahrens war aus russischer Sicht verantwortlich für das Massaker von Katyn, und damit für die Ermordung von rund 11 000 polnischen Offizieren.

Doch ganz so sicher, dass ihre Anklagevorwürfe vor dem internationalen Tribunal bestehen würden, waren sich die Sowjets damals nicht. Deshalb hätten sie Oberst Ahrens am liebsten vor ein russisches Gericht gebracht, wo man ihn bar jeder demokratischen Rechtsprinzipien hätte aburteilen können. Sein Auftritt als Zeuge in Nürnberg verzögerte das Verfahren nur unnötig. Und so hatte sich hinter den Gerichtskulissen ein zähes Ringen um den Zeugen Ahrens entwickelt. Die sowjetische Anklagevertretung unternahm mehrere Versuche, seine Aussage zu verhindern. Hingegen drängten die deutschen Verteidiger, und nicht zuletzt auch Ahrens selbst, massiv auf eine Vernehmung.

Der Vorsitzende Richter allein entschied über die Rahmenbedingungen des Verfahrens, mal genehmigte er den Verteidigern fünf Zeugen, mal wollte er nur so genannte Affidavits, eidesstattliche Erklärungen, für die Verhandlung zulassen. In solchen Momenten, in denen vor dem Tribunal um einzelne Zeugenauftritte regelrecht gefeilscht wurde, zeigte sich, wie ungleich die Machtverhältnisse in Nürnberg waren: Während die Anklagevertreter praktisch jeden beliebigen Zeugen laden durften und dessen Identität gegenüber den Verteidigern bis zum letzten Moment geheim halten konnten, mussten die Anwälte der Verteidigung lange vor dem Vernehmungstag mühevoll begründete Anträge einreichen, die dann oft genug abgelehnt wurden. Auf Zeugen der Anklage aber konnten sich die Anwälte praktisch nie vorbereiten, da sie selten wussten, wer zur Aussage geladen war.

Bei der Verhandlung über die Massenerschießung von Katyn war die Ausgangssituation für beide Parteien vergleichsweise fair: Verteidigung wie auch Anklage durften je drei Zeugen präsentieren, dabei genossen die russischen Anklagevertreter lediglich das Privileg, ihre Zeugen nicht namentlich ankündigen zu müssen. Zwei Zeugen der Verteidigung, Friedrich Ahrens und Leutnant Reinhart von Eichborn, übernachteten in der Novalisstraße; der Dritte, ein General, wurde vermutlich im Nürnberger Gerichtsgefängnis festgehalten.

Friedrich Ahrens hatte die Gräfin gleich am Abend seiner Ankunft um Papier und Bleistift gebeten, er wollte eine möglichst genau Skizze der Verhältnisse zeichnen. Kálnoky holte einen großen Zeichenblock hervor und bot ihm auch ihre Aquarellfarben zum Kolorieren an. Der Oberst war Kommandeur eines Nachrichtenregiments gewesen und hatte sein Quartier etwa 25 Kilometer westlich von Smolensk bei dem Ort Katyn gehabt. Er residierte seinerzeit in einem fürstlich ausgestatten Anwesen am Dnjepr-Ufer; es gab dort ein eigenes Kino, einen Schießstand und mehrere Bäder – »wir nannten es unser Dnjepr-Schlösschen«.

Eines Tages im Winter 1942 beobachtete Ahrens, wie ein Wolf durch den Birkenhain vor dem Schlösschen streunte. Ein Wolf – so nah an der Großstadt Smolensk? Mit einem Fachmann ging Ahrens den Spuren nach, es waren tatsächlich Wolfsspuren. Auf einem Hügel, auf dem ein Birkenkreuz stand, waren außerdem Scharrstellen zu erkennen. Erst im Frühjahr, als der Boden getaut war, kamen Knochen zum Vorschein, auf die es der Wolf damals abgesehen haben musste, Menschenknochen.

Ahrens dachte zunächst an ein Gefallenengrab und wollte schon die Kriegsgräberfürsorge benachrichtigen. Monate später stellte sich jedoch bei einer näheren Untersuchung anhand von Briefen und Tagebuchfetzen, die bei den Knochen lagen, heraus, dass die Skelette von polnischen Soldaten stammen mussten. Einzelne Anwohner bestätigten Ahrens, dass es im Frühjahr 1940 offenbar zu Massentötungen in dem Wäldchen gekommen war – die Leute hatten »viel Schießereien und auch Schreie gehört«, erzählte Ahrens.

Etwa drei Wochen musste der Oberst im Zeugenhaus auf seinen Auftritt vor Gericht warten. Währenddessen pilgerte er abends ganz gern mit den anderen Hausbewohnern in das Gasthaus »Zum Goldenen Stern«. Am Nebentisch saß nun häufig ein Fremder, den man nie zuvor in dem Lokal gesehen hatte. Eines Abends sprach der Mann den Oberst an, er stellte sich als »Vertreter der russischen Presse« vor, wie die

Gräfin sich erinnerte. Man redete über dies und das; auf dem Heimweg hatte Ahrens später das unbestimmte Gefühl, dass ihm jemand folgte. Doch er war Gott sei Dank nicht allein. Anderntags meldete er den Vorfall dem Generalsekretariat des Gerichts, woraufhin ihm prompt verboten wurde, vor seiner Zeugenaussage noch einmal das Haus zu verlassen – sein Leib und Leben seien möglicherweise in Gefahr.

Ahrens' Frau saß zu jener Zeit in der russisch besetzten Zone fest, der Oberst hatte lange nichts von ihr gehört. »Vielleicht waren die Russen schon bei ihr«, mutmaßte er einmal besorgt gegenüber der Gräfin. Vor diesem Hintergrund waren die Konsequenzen seiner Aussage vor Gericht für seine Familie nicht absehbar. Doch der Oberst schien entschlossen, den Mordvorwurf gegen sein Regiment auszuräumen. Am 1. Juli 1946 war es so weit, Ahrens legte dem Gericht zwei selbstgezeichnete Landkarten vor. Das Wäldchen, das Schlösschen, der Fluss und die Stadt – alles war in schönsten Farben koloriert, auch das Birkenkreuz konnte man erkennen. Ingeborg Kálnoky hatte die Zeichnungen im Auftrag des Oberst ausgemalt. Voller Stolz erinnerte sie sich später: »Wer hätte gedacht, dass meine weltferne Kunst einmal in den Beweisdokumenten des Internationalen Gerichts in Nürnberg eine Rolle spielen würde?«

In Katyn waren neben dem Hauptgrab bei dem Birkenkreuz auch noch kleinere Grabstätten gefunden worden, die Ahrens in seiner Skizze »durch einige Pünktchen angedeutet« hatte, wie er erläuterte. Darin seien ebenfalls Leichen entdeckt worden, die zumeist aus »auseinander gefallenen Skelettknochen« bestanden. »Skelette von Männern und von Frauen«, berichtete Ahrens und erklärte: »Ich konnte das selbst als Laie sehr gut erkennen, weil die meisten Gummischuhe anhatten, die voll erhalten waren.«

Nach Ahrens Aussage stieß der russische Anklagevertreter noch einmal eine unverhohlene Drohung gegen den Oberst aus: Ob er wisse, dass die staatliche sowjetische Untersuchungskommission ihn zu den Hauptschuldigen zähle? Ahrens nickte nur. Bei den anderen im Tribunal vertretenen Nationen aber hatte sein Vortrag wohl durchaus Gehör gefunden. Der ursprünglich gegen die Wehrmachtsvertreter auf der Anklagebank erhobene Vorwurf, das Massaker von Katyn verübt zu haben, wurde im Urteil nicht bestätigt. Erst viele Jahrzehnte später, nach dem Fall des kommunistischen Regimes, räumte die Sowjetunion die Verantwortung für das Gemetzel im Birkenwald ein.

Friedrich Ahrens verabschiedete sich am 5. Juli 1946 mit »aufrichtigsten Wünschen für Sie, Gräfin Kálnoky, und Ihre reizenden Kinder«. Kálnoky rührte die Eintragung. Nach allem, was sie von Ahrens wusste, war er noch schlechter dran als sie. Nicht nur, dass er seine Frau vermisste, er hatte auch keine Ahnung, wie es seinen Kindern ging. Die Gräfin dachte noch öfter über den Oberst nach, dessen Auftreten ihr imponiert hatte. Zuweilen aber wischte sie solche Gedanken abrupt weg und ging ins Kinderzimmer. Sie hatte Lust, Karten zu spielen und wollte sehen, ob sie Cuci, das Kindermädchen, zu einer Partie überreden konnte. Aber Cuci brauchte man nicht überzeugen, Kartenspielen war ihre Leidenschaft.

Unterdessen verwandelte sich der Gerichtssaal langsam aber unausweichlich in eine »Hochburg der Langeweile«, wie die englische Schriftstellerin Rebecca West sehr richtig bemerkte. In endlosen Monologen verlasen die Ankläger zahllose Dokumente, auch die Verteidiger taten es ihnen immer häufiger gleich. Doch die Richter drängten allmählich auf Ergebnisse. Sie beschlossen, die Anklage gegen die verschiedenen verbrecherischen Organisationen – von der SS bis zur Wehrmacht – prozesstechnisch abzutrennen und die dafür vorgesehenen Zeugen parallel zum Hauptprozess in einer zum Gerichtskomplex gehörenden Turnhalle zu vernehmen. Als Folge dieser Maßnahme ging es im Zeugenhaus bald zu wie im Taubenschlag, die Gäste gaben sich die Klinke in die Hand. SS-Männer wechselten sich mit Gewerkschaftern ab, etwas ältlich wirkende Repräsentanten des erzreaktionären Stahlhelm-Bundes konnten jetzt in der Novalisstraße auf eingeschriebene Kommunisten treffen, Mitarbeiter des gefürchteten Sicherheitsdienstes (SD) der SS auf verblüffte Antifaschisten, die ihren Augen nicht trauen mochten, wen sie hier alles frei herumlaufend antrafen.

»Das Zeugenhaus«, sinnierte die Gräfin, als ich sie Mitte der 90er Jahre in den USA traf und befragte, »war damals der einzige Ort, wo diese völlig verschiedenen Welten ganz direkt aufeinander prallten.« Anschließend rückte sie wieder ihre Perlenkette zurecht und wandte ihren Blick auf den Fernseher, der flimmernd unser Gespräch begleitete.

Ein überzähliges Negligee

Elise Krülle öffnete die Haustür des Zeugenhauses und wäre vor Schreck und Ehrfurcht beinahe in die Knie gesunken. Ein Herr mittleren Alters mit auffallend buschigen Augenbrauen und schmalem Lippenbärtchen stand auf der Schwelle. Krülle erkannte sofort, um wen es sich handelte, in Nürnberg hatte man sein Foto ja schon oft genug in der Zeitung gesehen: Es war Graf Roland von Faber-Castell, der Herr der Bleistifte. Der Graf hielt sich nicht lange am Eingang auf, er begehrte Rudolf Diels zu sprechen. Ingeborg Kálnoky war an diesem Vormittag ausnahmsweise nicht zu Hause, so geleitete Elise Krülle den Mann ins Herrenzimmer und bat ihn, sich einen Moment zu gedulden, sie werde Herrn Diels umgehend rufen.

Kurz darauf kam der einstige Gestapochef die Treppe heruntergestürmt. Statt unten im Salon sitzen zu bleiben, gingen die beiden Herren jedoch recht bald hinauf in Diels Zimmer. In den folgenden drei Stunden schaute Krülle immer mal wieder im Herrenzimmer vorbei, über welchem der Schlafraum von Rudolf Diels lag. Die Decken in dem Haus waren dünn, man konnte zwar nicht jedes Wort verstehen, aber doch relativ viel mitbekommen von dem, was sich im Oberstock abspielte. Und so bemerkte Elise Krülle, dass die beiden Herren in ihrem einstigen ehelichen Schlafzimmer ständig auf und ab gingen und sich ganz offensichtlich sehr ernst unterhielten.

Elise Krülle war sich sicher, dass es dabei nur um eines gehen konnte: die ständigen Besuche von Faber-Castells Ehefrau Nina in der Novalisstraße. Seit Wochen wurde die Verbindung zwischen Diels und der Bleistift-Gräfin von den Hausangestellten beobachtet und eifrig kommentiert. Da linste Frau Kreisel, die Köchin, um die Ecke, wenn das Paar im Herrenzimmer saß. Ein anderer behauptete, die beiden gesehen zu haben, wie sie miteinander Händchen hielten. Und hatte die Gräfin Faber-Castell nicht vielleicht sogar ganze Nächte im Zeugenhaus verbracht?

Gräfin Kálnoky beteiligte sich nicht an diesem Geschwätz. Sie hatte Rudolf Diels direkt befragt, wie er zu der Dame stehe. Überdies wusste sie aus eigener Erfahrung, wie sehr sich das Gerede im Hause zuweilen von den tatsächlichen Begebenheiten unterscheiden konnte. Diels hatte ihr erzählt, dass ihn eine alte Jugendfreundschaft mit Nina von Faber-Castell verbinde. Er habe die Dame bereits zu Beginn der 30er Jahre kennen gelernt, als sie ein bildhübsches Mädchen von 17 Jahren gewesen war: »Eine hochtalentierte Musikstudentin«, erklärte Diels, »und eine Abenteuerin zwischen den Welten, wie ich selbst.«

In Berlin habe sie sich seinerzeit ein wenig verloren gefühlt, ihr geliebter Vater war kurz zuvor gestorben. Und Prinz Friedrich Christian zu Schaumburg-Lippe, in dessen großzügiger Berliner Wohnung sich die junge Frau einquartieren konnte, war ein überzeugter NS-Parteigänger gewesen. Zeitweise hatte der Prinz als Adjutant von Joseph Goebbels gearbeitet, in den Jahren 1933 und 1934 traf er sich nach seinen eigenen Angaben »fast täglich« mit Hitler. Später war Schaumburg-Lippe als Beamter in Goebbels' Reichspropagandaministerium tätig – »ich glaubte zunächst aus reinem Idealismus, einer Sache zu dienen, die mir richtig schien«, erklärte der Prinz im Nachhinein in einer Vernehmung durch den US-Ankläger Robert Kempner zu seinem NS-Engagement.

Im Jahr 1934 war Schaumburg-Lippe 28 Jahre alt gewesen, und in seinem Hause gingen die braun uniformierten Offiziere ein und aus. Klar, dass sie auch ihr Auge auf die hübsche Mitbewohnerin des Prinzen warfen. Nina von Sprecher-Bernegg war damals vor allem an ihrer Musik interessiert, aber natürlich schmeichelten ihr die Avancen der Herren vermutlich auch, denn sie hatte einen unbändigen Hunger danach, etwas zu erleben. Eines Tages lief die junge schweizerische Offizierstochter dann Rudolf Diels über den Weg, die beiden verliebten sich ineinander.

Das alles lag nunmehr zwölf Jahre zurück. Unterdessen war aus der jungen, lebenslustigen Musikstudentin eine Frau Gräfin geworden, drei Kindern hatte sie das Leben geschenkt. Das jüngste, Andreas, wurde erst im Juni 1946 geboren – mitten in diese aufregenden Nachkriegszeiten hinein.

Mit Ende des Krieges hatte Nina von Faber-Castell sich wie befreit ins Gesellschaftsleben gestürzt. Seit dem Frühjahr 1946 gab sie regelmäßig Abendgesellschaften im Jagdhaus der Familie, und oftmals logierten zumindest Rudolf Diels und Drexel Sprecher, jener amerikanische Anklagevertreter, der weitläufig mit Nina von Faber-Castell verwandt war, tagelang in ihrem Haus. Häufig kam auch der US-Ankläger Kempner hinausgefahren, der die Faber-Castells vermutlich über Rudolf Diels kennen gelernt hatte. Der einstige Gestapochef lehrte die Kinder der Gräfin die Grundregeln der Pflanzenkunde, Drexel Sprecher fing derweil Forellen mit dem Hausherrn. Abends saß Nina von Faber-Castell in dem gemütlichen Kaminzimmer am Klavier und spielte ihre selbst komponierten Lieder. Unterdessen hatte die schmale, feingliedrige Frau für alle kaum merklich ihre Schwangerschaft ausgetragen.

Am 1. Juni 1946 kam das Kind zur Welt, die Taufe sollte erst am 20. Oktober 1946 zelebriert werden, fast vier Monate nach der Geburt und mehrere Wochen nach dem Ende des Hauptkriegsverbrecherprozesses. Sicher benutzte man die Gelegenheit, ein kleines Fest zu feiern. Taufpaten waren Robert Kempner und Drexel Sprecher.

Ingeborg Kálnoky hatte währenddessen im Zeugenhaus alle Hände voll zu tun damit, ihre ideologisch höchst unterschiedlich beheimateten Gäste unter einen Hut zu bringen. Da rümpfte der Hitler-Fotograf Heinrich Hoffmann, der längst wieder Oberwasser hatte, die Nase darüber, dass er mit einem leibhaftigen Kommunisten gemeinsam die Mahlzeiten einnehmen musste. Der Mann hieß Franz Hemner, und er trug sich tatsächlich im Juli 1946 auch als »Vertreter der KPD Niederrhein« ins Gästebuch ein. Mit am Tisch saß Erich Schwinge, ein Marburger Rechtswissenschaftler, der später noch traurige Berühmtheit erlangen sollte durch eine Unzahl von Prozessen, die er dagegen führte, dass man ihn als »furchtbaren Juristen« der Nazizeit titulierte: Schwinge hatte wichtige NS-Rechtskommentare verfasst und als Kriegsrichter in Wien mindestens ein Todesurteil in einem Bagatellfall erwirkt.

In diese Gesellschaft platzte Anfang August 1946 eine Gruppe von einstigen KZ-Häftlingen und Ghetto-Überlebenden. Sechs Juden waren es, »grau und zart gebaut«, wie Ingeborg Kálnoky befand. Sie in geeigneten Schlafzimmern unterzubringen, war kein Problem, doch die Gräfin machte sich Sorgen um die Tischordnung: Konnte man diese schwachen, schattenhaften Geschöpfe neben einen wie Hoffmann setzen? Kálnoky hatte schon viele Gegensätze zwischen ihren Gästen im Zeugenhaus überbrückt, aber KZ-Überlebende mit einem Hitler-Freund an einen Tisch zu setzen, schien ihr unzumutbar. Sie rief Elise Krülle herbei und bat sie, mit ihr das Esszimmer kurzerhand umzuräumen. Statt der großen Tafelrunde, in der man bislang stets gesessen hatte, rückten die beiden Frauen die Tische jetzt etwas auseinander, so dass zwei Sitzgruppen entstanden. Auf diese Art, glaubte Kálnoky, würde sie die Situation wohl unter Kontrolle behalten; sie hatte sich fest vorgenommen, »große Vorsicht walten zu lassen«, es durfte auf keinen Fall zum Eklat kommen.

Am Abend setzte sich die Gräfin demonstrativ zu den Neuankömmlingen, indes schaute Hoffmann misstrauisch zu ihr hinüber. Kálnoky ignorierte den Fotografen und versuchte, mit den neuen Gästen eine unverfängliche »leichte Plauderei« zu beginnen – die Kommunikation über Belanglosigkeiten beherrschte sie ja meisterhaft.

Doch es war nicht so einfach, mit den neuen Gästen ins Gespräch zu kommen, einige sprachen kein Deutsch, andere wirkten in sich gekehrt und verschlossen. So erkundigte sich Ingeborg Kálnoky sichtlich bemüht, wo die Männer herkämen und was ihre nächsten Pläne für die Zukunft seien. Mit einer Ausnahme hatten sie die letzten Monate in einem Camp für »displaced persons« in München verbracht. Von solchen Lagern hatte ihr Pater Flynn einmal erzählt, zu Tausenden wurden darin die Menschen gesammelt, Überlebende aus Konzentrationslagern wie auch Flüchtlinge aus dem Osten. Einige von Kálnokys Gästen planten die Ausreise nach Palästina, wie sie erzählten. Daraufhin erkundigte sich die Gräfin höflich weiter: »Und wie geht es Ihren Frauen und Kindern, sind die bereits dort?«

Das darauf folgende Schweigen war unerträglich, und Kálnoky hätte sich wohl am liebsten die Zunge abgebissen: Wie hatte sie nur so eine dumme, naive Frage stellen können? »Verzeihung, ich wusste nicht… ich wollte Ihnen nicht zu nahe treten«, versuchte sie sich umständlich zu entschuldigen. »Nie vorher war ich so direkt an das Grauen herangetreten«, schrieb sie in ihrem noch in den 40er Jahren verfassten Bericht. Plötzlich habe sie Menschen gegenüber gesessen, »deren Babys in giftigen Gasen erstickten«.

Auch in ihrem Buch, das 1975 unter dem Titel »The Guest House« erschien und aus der Feder einer amerikanischen Ghostwriterin stammt, zeigte sie sich völlig vom Schrecken über das Grauen überwältigt: »Trotz der Sommerwärme musste ich frösteln, als ob die Kälte von all diesen Gräbern mich berührt hätte«, heißt es dort pathetisch. Doch was den Männern im Einzelnen widerfahren war, mochte sie offenbar nicht ergründen. In ihrem ersten Bericht erwähnt sie nicht einmal, woher sie kamen, in dem 30 Jahre später erschienenen Buch ist von Treblinka, Majdanek und Mauthausen die Rede. Doch die ehemaligen Häftlinge aus Mauthausen waren schon Monate zuvor in Nürnberg vernommen worden. Die Männer, die Anfang August 1946 ins Zeugenhaus in der Novalisstraße kamen, stammten mehrheitlich aus Lettland und Litauen, nur einer von ihnen war im Konzentrationslager Majdanek gewesen. Es war Israel Eisenberg, der fließend Deutsch sprach und früher in Lublin gelebt hatte.

Auf seiner linken Wange sah man eine hässliche Narbe, SS-Männer hatten Eisenberg im Lager eines Tages aus purer Willkür ins Gesicht geschossen: »Ich lag sieben Stunden lang mit der blutenden Wunde am Boden«, berichtete er während seiner Vernehmung in Nürnberg, erst dann habe man ihn endlich versorgt. Eisenberg hatte als Elektriker gearbeitet und alle möglichen Elektroanlagen der SS repariert, zunächst im Lubliner Ghetto, später in Majdanek. Im Winter 1941 waren die ersten Juden aus Lublin deportiert worden. »Die Aktion betraf hauptsächlich Juden mit Bärten«, erzählte Eisenberg in Nürnberg: »Mein Vater wurde auch verschickt.«

Einer der Männer, die nun im Zeugenhaus an jenem eigens separierten Tisch saßen, fasste sich immer mal wieder mit einer ruckhaften Bewegung an den Kopf. »So, als ob er sich davon überzeugen müsse, dass sein Kopf noch auf den Schultern saß«, beschrieb es die Gräfin später in einem Brief. Es war Leib Kibart, ein Lederarbeiter, der aus der litauischen Stadt Schaulen kam. In dem dortigen Ghetto waren im Herbst 1941 etwa 4500 Menschen zusammengepfercht gewesen, SA-Leute seien mit Lastwagen gekommen, hätten die Menschen aufgeladen und an einem etwa 20 Kilometer entfernt gelegenen Ort erschossen. Bewohner des Ghettos, die sich Lebensmittel beschafft hatten, seien ebenfalls erschossen worden, berichtete Kibart im Gericht, manchmal auch nur wegen vier oder fünf Zigaretten.

Chaim Kagan, ein dritter Gast aus der Gruppe ehemaliger Häftlinge, hatte im jüdischen Ghettorat der litauischen Stadt Kowno gesessen, er berichtete, wie im Oktober 1941 in dem Ort etwa 10 500 Juden erschossen worden waren. »Ich kannte die Zahl«, erklärte Kagan, weil er im Judenrat für die Verpflegung zuständig gewesen sei und man kurz nach den Erschießungen eine neue Zählung der Ghettobewohner vorgenommen habe.

Die bewegendste Geschichte hatte Szlomo Gol zu erzählen, der aus dem Ghetto von Wilna kam. Im Dezember 1943 sei er mit etwa 80 anderen Juden, darunter auch vier Frauen, ausgesondert und in eine Grube in der Nähe von Wilna gesteckt worden. SA-Leute hätten ihnen Ketten an die Fußknöchel und um den Leib gelegt, die sie ein halbes Jahr lang hätten tragen müssen, auch die vier Frauen, die Küchenarbeiten zu verrichten hatten. Die Männer hingegen mussten menschliche Kadaver ausgraben. »Unsere Arbeit bestand darin, Massengräber zu öffnen und Leichen herauszubefördern, um sie dann zu verbrennen«, berichtete Gol in einer in

Nürnberg abgefassten eidesstattlichen Erklärung. Insgesamt hätten sie 80 000 Leichen aus der Erde geholt, die Toten seien Juden, polnische Priester und russische Kriegsgefangene gewesen. Unter den Toten, die Gol ausgrub, war auch sein Bruder, der im September 1941 bei einer Erschießungsaktion ermordet worden war und nun mit in dem Massengrab lag: »Ich fand seinen Personalausweis bei ihm«, berichtete Gol.

Die Männer hielten sich etwa eine Woche lang im August 1946 im Zeugenhaus auf. Nach Nürnberg waren sie geholt worden, weil ihre Peiniger jene braunen Hemden mit den roten Hakenkreuzbinden getragen hatten, die zu den Uniformen der SA gehörten, der Sturmabteilung der Nazis. Die Ankläger wollten mithilfe der Holocaust-Überlebenden ihre Beschuldigungen untermauern, wonach nicht nur die SS, sondern auch die SA als »verbrecherische Organisation« einzustufen war. Hingegen versuchten einige Verteidiger, im Prozess das Gegenteil zu beweisen. Und auch sie hatten zu diesem Zweck ihre Zeugen nach Nürnberg geladen: einstige SA-Funktionäre oder ehemalige Mitglieder von in die SA eingegliederten Organisationen – ein Großteil von ihnen logierte mit den Zeugen der Anklage zusammen im Zeugenhaus.

Es handelte sich um verschiedene kleinere NS-Funktionäre, einen NS-Kreisleiter, niedere SA-Schergen, die nicht wichtig genug waren, um interniert zu werden, und einen leitenden Repräsentanten des Stahlhelm-Bundes, der in der SA aufgegangen war. Im Gerichtsaal hatten die ehemaligen SA-Leute ihre Organisation zumeist als eine Art Sportverein dargestellt. Da war beispielsweise ein SA-Mann namens Dr. Menge. In einer eidesstattlichen Erklärung vor Gericht behauptete er ernsthaft, SA-Stürme hätten jüdische Geschäfte vor Plünderungen geschützt – erwiesenermaßen war das

Gegenteil der Fall gewesen. Der Mann hatte eine eigene Art des Umgangs mit seiner Vergangenheit gefunden, ins Gästebuch kritzelte er: »Was schwer war, sank in linde Vergessenheit.«

Eines Abends entspann sich im Zeugenhaus eine ungewöhnliche Unterhaltung. Hoffmann hatte die Gesprächsführung an sich gerissen. »Laut und gegenwärtig« verbreitete es sich am Abenbrottisch, bemerkte Kálnoky, während die Holocaust-Überlebenden immer sehr leise gesprochen hätten. Doch die Initiative zu der Unterhaltung ging diesmal von ihnen aus: »Wollen Sie uns nicht von Ihrem Eindruck von Hitler erzählen?«, habe plötzlich einer der Juden gefragt. »Sie können offen reden, wir sehen das ganz objektiv, ohne Hass und ohne Rachegefühle.« Heinrich Hoffmann erzählte daraufhin angeregt seine Hitler-Anekdoten und sprach über seine Fotokunst und über außergewöhnliche Bildtermine im Berghof und in der Reichskanzlei.

Ingeborg Kálnoky berichtete diese und andere Einzelheiten in einigen Briefen, die sie Anfang der 70er Jahre an die Ghostwriterin ihres 1975 erschienenen Buches schrieb. Im Zusammenhang mit der Buchproduktion hatte sich seinerzeit eine lebhafte Korrespondenz zwischen der Gräfin und der Journalistin entwickelt, die interessante Rückschlüsse auf die Entstehung des Manuskriptes erlaubt: Wann immer von einer konkreten Szene die Rede war, erkundigte sich die Ghostwriterin vor allem danach, ob die Beteiligten noch am Leben seien – wenn dies nicht der Fall war, fühlte sie sich offenbar frei, einzelne Szenen auch zu erfinden.

So gibt es abgesehen von einigen Hinweisen in Kálnokys Briefen keinerlei Beleg dafür, dass sich die weitere Unterhaltung zwischen Hoffmann und den Holocaust-Überlebenden tatsächlich so zugetragen hatte, wie im Buch der Ghostwriterin beschrieben. Demnach hatte einer der Überlebenden Hoffmann seine Wunden gezeigt. Es könnte Israel Eisenberg gewesen sein, dessen Narbe im Gesicht kaum zu übersehen war. »So etwas hätten Sie auch fotografieren sollen«, soll der Mann gesagt haben. Hoffmann habe daraufhin schroff geantwortet: »Die Kamera kennt keine Politik, und außerdem konnte ich ja wohl nichts fotografieren, wovon ich absolut nichts wusste.« »Sie haben von alledem nichts geahnt?«, soll nun der KZ-Überlebende ungläubig nachgefragt haben. Daraufhin habe Hoffmann zu einer weitschweifigen Verteidigungsrede für sich und den »Führer« angesetzt und sich entschieden gegen jedwede Mitwisserschaft oder gar Mitschuld verwahrt: Von den KZs jedenfalls habe weder er noch Hitler etwas gewusst, und überhaupt sei der »Führer« doch gar nicht in der Lage gewesen, irgendjemandem auch nur ein Haar zu krümmen. »Hitler konnte doch gar kein Blut sehen«, soll Hoffmann festgestellt haben.

Sicher scheint nach den Berichten der Gräfin allerdings, dass die Holocaust-Überlebenden wie gebannt Hoffmanns Ausführungen lauschten. Kálnoky hatte den Eindruck, dass die Erzählungen des Fotografen sie eher verwunderten als sie anzuwidern. Diese »menschliche Größe und Selbstüberwindung« gegenüber einem Nazikretin wie Hoffmann beeindruckte Ingeborg Kálnoky zutiefst. Für einige Tage waren der Hitler-Fotograf und die Juden praktisch unzertrennlich, erinnerte sich die Gräfin später kopfschüttelnd. Bei der Abreise der Juden hätten sie sogar Adressen ausgetauscht. Ob die Männer aus Litauen und Lublin den anwesenden SA-Männern in ähnlicher Weise nahe gekommen sind, ist ungewiss. Unwahrscheinlich, aber nicht gänzlich unmöglich.

Mag sein, dass die großbürgerliche Atmosphäre in der Nürnberger Vorstadtvilla dazu beitrug, dass es trotz unüberwindlicher Gegensätze nicht zu tätlichen Auseinandersetzungen zwischen den Gästen kam. Vermutlich hatte Ingeborg

Kálnoky die Bewohner mit ihrer charmanten Unterhaltungskunst einfach in Watte gepackt. Vielleicht wagte aber auch niemand aufzubegehren, aus Angst vor den neuen Machthabern, den Amerikanern. Verdrängung und Selbstbetrug einerseits, die schiere Unfassbarkeit der erlittenen Schmerzen andererseits wirkten anscheinend bei allen Beteiligten wie eine Art Narkose von Geist und Seele.

Stärker noch als der Drang, Rache zu üben, mag der Wunsch gewesen sein, das Geschehene im Nachhinein zu verstehen. Je grausamer und unfassbarer ein Verbrechen ist, umso drängender wird vielfach das Bedürfnis, die Motive für solches Tun zu begreifen. Die rationale Erklärung von Ursache und Wirkung gibt dem Leid der Opfer einen Sinn. Indes waren die Verbrechen der Nazis so unbegreiflich und grauenhaft gewesen, dass jeder Erklärungsversuch scheitern musste.

Die Gruppe der Juden im Zeugenhaus verabschiedete sich am 13. August 1946. Nur zwei der sechs Männer hinterließen eine Spur im Gästebuch. Chaim Kagan, der Ghetto-Rat aus Kowno, schrieb ein höflich-distanziertes »Herzlichen Dank«, der Lederarbeiter Leib Kibart aus Schaulen krakelte sogar »Beste Erinnerungen« aufs Papier. Direkt darunter sollte sich eine Woche darauf Henriette von Schirach mit einer ausladenden Zeichnung verewigen. Ihr Mann Baldur von Schirach, zuletzt Gauleiter und Reichsstatthalter von Wien, der jetzt mit auf der Anklagebank saß, hatte zur Deportation der Wiener Juden einmal erklärt: »Wenn man mir den Vorwurf machen wollte, dass ich aus dieser Stadt, die einst die europäische Metropole des Judentums gewesen ist, Zehntausende und Aberzehntausende ins östliche Ghetto abgeschoben habe, muss ich antworten: Ich sehe darin einen aktiven Beitrag zur europäischen Kultur.«

Henriette von Schirach kam und ging in diesen Tagen,

da sich der Prozess immer stärker auf das Urteil zubewegte. Zumeist ließ sie sich von einem Schwarm amerikanischer Soldaten begleiten. Ob aus Neugier oder schlicht aus Sensationslust – einige US-Offiziere fanden ersichtlich Vergnügen daran, mit von Schirach zu verkehren, einer NS-Prominenten, der man stets beste Kontakte zu Hitler nachgesagt hatte. Und die hübsche Frau mit den dicken, rotbraunen Haaren hatte offensichtlich dasselbe Talent wie der Vater Heinrich Hoffmann, beobachtete Kálnoky nicht ohne Neid: »Sie wusste aus jeder Situation ihren Profit herauszuschlagen.«

Ein weiterer Verwandter eines der Angeklagten tauchte im Zeugenhaus auf. Die Gräfin beschrieb den Mann als einen »Bauernburschen, mit einem schmutzigen, alten Köfferchen in der Hand«. Elmar Streicher war der Sohn des einstigen NS-Gauleiters von Franken Julius Streicher. Eine Nacht hatten die Amerikaner ihm im Zeugenhaus konzediert, entsprechend gab er bei Kálnoky einen handschriftlichen Zettel ab: »Can stay at your house for one night«, stand auf dem am 17. September 1946 unterzeichneten Papier. Streicher arbeitete bei einem Bauern als Knecht, wie die Gräfin bald herausfand. Nach Nürnberg war er gekommen, um seinen Vater noch ein letztes Mal zu sehen – denn dass dieser bei dem in Kürze zu erwartenden Urteil ungeschoren davon kommen würde, war nicht anzunehmen.

Der Sohn des gefürchteten NSDAP-Funktionärs wirkte auf Ingeborg Kálnoky »wie ein geschlagener Hund«. Mit gesenktem Blick saß der Streicher-Sohn abends am Tisch und beeilte sich zu erklären, dass er politisch mit dem Vater »nicht konform« gegangen sei.

Der Verdacht auf Mitläufer- oder gar Mittäterschaft im verbrecherischen NS-System war ein Makel, den viele Menschen auch in den folgenden Jahren weit von sich wiesen.

Zunächst unmerklich, bald jedoch immer stärker spürbar, hatte sich ein strengeres Klima in Nürnberg ausgebreitet. Während der Hauptprozess seinem Ende entgegenging, flaute das Interesse der Ankläger an einzelnen Zeugen zunehmend ab. Entsprechend weniger konziliant zeigten sich vor allem die Amerikaner, unter deren Regie das Zeugenhaus stand. Einige Zeugen mussten jetzt plötzlich in die Internierung wechseln, andere wurden in ihrem Kriegsgefangenenstatus schlicht vergessen, und wieder andere kamen unerwartet auf freien Fuß, nur um bald wieder unter Arrest gestellt zu werden.

So erging es dem einstigen Chefdolmetscher des Auswärtigen Amts Paul Otto Schmidt. Der Diplomat, der lange Zeit als Hitlers persönlicher Übersetzer an praktisch allen Terminen des »Führers« mit ausländischen Regierungschefs teilgenommen hatte, war zuletzt Büroleiter von Außenminister Ribbentrop gewesen. Monatelang hielten ihn die Alliierten nach dem Krieg in Haft, während er mehrfach im Hauptprozess gegen Ribbentrop aussagte. Schließlich holte ihn Robert Kempner im Herbst 1946 aus dem Gefängnis heraus und ließ ihn ins Zeugenhaus verlegen, wo die Gräfin Kálnoky offenbar stundenlang zuhören konnte, wenn der kleine, wendige Mann mit der hohen, kahlen Stirn Geschichten aus seinem bewegten Diplomatenleben erzählte – er hatte schon unter dem legendären Außenminister Gustav Stresemann gedient. Wenige Wochen, nachdem er in der Novalisstraße eingezogen war, wurde er jedoch plötzlich wieder abgeholt.

Die Ankläger hatten Paul Otto Schmidt im Verdacht, in seiner Eigenschaft als Büroleiter Ribbentrops an dem Mordplan gegen einen französischen General mitgewirkt zu haben. Der Vorwurf ließ sich nicht erhärten, doch Schmidt wurde noch Monate im Gefangenenflügel des Gerichtsgefängnisses festgehalten. Es sollte wieder Robert Kempner sein, der ihn viele Monate später herausholte. Freilich geschah dies nicht aus Mildtätigkeit – Kempner wollte Schmidt als Zeugen der Anklage in dem Großprozess gegen die NS-Ministerialen einsetzen, der 1947 beginnen sollte.

Im Herbst 1946 musste sogar Rudolf Diels das gastliche Zeugenhaus vorübergehend verlassen. Er schrieb seinen Namen ins Gästebuch, mehr nicht. Wohin genau er verlegt wurde, ist unklar, nach Hause gehen durfte er jedenfalls nicht. Und so ergab sich ein delikates Problem für ihn. Kurz vor seiner Abreise bat Diels die Gräfin in sein Zimmer hinauf, sie müsse ihm unbedingt noch einen Gefallen tun. Er zog einen Koffer hervor, darin lag ein rosafarbenes Negligee, ein Traum aus Tüll und Seide. Es gehörte der Gräfin Faber-Castell, und Diels suchte nun nach einem Weg, es möglichst unauffällig an seine Besitzerin zurückzugeben. Sonst, meinte er zu Kálnoky, werde »etwas Schreckliches passieren«.

Ingeborg Kálnoky schaute den einstigen Gestapochef mit spöttischer Miene an: Hatte er ihr nicht von einer harmlosen Jugendfreundschaft erzählt? Doch dann rief sie Elise Krülle und bat um die weitere Erledigung. Wenig später machte sich Krülles Nichte Elisabeth Kühnle mit dem Köfferchen auf den Weg. Ohne weiteren Zwischenfall gelangte das Nachtkleid wieder in die Hände seiner Besitzerin zurück. Elisabeth Kühnle aber sollte die Episode nicht vergessen: »Wie ein Ballkleid, so schön« sei das Negligee gewesen. Zum Dank habe sie für sich und ihr Baby damals einen Kururlaub spendiert bekommen – Gräfin Faber-Castell hatte offenbar ihren Einfluss als örtliche Repräsentantin des Müttergenesungswerks geltend gemacht.

Herr Messerschmitt und die Mathematik

Schon seit Tagen lag eine unbestimmte Spannung in der Luft, Gerhard Krülle spürte geradezu körperlich die Erwartung. Als er an diesem Dienstag aus der Schule kam, hörte er bereits im Treppenhaus des Zeugenhauses eine laut scheppernde Radiostimme. Die Übertragung schien aus dem ersten Stock zu kommen, wo sich eine Gruppe von Gästen in einem kleinen Raum zusammengedrängt hatte. Normalerweise hätte der Junge sich nie dort hinein getraut, man saß im Schlafzimmer von Gräfin Kálnoky. Doch jetzt drückte er sich rasch durch die Tür und mischte sich unter die anderen im Zimmer.

Im ersten großen Kriegsverbrecherprozess waren die Urteile gefällt worden, und soeben begann der Radiosprecher die Richtersprüche für die einzelnen Angeklagten vorzutragen. Ein Todesurteil nach dem anderen wurde verlesen, alle lauschten wie gebannt der Übertragung. Gerhard Krülle schaute sich im Zimmer um, da saßen der Fotograf Hoffmann mit seiner Frau und Tochter Henriette auf Kálnokys Bett. Henriettes Hände waren in nervöser Bewegung. Der Botschafter von Rintelen, der sich im vergangenen Winter gerne in Meyers Konversationslexikon vertieft hatte, war wieder da. Er wirkte noch immer distanziert, ja hochnäsig. Zehn bis zwölf Leute drängten sich insgesamt in dem engen Raum, in der Mitte thronte die Gräfin, ganz auf die Urteilssprüche konzentriert.

Als der Radiosprecher bei Baldur von Schirach angelangt war, zerriss ein spitzer Schrei die Spannung in dem kleinen Zimmer. Schirach war nicht zum Tod, sondern zu 20 Jahren Haft verurteilt worden. Seine Frau Henriette war sichtlich erleichtert: »Er ist am Leben!« Im nächsten Moment berichtete die Radiostimme, dass auch Albert Speer, Hitlers Architekt und Kriegsminister, zu 20 Jahren Haft verurteilt wurde. Henriette stand abrupt auf und ging mit ihren Eltern in das Zimmer des Fotografen, das auf der anderen Seite des Korridors lag. Die Hoffmanns wollten ihre Genugtuung über das milde Urteil ungestört feiern. Als Henriette von Schirach später ans Telefon, das im Treppenhaus stand, gerufen wurde, erfüllte ihre glückliche Stimme das ganze Haus: »Ist das nicht herrlich? Nun wird er eben 20 Jahre mit Albert Speer Schach spielen.«

Mit der Urteilsverlesung, die am frühen Nachmittag des 1. Oktober 1946 stattfand, war der Hauptkriegsverbrecherprozess beendet. Zwölf Angeklagte waren zum Tod durch den Strang verurteilt worden: Hermann Göring ebenso wie der einstige Außenminister von Ribbentrop, der NS-Statthalter in Polen Hans Frank, der einstige Reichsarbeitsminister Sauckel und der fränkische Gauleiter Julius Streicher. Fünf weitere Angeklagte hatten neben von Schirach und Speer Haftstrafen zwischen zehn Jahren und lebenslänglich bekommen. Drei Beschuldigte waren freigesprochen worden: der einstige Reichsbankchef Hjalmar Schacht, der ehemalige Reichskanzler Franz von Papen und Hans Fritzsche, der langjährige Pressechef der NS-Regierung.

Mitte Oktober 1946 kündigte Kálnokys Kontaktoffizier im Zeugenhaus einen neuen Gast an, ein Dr. Schmidt. Der Herr wurde von einem hohen amerikanischen Offizier in einer großen Limousine vorgefahren, er war etwa Mitte 50 und sehr gut angezogen, wie die Gräfin vermerkte. Die Stimmung am Abend des 15. Oktober war gedämpft. Alle Anwesenden wussten, dass in der Nacht die Todesurteile vollstreckt werden sollten. Dr. Schmidt gab sich reserviert. Hoffmann versuchte krampfhaft, eine Unterhaltung in Gang zu bringen. »Sie kommen aus München?«, nahm er in seiner jovialen Art den Faden auf, »da müssten wir uns doch eigentlich kennen.« Schmidt zeigte keine Reaktion. Hoffmann überlegte einen Moment. Dann machte er einen neuen Anlauf, den Fremden ins Gespräch zu verwickeln: »Sind Sie vielleicht der bekannte Modearzt Dr. Schmidt?« Der Fremde verneinte, und das Gespräch brach wieder ab. Hoffmann zog alle Register, um den Mann zum Reden zu bringen – vergebens. Nach dem Essen entschuldigte sich Dr. Schmidt, er habe noch eine Verabredung.

Der schweigsame Herr kam an diesem Abend nicht mehr zurück. Ingeborg Kálnoky verständigte darüber besorgt den Gerichtsoffizier, doch dieser wollte ihrer Meldung keine besondere Aufmerksamkeit schenken. Als sie tags darauf eine Zeitung in die Hand bekam, erkannte sie, wer der geheimnisvolle Fremde gewesen sein musste: der bayerische Ministerpräsident Wilhelm Hoegner, ein Sozialdemokrat, der die NS-Zeit über im Exil gewesen war. Hoegner hatte in jener Nacht als »Repräsentant des deutschen Volkes« den Exekutionen beigewohnt. Überschattet wurde die Nachricht über die Hinrichtungen durch die Meldung, dass Göring sich seiner Exekution durch vorzeitigen Selbstmord hatte entziehen können. Bei der abendlichen Tafelrunde im Zeugenhaus spekulierten die Anwesenden aufgeregt darüber, wie es dem alten Fuchs wohl gelungen war, die Zyankalikapsel bei sich zu behalten.

Einige Tage danach fuhr ein deutsches Polizeiauto in der Novalisstraße vor. Zwei Kriminalpolizisten entstiegen dem Wagen und gingen forschen Schrittes auf das Zeugenhaus zu – sie suchten Heinrich Hoffmann. Kurz darauf erklärten sie dem verblüfften Fotografen, dass er ab sofort unter ihrem Schutz stehe, und wichen fortan weder Tag noch Nacht von seiner Seite. Die Polizisten begleiteten Hoffmann ins Gericht und gingen mit ihm ins Gasthaus »Zum Goldenen Stern«. Nachts bezog ein Polizist vor seinem Zimmer Posten, während ein anderer im Nebenraum schlief. Hoffmann ließ sich von diesen Aktivitäten die Laune nicht verderben. Die Amerikaner hätten ihn gebeten, sich jetzt nach dem Ende des Prozesses ein Privatquartier zu suchen, erklärte er der Gräfin, solange er noch keinen festen Wohnsitz habe, seien die Polizisten zu seinem Schutz abgestellt, »weil ich doch noch nicht entnazifiziert bin«.

Entnazifizierung – aus Hoffmanns Mund klang das, als stünde ein unangenehmer Zahnarztbesuch bevor. In Wahrheit handelte es sich um gerichtsähnliche Verfahren, die so genannten Spruchkammern, vor denen sich Personen zu verantworten hatten, die während der NS-Zeit Parteimitglieder waren oder sich in irgendeiner Weise auf Seiten des herrschenden Regimes exponiert hatten. In den Spruchkammern stuften Laienrichter die Betroffenen nach dem Grad ihrer Verwicklung in fünf Kategorien ein, die vom Hauptschuldigen über den Mitläufer bis hin zum voll Entlasteten reichten. Manche dieser Verfahren wurden erst nach Jahren eröffnet, andere nie. Im Fall von Heinrich Hoffmann tauchte der Präsident der örtlichen Entnazifizierungskommission bald persönlich im Zeugenhaus auf, wie die Gräfin sich erinnerte, und ließ den Fotografen verhaften. Zwei Polizeibeamte führten ihn wie einen Schwerverbrecher zu ihrem Wagen, Hoffmanns Gattin rannte keifend hinterher. Erna Hoffmann, die sich stets gebrüstet hatte mit den guten Beziehungen ihres Mannes zum »Führer«, zeigte keinerlei Unrechtsbewusstsein, was die NS-Zeit betraf. Als das Polizeiauto anfuhr, blieb sie giftend auf der Straße zurück: »Werden wir denn niemals in Frieden gelassen?«

Der von der Weltöffentlichkeit aufmerksam verfolgte Prozess gegen die Hauptkriegsverbrecher war beendet. Doch das amerikanische Anklageteam begann bereits, die ersten Nachfolgeprozesse vorzubereiten. Im Zeugenhaus tauchten daher neue Gäste auf, die zur Vernehmung nach Nürnberg gerufen worden waren: Manager des IG-Farben-Konzerns und Direktoren vom Stahlwerk Krupp etwa. Rudolf Diels war auch wieder in die Novalisstraße zurückgekehrt, der Botschafter von Rintelen sollte ebenfalls noch für einige Wochen bleiben. Eines Tages kam schließlich der Flugzeugkonstrukteur Willy Messerschmitt dazu. Er hatte bereits einige Monate in der Internierung verbracht, wurde zwischenzeitlich nach England geflogen und war mehrfach verhaftet und wieder freigelassen worden. Ursprünglich hätten ihn die Amerikaner wohl gern in die USA geholt, wo bereits andere Spitzen der deutschen Wissenschaft in der Atom- wie in der Raumfahrtforschung tätig waren. Doch Messerschmitt hatte erklärt, dass er allenfalls als Privatmann in die USA gehen werde, nicht als Wissenschaftler.

Kurz vor dem Urteil im Hauptprozess hatten die Amerikaner ihn nun nach Nürnberg gerufen und dort zunächst ins Gerichtsgefängnis gesteckt. In seinen ersten Vernehmungen brachte Messerschmitt, den Hitler einst zum »Wehrwirtschaftsführer« gemacht hatte, immer wieder vor, dass er zu Schwermut neige und deshalb nach den letzten Verhaftungen Depressionen erlitten habe. Nach einigen Wochen zeigten die Ankläger sich milde, und Messerschmitt durfte im November 1946 ins Zeugenhaus umziehen. Dort bat er die Gräfin bald um ein Reißbrett, Papier, Zirkel, Lineal und Bleistifte. »Er konnte wohl nicht leben, ohne technische Neuerungen auszutüfteln«, beobachtete sie.

Die Utensilien wurden besorgt, und so sah man den Flugzeugkonstrukteur bald nur noch an neuen Erfindungen arbeiten. Die technischen Zeichnungen zogen sich in feinen, dünnen Linien wie Spinnengewebe über seinen Skizzenblock. »Er wollte einen Staubsauger erfinden«, berichtete die Gräfin später, »er fragte, ob es schon einen elektrischen Besen gebe und er überlegte, ob man nicht eine ganz neue Art von Bett konstruieren sollte.«

Die alte Dame thronte in ihrer kleinen Wohnung bei Cleveland, Ohio, wie immer im Sessel, als sie mir von Willy Messerschmitt erzählte. Draußen fielen dicke Schneeflocken lautlos zu Boden, drinnen flimmerte mal wieder der Fernseher. Ingeborg Kálnoky schüttelte schmunzelnd den Kopf über den Flugzeugkonstrukteur. »Hinter der Stirnplatte muss es bei ihm irgendwie anders ausgesehen haben als bei normalen Menschen«, vermutete sie: »Er hatte ein totales Technikergehirn.«

Abends hielt der Professor im Zeugenhaus Vorträge über die Raumfahrt. Morgens befragten ihn die Amerikaner im Gerichtsgebäude über die Entwicklung von Hitlers Wunderwaffe V2, einer geheimnisumwitterten Fernrakete; sie erkundigten sich nach seiner Kenntnis über die zurückliegenden Aufrüstungsaktivitäten der Nazis und versuchten, Licht in die undurchschaubaren Besitzverhältnisse seiner Flugzeugfirmen zu bringen. Am Nachmittag half Willy Messerschmitt dann manchmal aus purer Langeweile dem jungen Gerhard Krülle bei den Matheaufgaben. »Er hatte meiner Mutter gesagt: ›Wenn Ihr Sohn mal Schwierigkeiten hat – ich helfe ihm gerne‹«, erzählte mir Professor Krülle später.

Eines Tages, Gerhard war mittlerweile 14 und ging aufs Gymnasium, wusste der Junge tatsächlich nicht mehr weiter bei einer besonders schweren Aufgabe. Messerschmitt setzte sich daran, rechnete und rechnete, und kritzelte zwei Heftseiten voll. Als Ergebnis kam jedoch »0 ist gleich 0« heraus – »Messerschmitt hatte die Aufgabe auch nicht gepackt«, freute sich Krülle noch Jahrzehnte später wie ein Schulbub. Die beiden Blätter, auf denen Messerschmitt gerechnet hatte, aber bewahrte Krülle bis ins fortgeschrittene Alter auf. Und auch sonst muss die Begegnung mit Messerschmitt den Jungen durchaus beeindruckt haben, Gerhard Krülle ging später selbst in die Raumfahrtforschung.

Das Leben im Zeugenhaus verlief nun ohne besondere Höhepunkte. Tagsüber stand Ingeborg Kálnoky oft an ihrer Staffelei und malte, sie bat sogar Willy Messerschmitt, für sie Modell zu sitzen. Und so harrte der gutmütige Flugzeugkonstrukteur geduldig auf einem Sessel aus, während sie seine Gesichtszüge skizzierte – das fertige Portrait ist leider nicht erhalten. Abends saß Kálnoky jetzt viel an der Schreibmaschine, die Pater Flynn ihr geschenkt hatte. Sie ließ die jüngste Vergangenheit Revue passieren und schrieb an dem Bericht über das Zeugenhaus. Unterdessen fiel es ihr unten im Herrenzimmer immer schwerer, eine unterhaltsame Konversation in Gang zu setzen. Für Heinrich Hoffmann war dessen Sohn ins Zeugenhaus gezogen. Im Gericht kümmerte er sich um das Archiv seines Vaters. Eine gesellschaftliche Bereicherung war dieser Gast aus Sicht der Gräfin nicht. Sie bekam mehr und mehr den Eindruck, dass die Herberge ihre großen Tage bereits hinter sich hatte – »wir waren wohl plötzlich das falsche Arrangement«.

Während sich im Zeugenhaus lauter Altvordere bei luxuriöser US-Verpflegung noch in den alten Koordinaten verhakelten, entwickelte sich draußen die junge Demokratie. Da arbeitete selbst der über 70-jährige Sozialdemokrat Severing am politischen Wiederaufbau des Landes mit. Carl Severing engagierte sich mittlerweile im Wahlkampf für die SPD und sandte seitenlange, eng betippte Briefe an die Gräfin, die sich wie politische Manifeste lasen. Ingeborg Kálnoky schaute vermutlich keinen einzigen davon genauer an.

Der Winter des Jahreswechsels 1946/47 war besonders kalt und lang, mehr denn je mussten die Menschen in Deutschland Hunger leiden. In Nürnberg lebte noch immer ein großer Teil in Ruinen oder Kellerlöchern, seit ständig mehr Flüchtlinge aus dem Osten kamen, war die Zahl der »displaced persons« und ganz generell auch der Menschen ohne Dach über dem Kopf drastisch angestiegen. Teilweise mussten die Leute jetzt in eben jenen Lagern ausharren, in denen früher die Juden vor ihrer Deportation zusammengepfercht worden waren. Pater Flynn hatte Kálnoky von der Not der Menschen in den Obdachlosenlagern erzählt: »Da ist eine Kanne Milch so viel wert wie ein Goldbarren«, war einer der Sätze, mit denen er die Lage zu umschreiben pflegte.

Der Geistliche schien von dem Bedürfnis getrieben, stets dort zu sein, wo die Not am größten war. Ohne Zweifel war die Lebensmittelknappheit eines der drängendsten Probleme in Deutschland. Deshalb hatte Flynn kürzlich seinen Dienst beim Militär quittiert und engagierte sich bei einer großen katholischen Hilfsorganisation, dem War Relief Service der National Catholic Welfare Conference. Wann genau er dort in Dienst trat, ist unklar. Mitte Oktober 1946 hatte er nach einer Meldung im »Notiziario Passionista«, einem italienischsprachigen Informationsdienst seines Ordens, noch als Geistlicher den Hinrichtungen in Nürnberg beigewohnt. Im Januar 1947 arbeitete der Pater nach einer Notiz aus dem »Passionist Bulletin«, einem anderen Informationsblatt seines Ordens, bereits in Freiburg im Breisgau, von wo er die katholischen Hilfsleistungen in der französisch besetzten Zone dirigierte. Zuvor hatte er die Gräfin vermutlich noch einmal besucht – und der Kontakt sollte wohl noch weiter halten.

An einem der letzten Januartage im Jahr 1947 öffnete Elise Krülle einem ihr gänzlich unbekannten Herrn mit fremdländisch aussehender Uniform die Tür des Zeugenhauses. Es war Hugo Graf Kálnoky, der lang vermisste Ehemann der Gräfin. Seine beiden ältesten Kinder Lori und Fárkas erkannten ihn sofort wieder, wobei Fárkas vor allem seine prachtvolle Uniform bemerkte, derart reiche Verzierungen hatte er bei keinem der Offiziere in Nürnberg gesehen. Der jüngere Bruder Antal schien ihn zunächst für »einen neuen Zeugen« zu halten, wie Kálnoky später erklärte, und Bobbie, das mittlerweile knapp eineinhalb Jahre alte Baby, sah seinen Vater an diesem Tag zum ersten Mal. Die Gräfin selbst war überwältigt: Fast zwei Jahre hatte sie nichts von ihrem Mann gehört, nun war er plötzlich wieder da, und alles schien beim Alten. Oder etwa nicht?

Hugo Graf Kálnoky war als Vertreter des Roten Kreuzes gekommen, daher die schöne Uniform. Doch sein Gesicht war blass, der Bauch sah ungesund aufgedunsen aus. Die vergangenen zwei Jahre hatte er sich fast ausschließlich von Bohnen ernährt. Täglich wurde er zur Schwerstarbeit gezwungen, denn die Sowjets hatten an seinen Händen erkannt, dass er von Haus aus kein Arbeiter war. Immerhin gelang es Hugo Kálnoky jedoch, seine adelige Herkunft vor den neuen Machthabern zu verbergen. Schon früh hatte er Kontakt zum Roten Kreuz aufgenommen, um herauszufinden, wo seine Familie steckte, ohne Erfolg. Eines Tages sollte eine Delegation des Roten Kreuzes in den Westen geschickt werden, um über die Rückgabe verschiedener ungarischer Besitztümer im Ausland zu verhandeln. Man erinnerte sich, dass Hugo Kálnoky mehrere Fremdsprachen beherrschte, und so wurde er beauftragt, die Delegation zu begleiten.

Erst in Deutschland konnte der Graf den Aufenthaltsort seiner Frau ausfindig machen. Dass sie in Nürnberg ein

Zeugenhaus führte, wusste er nicht. Und so war nicht nur die Gräfin überrascht über den Besuch, auch ihren Mann traf es unvorbereitet, sie in einer solchen Stellung anzutreffen. Seine Frau hatte sich augenscheinlich verändert, sie war nicht mehr die Landlady von Köröspatak, vor der die Bediensteten an Festtagen ehrfürchtig niederzuknien pflegten, um ihr die Hände zu küssen; und die es gewohnt war, von ihrem Mann auf Händen getragen zu werden. Kálnoky hatte gelernt, auf eigenen Beinen zu stehen. Die Landadelige hatte sich den bürgerlichen Verhältnissen angepasst. Hingegen empfand ihr Mann offenbar noch die alte, gleichsam ritterliche Verpflichtung, für sie zu sorgen und seiner geliebten Frau rasch ein angemessenes neues Schloss zu bauen.

In Nürnberg fehlten dem Grafen zwar die Mittel dazu, doch er hoffte, in Österreich, wo er geboren war und auch noch Verwandte hatte, schnell wieder Boden unter die Füße zu bekommen. Ingeborg Kálnoky fügte sich, kündigte ihren Posten und schon wenige Tage nach der Ankunft ihres Gatten reiste die ganze Familie nach Österreich ab. In ihrem Gepäck hatte die Gräfin ein ausgezeichnetes Zeugnis, das am 30. Januar 1947 über ihre Zeit im Zeugenhaus ausgestellt worden war. Darin lobte ihr Vorgesetzter, Major Thomas K. Hodges vom Personalbüro der Militärverwaltung, die »überlegene Art«, mit welcher Kálnoky »eine schwierige Aufgabe im Zusammenhang mit dem Internationalen Militärtribunal« gemeistert habe. In ihrer Position als Leiterin des Zeugenhauses seien vor allem »Takt und ein unfehlbares Urteil« gefragt gewesen – die Gräfin habe diesbezüglich »keinerlei Wünsche offen gelassen«.

Kálnokys plötzliche Kündigung hatte die Amerikaner gezwungen, in kürzester Zeit für Ersatz zu sorgen – wieder engagierten sie eine Adelige. Annemarie von Kleist übernahm wahrscheinlich bereits am 1. Februar 1947 die Leitung im

Zeugenhaus. Ihr Mann, Bernhard von Kleist, der als Dolmetscher im Sold der Amerikaner stand, mag ihr diesen Posten vermittelt haben.

Bernhard von Kleist war damals 44 Jahre alt und hatte bereits ein bewegtes Leben hinter sich. Als junger Mann hatte er im reaktionären Freikorps gekämpft, deren Mitglieder zu Beginn der 20er Jahre im Ruhrgebiet aufmüpfige Arbeiter zusammenkartätschten. 1921 ging er dann nach Marokko, machte eine Kaufmannslehre und heiratete 1924 die Spanierin Julia López de Uruburu. Drei Jahre später siedelte sich das Paar zunächst in Venezuela und dann in Kolumbien an, wo von Kleist im Straßen- und Eisenbahnbau tätig wurde.

Das ging einige Jahre gut, bis Bernhard von Kleist an Malaria erkrankte. Zunächst zog er nach Kanada, um schließlich 1933 nach Europa zurückzukehren. Er pachtete einen Bauernhof bei Riga und versuchte sich in der praktischen Landwirtschaft. Seiner spanischen Frau schien es im rauen Norden nicht ganz so zu gefallen, 1934 ließ sich das Paar scheiden, kurz darauf heiratete von Kleist Annemarie Neumann, eine Chemikertochter aus dem estnischen Ort Dorpat.

Im Zeugenhaus gab die geborene Bürgerliche bald die perfekte Baronin – Elise Krülle und ihr Sohn Gerhard fanden das adelige Gehabe allerdings reichlich übertrieben. Vermutlich hatte die lebenskluge Mutter Krülle eine feine Witterung dafür, dass die von Kleists in Wahrheit äußerst froh sein mussten, die schöne Bleibe in der Novalisstraße gefunden zu haben. Bernhard von Kleist hatte zunächst als Dolmetscher und Sprachlehrer in einem Lager für »displaced persons« in Bayreuth gearbeitet, wohin es ihn und seine Frau nach den Kriegswirren wohl eher zufällig verschlagen hatte. Noch im letzten Kriegsjahr war der Landwirt an die Front eingezogen worden, von dort kam er mit einer schweren Beinverletzung zurück, die ihn zeitlebens behindern sollte.

In Nürnberg trafen die von Kleists wahrscheinlich erst gegen Ende des Hauptprozesses ein, als zur Vorbereitung der weiteren Verfahren immer mehr Dolmetscher gesucht wurden. Dass nicht nur Bernhard im Gericht, sondern auch Annemarie von Kleist mit der Leitung des Zeugenhauses eine gute Beschäftigung bekam, war ein großer Glücksfall für die Familie. Mit zwei Kindern zog das Ehepaar in der Novalisstraße ein, und Annemarie von Kleist übernahm fortan das Kommando im Zeugenhaus.

Natürlich legte auch die Baronin von Kleist ein Gästebuch an. Es handelte sich um eben jenes Buch, welches Bernhard von Kleist am Abend des 31. August 1980 in der Bärenmühle hervorholen sollte. In braunes Leder gebunden, mit einem feinen Goldrand versehen, hat das Album sich bis heute erhalten, auch wenn die Blätter mit dem Goldschnittrand mittlerweile etwas vergilbt wirken und die Buchdeckel ein wenig aus dem Leim gegangen sind.

Als erster Gast schrieb sich am 5. Februar 1947 ein IG-Farben-Direktor namens Anton Reithinger ein. Der Chemiemanager war offenbar schon viele Wochen vorher ins Zeugenhaus gekommen, als wichtigste »Initiative der neuen Leitung« lobte er die Einführung einer nachmittäglichen Kaffeestunde. Überdies empfahl Reithinger jedem Neuankömmling, Bridgekarten mitzubringen, »die Hausfrau wird es ihm danken«.

Ganz so harmlos und unpolitisch, wie der Eintrag des Chemiemanagers glauben machen wollte, ging es dann freilich auch in diesen Tagen im Zeugenhaus nicht zu. Zwar war die erste Phase des Prozessgeschehens mit dem Verfahren gegen die Hauptkriegsverbrecher abgeschlossen. Indes bargen die Nachfolgeprozesse im Grunde noch mehr Zündstoff für die deutsche Nachkriegsgesellschaft, weil Fragen von Schuld und Sühne nun noch konkreter wurden: Da ging es etwa um die Rolle der Ärzte oder der Juristen bei der Ermordung und Verfolgung unschuldiger Menschen; es wurde die konkrete Mitschuld bestimmter Regierungsbeamter untersucht sowie die Verwicklung von Großunternehmen wie der IG Farben und des Krupp-Konzerns in die Ausbeutung von Zwangsarbeitern und den Holocaust.

Und so sollten sich im Zeugenhaus einmal mehr Täter und Opfer näher kommen als andernorts in Deutschland.

Ein Häftling, der mit dem Teufel paktierte

Die Frau wirkte schüchtern, sie sprach nicht viel und machte einen irgendwie gebrochenen Eindruck. Annemarie von Kleist hatte gleich das Gefühl, dass es sich bei der schlanken, blassen Person nur um einen ehemaligen Häftling handeln konnte. Deshalb schrieb die Hausdame auch mit Bleistift »KZ-Zeugin« an den Rand, als die Besucherin sich im März 1947 ins Gästebuch eintrug. Doch Gisa Punzengruber war Krankenhausangestellte und hatte noch nie ihren Fuß in ein Konzentrationslager gesetzt. Allerdings sollte im Laufe ihres Aufenthalts im Zeugenhaus das Privatleben der damals 28-Jährigen gleichsam wie ein Kartenhaus zusammenstürzen – und das hatte sehr wohl mit dem Lager in Dachau zu tun.

Die Medizinisch Technische Assistentin (MTA) arbeitete in einem Labor des Münchner Krankenhauses Links der Isar. Während des Krieges hatte sie dort Rudolf Punzengruber kennen gelernt, einen promovierten Chemiker, der seit dem Jahr 1942 regelmäßig in die Klinik kam, um Medikamente und Chemikalien abzuholen, und dabei stets von einem SS-Mann begleitet wurde. Irgendwann hatte ihr Punzengruber eröffnet, dass er ein KZ-Häftling war, und die beiden freundeten sich an, nach dem Krieg heirateten sie dann im Oktober 1945. Doch seine Besuche im Krankenhaus waren stets geheimnisumwittert geblieben: »Frag mich nicht, was ich tue oder woher ich komme«, hatte der Chemiker immer wieder zu seiner späteren Angetrauten gesagt. Und so wurde Gisa Punzengruber wohl erst in Nürnberg das ganze Ausmaß des Grauens offenbar, das ihr Mann hinter Andeutungen vor ihr zu verbergen suchte.

Der studierte Chemiker, der 1900 im österreichischen Kärnten geboren wurde, war ursprünglich Unternehmer gewesen und hatte eine Erzgrube in Serbien betrieben. 1941 wurde der jugoslawische Staatsbürger verhaftet, vermutlich hatte er sich nicht NS-konform genug gezeigt. Rudolf Punzengruber wurde zunächst in Wien, später im Konzentrationslager Dachau interniert. Dort lernte er Siegmund Rascher kennen, einen SS-Arzt, der KZ-Häftlinge für medizinische Versuche missbrauchte. So leitete der Mediziner beispielsweise Kälteexperimente für die Luftwaffe, bei denen Versuchskandidaten zwangsweise Minustemperaturen ausgesetzt wurden, die für den menschlichen Organismus tödlich sein mussten. Am lebenden Objekt wurde getestet, wie lange ein Mensch dieser Belastung standhalten konnte, bevor er elendig starb.

Der KZ-Häftling Punzengruber wurde Raschers Assistent. Und er erledigte seine Arbeit offenbar so sehr zur Zufriedenheit des SS-Arztes, dass dieser sich im Herbst 1943 für Punzengrubers Freilassung einsetzte – freilich unter der Bedingung, dass der Chemiker ihn nunmehr freiwillig bei den Versuchen unterstütze. Und so kam es zu dem wohl recht seltenen Fall, dass aus einem KZ-Häftling ein aktives Mitglied der Waffen-SS wurde. SS-Chef Heinrich Himmler, mit dem der KZ-Mediziner Rascher befreundet war, hatte Punzengrubers Übernahme in die SS-Gliederung offenbar persönlich angeordnet.

Bereits im Laufe des Nürnberger Hauptkriegsverbrechertribunals war der Fall Rascher zur Sprache gekommen. Der SS-Arzt galt als eines der abschreckendsten Beispiele für eine Medizinerkarriere im Dritten Reich. Mit Beginn des Ärzteprozesses rollten die amerikanischen Ankläger um die Jahreswende 1946/47 den Fall Rascher nun wieder auf. Der SS-Arzt war zu diesem Zeitpunkt längst tot, doch den Anklägern ging es darum, seine Vorgesetzten und Kollegen zur Verantwortung zu ziehen. Aus diesem Grunde wurde nicht nur Gisa Punzengruber nach Nürnberg geholt, sondern auch Fritz Rascher, der Vater des angeklagten Arztes – und beide logierten sie im Zeugenhaus.

Rascher senior war bereits im Dezember 1946 angekommen, als in der Novalisstraße noch die Gräfin Kálnoky residierte. In der Folgezeit wurde er von diversen Anklägerteams vernommen und trat auch im Ärzteprozess, der Anfang Dezember 1946 begonnen hatte, als Zeuge auf. Vermutlich verbrachte Fritz Rascher einige Wochen im Zeugenhaus. Gisa Punzengruber hielt sich im Januar und im März 1947 in Nürnberg auf – und so wird sich ihr Aufenthalt in der Novalisstraße zumindest für kurze Zeit mit dem von Rascher überschnitten haben. Der Mediziner, der eine homöopathische Praxis in München unterhielt, konnte wohl noch immer nicht fassen, zu welchen Taten sein Sohn Siegmund fähig gewesen war. Er hatte ihn dereinst liberal erzogen und auf eine Waldorfschule geschickt. Schon als Kind knetete der Sohn jedoch einmal eine Plastik, die den mittlerweile 66-jährigen Vater »aufs Schwerste erschüttert« hatte, wie er in Nürnberg seinem Vernehmungsbeamten verriet: Aus dieser Figur, so erzählte Rascher senior, habe gleichsam der Teufel geschaut.

In Dachau hatte der SS-Arzt Siegmund Rascher später reihenweise Menschen ermorden lassen, manchmal hatte er die Blausäureinjektion auch persönlich gesetzt. »Aus reinem Privatvergnügen«, wie Rudolf Punzengruber berichtete. Doch die Amerikaner hatten bald festgestellt, dass der

Chemiker selbst tief in Raschers Machenschaften verstrickt war: Um den Preis der Freiheit hatte Punzengruber einen Pakt mit dem Teufel geschlossen.

Und dieser Pakt ging offenbar so weit, dass er selbst in die intimsten Abgründe des SS-Arztes Einblick genommen hatte. Siegmund Rascher war 1944 auf Himmlers Befehl hin getötet worden. Damit sollte kein professionelles Vergehen geahndet werden, sondern private Verfehlungen: Weil das Paar Rascher keinen Nachwuchs bekommen konnte, hatte seine Frau – angeblich eine ehemalige Geliebte Himmlers – mehrere Kinder gestohlen. Der Schwindel war eines Tages aufgeflogen, als Frau Rascher in einem Luftschutzkeller von anderen Schutzsuchenden denunziert wurde. Der SS-Arzt und seine Frau wurden daraufhin festgenommen und wenig später aus dem Weg geschafft.

Nach der Befreiung des Konzentrationslagers Dachau hatten die Amerikaner Rudolf Punzengruber aufgrund der Hinweise anderer KZ-Häftlinge verhaftet. Fortan erzählte der Chemiker ihnen ganze Romane über den SS-Arzt, wobei er seine eigene Rolle stets zu vertuschen suchte. Man hatte den Chemiker erneut in Dachau interniert, für die Zeit der Vernehmungen dann aber vermutlich im Nürnberger Gerichtsgefängnis untergebracht: Offensichtlich wurde Rudolf Punzengruber von den US-Anklägern als derart belastet betrachtet, dass er nur wegen seiner schlechten körperlichen Verfassung nicht unter den Angeklagten im Ärzteprozess saß. Die Befragung des Zeugen Punzengruber im Februar 1947 förderte Zug um Zug Einzelheiten über die Tragweite seiner Kollaboration mit dem SS-Arzt Rascher zutage. Gisa Punzengruber, seine Ehefrau, aber gab vor, von alledem »gar nichts gewusst« zu haben. Sie beteuerte: »Er hat es immer abgelehnt, mir etwas zu erzählen.«

Etwa zur gleichen Zeit wie Gisa Punzengruber hielt sich

auch Irene Seiler in Nürnberg auf. Die gelernte Fotografin, 36 Jahre alt, hatte während des Krieges fast zwei Jahre im Gefängnis gesessen. Im Zeugenhaus traf sie nun ausgerechnet auf einen der Richter, der sie 1942 verurteilt hatte. Heinz Hugo Hoffmann war ein schmalschultriger Mann mit Brille und ordentlichem Seitenscheitel – die Fotografin hatte ihn in der Novalisstraße zunächst gar nicht erkannt. Erst als sie jemand auf ihn aufmerksam machte, schaute sie näher hin.

Hoffmann hatte im Jahr 1942 zusammen mit zwei anderen Richtern den Vorsitzenden der jüdischen Kultusgemeinde in Nürnberg, Leo Katzenberger, wegen angeblicher »Rassenschande« zum Tode verurteilt. Die Mitangeklagte Irene Seiler sollte ihre Strafe im Zuchthaus absitzen, zwei Jahre. Katzenberger, der damals 68 Jahre alt war, wurde vorgeworfen, »unsittliche Handlungen« mit der Fotografin vorgenommen zu haben; Irene Seiler verurteilte man wegen Meineides, weil sie die nach dem so genannten »Blutschutzgesetz« der Nazis verbotenen Intimitäten nicht bestätigt hatte. Beweise für die angeblichen Verfehlungen gab es keine, dennoch wurde Katzenberger im Juni 1942 im Gefängnis München-Stadelheim hingerichtet. Unterdessen war Irene Seiler zunächst ins Gefängnis Aichach gekommen, später musste sie dann in einem Sprengstoffwerk Munitionshülsen befüllen; das gelbliche Pulver fraß sich ihr in Haut und Haare.

Und nun, fünf Jahre nach diesem Paradebeispiel für die nationalsozialistische Willkürjustiz, fand sich Irene Seiler mit einem ihrer ehemaligen Peiniger im bürgerlichen Wohnzimmer in der Nürnberger Novalisstraße 24 wieder. Hoffmann beeilte sich, das seinerzeit gefällte Urteil im Fall Katzenberger als »untragbar, ungerecht und unmenschlich« darzustellen. Der Vorsitzende Richter von damals, Oswald Rothaug, saß mit auf der Anklagebank im Prozess gegen die

Juristen, der als Fall III des amerikanischen Militärgerichtshofs firmierte. Sein Kollege Heinz Hugo Hoffmann, der nun als Zeuge nach Nürnberg gekommen war, betrachtete sich keineswegs als mitverantwortlich: »Rothaug war schuld an allem«, erklärte er, »wir waren nur die kleinen Beisitzer, die nichts Unrechtes tun konnten.«

Der beisitzende NS-Richter Hoffmann hatte mit diesem, wie auch mit rund einem Dutzend anderer Todesurteile, an denen er ausweislich seiner eigenen Angaben mitgewirkt hatte, aus seiner Sicht also praktisch nichts zu tun gehabt. Irene Seiler hingegen, die im Juristenprozess ebenfalls als Zeugin aussagte, wurde im Gerichtssaal von Rothaugs Anwalt in einer Weise ins Kreuzverhör genommen, dass sie sich schon fast wieder als Beschuldigte fühlen musste. Niedergeschlagen kam sie nach ihrer Anhörung ins Zeugenhaus zurück und trug sich bei ihrer Abreise mit einem schlichten Spruch ein: »Auf Regen folgt Sonnenschein.« Richter Hoffmann hingegen reimte schwülstig, das Zeugenhaus sei »eine Insel zum menschlichen Verbleiben« – drumherum sah der NS-Jurist nur »Hexentreiben«.

Was mochte Robert Havemann im Zeugenhaus empfunden haben? Der Widerstandskämpfer muss bei Tisch auf einen Manager des Flick-Konzerns getroffen sein, dessen Unternehmen sich weidlich am Arbeitseinsatz von KZ-Häftlingen bereichert hatte. Er selbst hatte knapp zwei Jahre im Zuchthaus Brandenburg gesessen. Havemann war 1944 wegen Hochverrats zum Tode verurteilt worden, nachdem eine kleine Widerstandsgruppe namens »Europäische Union« aufgeflogen war, die er gemeinsam mit einer Hand voll anderer Widerständler in Berlin gegründet hatte. Im Gefängnis gelang es dem hochqualifizierten Chemiker, der später ein bekannter Professor werden sollte, die Nazis davon zu überzeugen, dass er vor seiner Verhaftung mit kriegswichtigen Forschungen beschäftigt gewesen war. Man richtete ihm daraufhin ein Laboratorium in Brandenburg ein, und nur deshalb wurde der Vollzug seiner Todesstrafe immer wieder hinausgeschoben, sodass Havemann am Ende überlebte.

In Nürnberg sagte der Chemiker wie Hoffmann und Seiler im Juristenprozess aus. Zeitgleich mit ihm weilte mutmaßlich auch Berthold Schwarz im Zeugenhaus. Der studierte Jurist und ehemalige SA-Mann war Sachbearbeiter für Hochverratsfälle gewesen und schließlich Gnadenreferent bei der zentralen Generalstaatsanwaltschaft im Reich – aus dieser Tätigkeit heraus mag ihm die Akte Havemann wohlbekannt gewesen sein. Im Gerichtssaal sagte Schwarz direkt nach dem Widerständler aus, im Gästebuch datiert seine Eintragung zwar etwas früher als die von Havemann, doch der Jurist war zweimal in Nürnberg, trug sich aber anscheinend nur bei seinem ersten Besuch ins Gästebuch ein.

Gewöhnlich verewigten sich in dem Album vor allem die Vertreter des untergegangenen NS-Regimes mit langen Sprüchen und Sentenzen. Widerständler und Verfolgte der Nazis trugen sich hingegen entweder gar nicht oder nur in sehr knapper Form ein. Robert Havemann war der einzige Naziverfolgte, der mehr als drei Worte in einem der beiden Gästebücher hinterließ. »Nürnberg – eine Welt in Trümmern, deren Geister hier beschworen werden«, schrieb der Chemiker am 11. April 1947, »wir wollen sie nicht vergessen, wir wollen sie überwinden.«

Bei den Tafelrunden in der Novalisstraße gab es für einzelne Gäste zuweilen böse Überraschungen. So fühlte sich der Münchner Journalist Josef Ackermann im Zeugenhaus unversehens eingeklemmt zwischen lauter Stützen des alten Regimes, die er längst hinter Schloss und Riegel wähnte. Ackermanns direkter Tischnachbar war Friedrich Gaus, einst Chefjustitiar im Auswärtigen Amt, der Diplomat hatte praktisch alle internationalen Verträge der Hitler-Regierung mitformuliert. Schräg gegenüber saß ein Generaldirektor des Krupp-Konzerns am Tisch, der erzählte, dass er sich um die in der Rüstungsschmiede beschäftigten Zwangsarbeiter nun wirklich nicht gekümmert habe – weshalb er im Gespräch mit Ackermann auch jegliche Verantwortung dafür von sich wies.

Wenig später stieß auch noch Rudolf Diels zu der Abendgesellschaft hinzu. Er stand inzwischen nicht mehr unter Hausarrest, durfte sich nahezu frei bewegen in Nürnberg und hatte wieder Logis im Zeugenhaus genommen. Ackermann erinnerte sich nur zu gut, dass Diels seinerzeit Chef der Gestapo gewesen war, als er zum ersten Mal nach Dachau kam.

Der Journalist, der nach dem Krieg als Pressechef der Stadt München tätig werden sollte, hatte fast die gesamte NS-Zeit in Lagern und Gefängnissen verbracht. Im September 1933 war er zum ersten Mal verhaftet worden, wegen Hoch- und Landesverrats. Man warf ihm vor, dass er für englische Zeitungen abfällig über die neue Naziregierung geschrieben hatte, weshalb er zusammen mit dem Korrespondenten der Londoner »Daily News« festgenommen wurde. Ein Jahr lang saß Ackermann bis zum Herbst 1934 in Dachau, zu jener Zeit konnte es passieren, dass in dem Konzentrationslager Menschen grundlos zu Tode geprügelt wurden. In den Jahren 1935 bis 1939 war der Journalist dann immer mal wieder verhaftet worden, das berüchtigte Gestapogefängnis im Wittelsbacher Palais in München kannte er zur Genüge.

Im September 1939 holte ihn die Gestapo erneut ab, diesmal bekam Ackermann nicht mal mehr einen Grund für seine Festnahme erklärt. Einige Tage später wurde er ins Konzentrationslager Buchenwald überführt; fortan sollte der Journalist hinter Stacheldraht verbleiben, bis zum Ende des Krieges. Zunächst verbrachte er dreieinhalb Jahre in Buchenwald, wo er die Totenbücher in der Pathologie zu führen hatte. Ackermann beobachtete allerlei im Lager, etwa wie den Verstorbenen sorgfältig die Goldzähne entfernt wurden – »der Verwaltungsleiter bekam sie in einem Beutel übergeben«, berichtete der Journalist in Nürnberg.

Während Ackermanns Zeit in Buchenwald schrieb der zuständige Lagerarzt gerade eine Doktorarbeit über Tätowierungen. Für seine persönlichen Forschungszwecke sammelte er menschliche Haut in großen Mengen. Die Hautstücke mit den Tattoos wurden wie eine Schmetterlingssammlung in kleinen Kästchen ausgestellt. Für schöne Tätowierungen oder die gelungene Fertigung von Schrumpfköpfen wurde in Buchenwald nach Ackermanns Ausführungen auch auf Bestellung gemordet. Da habe der Lagerarzt beispielsweise am Fenster gestanden und auf einen Insassen gezeigt, berichtete der Münchner bei seiner Vernehmung in Nürnberg: »Ich möchte seinen Kopf in meiner Sammlung«, habe er etwa gesagt – »und der Häftling lag am nächsten Tag auf meinem Seziertisch«, erzählte Ackermann.

Anfang 1944 wurde der Journalist in das KZ Dora-Mittelbau verlegt, das in einem lang gestreckten Bergrücken am Südrand des Harzes in der Nähe von Nordhausen lag. In dem unterirdischen Stollen ließ Hitler von den Häftlingen seine angebliche Wunderwaffe »Vergeltungswaffe 2«, kurz V2, zusammenbauen, eine Fernrakete die schneller als der Schall fliegen konnte. Überdies hatten die völlig entkräfteten KZ-Häftlinge Flugzeugteile für andere Maschinen der Luftwaffe zu montieren. Dazu gehörte auch das Antriebswerk eines von dem Flugzeugkonstrukteur Willy Messerschmitt entwickelten Düsenjägers mit dem Seriennamen Me 262. Messerschmitt nannte die Maschine wegen ihrer guten Flugeigenschaften liebevoll seine »Schwalbe«, Ackermann konnte reihenweise Häftlinge aufzählen, die unter den grausamen Arbeitsbedingungen bei der Montage der Flugzeugteile gestorben waren – dass sich beide Männer nun im Frühjahr 1947 im Zeugenhaus begegneten, mutete wie ein grausames Gesellschaftsspiel des Schicksals an.

Messerschmitt war wie Diels leicht verspätet zum Abendessen gekommen, die Runde saß bereits beim Nachtisch. Ackermann, der den Flugzeugkonstrukteur sofort erkannte, fiel beinahe der Löffel aus der Hand. Messerschmitt aber ahnte vermutlich nicht einmal, dass ihm ein ehemaliger KZ-Häftling aus Dora-Mittelbau gegenüber saß. Die Amerikaner hatten ihn schon mehrfach nach dem Konzentrationslager befragt, doch der Flugzeugkonstrukteur behauptete stets, dass er sich an gewisse Einzelheiten »nicht mehr recht entsinnen« könne.

Mindestens einmal, im März 1945, war Willy Messerschmitt jedoch in dem Stollen gewesen; zu dieser Zeit arbeitete Josef Ackermann auf der Krankenstation des Lagers. Bei seiner Vernehmung durch die Amerikaner konnte sich der Techniker noch genau an die Bahngleise erinnern, die zu dem Stollen führten, er erwähnte den unterirdischen Tunnel, der so breit war, dass darin zwei Güterzüge gleichzeitig verkehren konnten. Messerschmitt beschrieb auch die kleine Treppe, die zum Betriebsbüro hinaufführte – die grünen Hütten, in denen ein Großteil der Lagerinsassen untergebracht war, und den hohen Drahtzaun, der das gesamte Areal umgab, aber hatte er angeblich nicht gesehen.

Auch im Innern des Stollens war dem einstigen »Wehrwirtschaftsführer« nichts Besonderes aufgefallen. Ob ihm bekannt gewesen sei, dass Dora »hauptsächlich mit Konzentrationslagerinsassen betrieben worden ist«, wollte sein Vernehmer wissen: »Nein«, antwortete Messerschmitt. »Es war praktisch unmöglich, das zu übersehen«, entgegnete der vernehmende US-Offizier, und fragte nach: »Wen haben Sie denn bei der Arbeit gesehen?« Messerschmitt, der den Stollen zu Fuß durchschritten hatte, um nach der Produktion seiner Triebwerke zu schauen, antwortete: »Meines Wissens waren das keine KZ-Leute; vielleicht habe ich aber auch nicht darauf geachtet.«

Jede Wahrnehmung ist subjektiv: Josef Ackermann, der nach Nürnberg gerufen worden war, um in einem der Nachfolgeprozesse gegen jene SS-Wirtschaftsbeamte auszusagen, welche die Arbeitsleistungen in den Konzentrationslagern kontrollierten, hatte ganz andere Beobachtungen in Dora-Mittelbau gemacht.

Es herrschte zwar strengste Geheimhaltungsstufe in dem Tunnel. Als Mitarbeiter der Krankenstation konnte sich der Journalist jedoch verhältnismäßig frei bewegen. »Wenn ich durch den Stollen ging«, erzählte er bei seiner Vernehmung in Nürnberg, »musste ich dauernd über Leichen steigen, sie lagen mitten auf dem Weg.« Viele Lagerinsassen seien während der Arbeit an Entkräftung gestorben: »Das Elend der Häftlinge dort unten in den Stollen war unvorstellbar.« Etwa 50 000 Lagerinsassen arbeiteten in Dora, zumeist waren es Ausländer. Teils schliefen sie in riesigen Steinkammern im Innern des Bergwerks und atmeten Wochen lang keine frische Luft. Wasser zum Waschen gab es nicht, indes war die Haut der Leute vom Steinstaub bald völlig verkrustet. »Die Häftlinge«, erklärte Ackermann, »mussten sich damit behelfen, dass sie auf die Hände schifften und sich mit dem Urin das Gesicht abwuschen.«

Auch in Dora führte der Journalist das Totenbuch, deshalb konnte er die monatliche Sterberate gut kalkulieren. Im März 1945, eben in jenem Monat, als Messerschmitt das Lager besuchte, schieden nach Ackermanns Berechnungen allein 5000 Menschen dahin, ein Zehntel der gesamten Belegschaft, zumeist starben die Leute an Entkräftung. Weil die zwei Verbrennungsöfen im Lager diese Mengen an Toten gar nicht bewältigen konnten, wurden große Feuer außerhalb des Stollens entzündet, um die Leichen zu verbrennen. Der Gestank sei kilometerweit zu riechen gewesen – auch das hatte Willy Messerschmitt vorgeblich nicht wahrgenommen.

Im Zeugenhaus fand dieser Teil der Geschichte vermutlich ebenfalls keine Erwähnung. Hier galt der nette Flugzeugkonstrukteur als äußerst beliebt. Es wurde ihm sogar verziehen, dass er die übrigen Gäste zuweilen mit seinen endlosen Vorträgen über die Raumfahrt langweilte. Und Josef Ackermann wird durch die anwesende Gesellschaft in der Zeugenherberge nicht ermutigt worden sein, den Herren mit seiner Version der Geschichte die Stimmung zu verderben. Im Gästebuch beklagte Willy Messerschmitt sich dennoch bitter über »diese harte Zeit«, in welcher »Neid, Hass und Missgunst die Geschicke der Menschheit leiten und Güte so selten geworden ist« – umso wärmer mochte er »die sorgende Pflege« der Hausherrin hervorheben.

Der Flugzeugkonstrukteur kam immer mal wieder ins Zeugenhaus, Ackermann hingegen blieb nur drei Tage in der Novalisstraße. Am 24. April 1947 sagte er als Zeuge im so genannten »Fall IV« des amerikanischen Militärgerichtshofes aus, dem Verfahren gegen Angehörige des SS-Wirtschafts- und Verwaltungshauptamtes. In diesem Amt war die totale körperliche Ausbeutung der KZ-Häftlinge organisiert worden, von welcher Firmen und Produktionen, wie die von Messerschmitt, in großem Ausmaß profitiert hatten.

Ins Gästebuch trug sich Ackermann nicht ein. Indes erfährt man aus einem kleineren Zeitungsartikel, den er wenig später veröffentlichte, dass ihm an jenem Abend mit Messerschmitt am Esstisch in der Novalisstraße »der Bissen im Halse stecken geblieben ist«.

Vergessen, verdrehen, vertuschen – nach diesem Schema versuchten in der Nachkriegszeit viele, die Vergangenheit möglichst schnell hinter sich zu bringen. Die Amnesie der Mitmacher und Mitläufer nahm solche Ausmaße an, dass es selbst dem einstigen Gestapomann Diels über die Hutschnur ging. Ihn ärgerte vor allem, wie die in Nürnberg anwesenden ehemaligen NS-Beamten jetzt versuchten, sich von allen Belastungen reinzuwaschen. Seit er nicht mehr unter Hausarrest stand, mischte er sich zuweilen unter die Gäste im Salon des Zeugenhauses. Dabei hatte er mitbekommen, wie ein paar Herren aus der alten NS-Nomenklatura über ihn herzogen: »Dieser Diels hat uns immer nur Schwierigkeiten bereitet«, hatte etwa ein Ministerialrat gesagt – Diels meldete das Zitat postwendend an seine CIC-Freunde weiter.

Und so stürmten am 3. Februar 1947 plötzlich amerikanische Militärpolizisten im Laufschritt ins Zeugenhaus. Sie polterten die Treppe hinauf und nahmen eben jenen Herrn fest, der in der Novalisstraße als biederer Beamter aufgetreten war. Es handelte sich um Walter Letsch, einst Ministerialrat im Arbeitsministerium von Fritz Sauckel, der im Hauptkriegsverbrecherprozess zum Tode verurteilt worden war. Der Ministerialrat hatte unter Sauckel die Rekrutierung von Zwangsarbeitern in den besetzten Ostländern vorangetrieben und verwaltet, bei denen die örtlichen »Anwerber« mehr und mehr mit Waffengewalt vorgingen, wie Letsch später unumwunden in einer Vernehmung einräumte. Zahlreiche örtliche Unternehmer hatten sich diesen Praktiken widersetzt. Sie wurden von Diels unterstützt, der seit 1940 als Direktor für die Schifffahrtsabteilung der Hermann-Göring-Werke fungierte und in dieser Funktion viel auf dem Balkan und auch in anderen Ländern östlich der Donau herumkam.

Auf seinen Reisen hatte Rudolf Diels schon früh von den Konzentrationslagern erfahren; ihm war von systematischen Erschießungen erzählt worden, und er hatte das Massengrab von Babiyar bei Kiew in der Ukraine gesehen. »Wer Augen und Ohren offen hielt«, sagte er immer mal wieder im Zeugenhaus, »konnte wirklich schon früh Bescheid wissen, was bei den Nazis gespielt wurde.« Umso ärgerlicher reagierte er auf die gängigen Einlassungen vieler Zeugenhausbewohner, die beharrlich behaupteten, von allem nichts gewusst zu haben.

Walter Letsch war vermutlich nicht allein aufgrund von Diels' Denunziation festgenommen worden, entscheidender mag sich ausgewirkt haben, dass die Amerikaner seine Paraphe auf dem Protokoll einer Sitzung gefunden hatten, bei der es um die massenweise Tötung von russischen Kriegsgefangenen gegangen war. Zähneknirschend erinnerte sich der Beamte unter der Beweislast daran, an der fraglichen Sitzung teilgenommen zu haben. Eilfertig fügte er jedoch hinzu: »Zahlen und andere Einzelheiten sind mir nicht mehr erinnerlich.«

Von Kandiszucker und Zyklon B

Eugen Kogon war erschöpft, niedergeschlagen – und vielleicht auch verbittert. Im US-Jeep wurde der Schriftsteller und Publizist am späten Nachmittag des 23. April 1947 ins Zeugenhaus zurückgefahren, zuvor hatte er im Gerichtssaal sieben Stunden lang über das grausige Leben und Sterben im Konzentrationslager Buchenwald Auskunft erteilt. Es war wie eine Schlacht gewesen. Immer wieder wurde Kogon von den Anwälten der Verteidigung mit Fangfragen gepiesackt. »Ich komme mir ja wie ein dummer Junge vor!«, hatte er schließlich verärgert ausgerufen. Doch es sollte noch schlimmer kommen: Einer der Anwälte, er vertrat einen besonders brutalen SS-Funktionär aus Buchenwald, bezichtigte den Publizisten gar, mitschuldig an vielen Morden gewesen zu sein – weil er sie als Häftling und Krankenschreiber im KZ hatte mit ansehen müssen.

Verkehrte Welt. Eugen Kogon hatte während der NS-Zeit sieben Jahre lang in Gefangenschaft verbracht, er hatte durch eine wagemutige Aktion dafür gesorgt, dass die Amerikaner das Konzentrationslager Buchenwald im April 1945 gerade noch rechtzeitig einnahmen, bevor die Nazis auch den letzten Häftling ermorden konnten. Nun saß er hier am Tisch zusammen mit ehemaligen Managern des Krupp-Konzerns, hochrangigen Mitarbeitern der IG Farben und mit dem Flugzeugkonstrukteur Messerschmitt, der inzwischen ein gern gesehener Dauergast in der Novalisstraße geworden war. Ferner hatte sich noch ein merkwürdig anmutender Herr dazugesellt, von dem es hieß, dass er ein Adjutant des gefürchteten NS-Kanzleichefs Martin Bormann gewesen sei.

Die Mehrzahl dieser Herren hatte vermutlich mehr oder weniger direkt an der Ermordung von vielen tausend Menschen mitgewirkt oder zumindest davon profitiert, doch sie lebten fröhlich auf freiem Fuß und ließen es sich im Zeugenhaus gut gehen. Eugen Kogon war auch nicht zum ersten Mal hier. Schon einige Monate zuvor hatten ihn die Amerikaner für ein paar Tage in der kleinen Villa am Wald einquartiert, deshalb kannte er die Gepflogenheiten. Nach dem Essen packte die Hausdame Annemarie von Kleist zumeist ihre Bridgekarten aus, oder es setzten sich ein paar Herren zusammen, um eine Runde Skat zu spielen. »18, 20 – ich passe«, wie oft hatte der Schriftsteller das im Zeugenhaus schon gehört. Kogon mochte solche Kartenspiele nicht besonders.

Unterdessen musste sich der Intellektuelle im Gerichtssaal vor aller Öffentlichkeit als Fälscher beschuldigen lassen, und als jemand, der untätig beim Morden zugesehen habe. »Herr Zeuge«, attackierte ihn an diesem 23. April im Justizpalast der Nürnberger Anwalt Eduard Belzer mit schneidender Stimme, »Sie haben bekundet, dass Sie Mitwisser von Morden wurden.« Warum sei er daraufhin nicht umgehend zur Lagerleitung gegangen, fuhr der Verteidiger den Publizisten im Anklageton an, um diese zu bitten, ihn von seinem Häftlingsposten als Krankenschreiber »abzulösen«? Kogon war fassungslos. »Ist die Mitwisserschaft von Morden in einem Konzentrationslager, die jeden Tag von morgens bis abends, von rechts bis links und von vorne bis hinten stattfanden, vielleicht eine Schuld?«, schrie er aufgebracht in den Saal. Dann senkte er die Stimme und fügte hinzu, »der richtige Weg meinerseits wäre allerdings gewesen, mich aus dem Konzentrationslager ablösen zu lassen«.

Daraufhin herrschte betretene Stille im Saal. Jeder der Zuhörer konnte sich ausrechnen, dass eben dies für einen KZ-Häftling völlig unmöglich gewesen war. Doch der Nürnberger Anwalt verstand keine Ironie. »Sie glauben also nicht, dass Sie sich in irgendeinem Sinne mitschuldig gemacht haben?«, hakte Belzer verbissen nach. Nun endlich unterbrach der Vorsitzende das merkwürdige Verhör und erklärte die Frage für unzulässig. Denn, so bestätigte der Richter, der Zeuge sei »schließlich nicht angeklagt«.

Am 11. März 1938 hatte Eugen Kogons Leidensweg begonnen. In jener Nacht war er von der Gestapo in Wien verhaftet worden. Zuvor hatte der studierte Soziologe und Nationalökonom zunächst als Schriftsteller und dann als Vermögensverwalter gearbeitet. Von 1934 an war er der Generalbevollmächtigte des Prinzen von Sachsen-Coburg-Gotha-Kohary gewesen und hatte die finanziellen Erträge aus dessen umfangreichem Besitz an Bergwerken, Domänenbetrieben und Maschinenfabriken verwaltet, die sich vor allem in Österreich und Ungarn, aber auch in Deutschland und der Tschechoslowakei befanden. Der katholisch-liberal eingestellte Kogon kam viel herum auf diese Weise, er nutzte seinen Posten, um Gleichgesinnte über die Vorgänge in Deutschland zu informieren sowie den Widerstand gegen die NS-Herrschaft zu organisieren. Doch die Nazis hatten von seinen Aktivitäten Wind bekommen, und so stand der Finanzmann bereits auf der Verhaftungsliste, als Hitler im März 1938 den österreichischen »Anschluss« vollzog.

Kogon blieb über ein Jahr im Gestapogefängnis in Wien, im September 1939 wurde der Häftling dann nach Buchenwald verlegt. Dort landete er zunächst im so genannten Schachtkommando, wo unter menschenverachtenden Bedingungen Schwerstarbeit verrichtet wurde. Kogon litt bald unter völlig vereiterten Händen und Füßen. Der schlanke Intellektuelle, der kaum körperliche Reserven hatte für die befohlene Schinderei und obendrein eine Brille trug, hätte das Lager wohl kaum überlebt, wenn er im Mai 1941 nicht in die Schneiderei abkommandiert worden wäre. Zwei Jahre später, im Juni 1943, wurde Kogon schließlich Schreiber bei dem SS-Arzt Dr. Ding-Schuler, der in Buchenwald ein Laboratorium für Fleckfieberversuche aufgebaut hatte. Die neue Stellung brachte Kogon in die Lage, nach und nach das Gefüge des Lagers zu erkunden wie auch das gesamte System der SS-Verwaltung.

Wie viele andere Lagerärzte in Dachau oder Auschwitz, so nutzte auch Dr. Ding-Schuler in Buchenwald seine Position für Menschenversuche, die in der Regel tödlich endeten. Da bekamen Häftlinge verschiedene Erreger appliziert, die Fleckfieber oder Gelbsucht auslösten, Pocken oder Paratyphus. Der Arzt experimentierte mit Hormonen, verschiedenen Giften und Phosphorbrandbomben. Unterdessen gelang es Kogon jedoch, das Vertrauen von Ding-Schuler zu gewinnen, weshalb er mehr und mehr Einblick selbst in geheimste Korrespondenzen bekam. Im April 1945, als die US-Armee immer näher rückte und die SS in Buchenwald bereits begann, Spuren zu verwischen und massenweise Häftlinge zu töten, überredete Kogon den Arzt sogar, ihn nach draußen zu schleusen. Ding-Schuler ließ den Häftling in eine Arzneimittelkiste einnageln und in seine Villa im nahe gelegenen Weimar bringen. Dort befreite sich Kogon mithilfe einiger beigeführter Werkzeuge, er schlug sich zu den Amerikanern durch, die um diese Zeit bereits bei Jena standen, und erreichte so, dass die US-Soldaten entgegen anderer Pläne zügig Richtung Buchenwald vorstießen und das Lager am 11. April 1945 befreiten.

Buchenwald war das erste große Lager, das nahezu unversehrt in die Hände der US-Truppen gefallen war. Wenige

Tage nach der Befreiung landete daher ein Untersuchungsteam auf dem Ettersberg, um die Gegebenheiten in dem KZ zu studieren. Kogon wurde beauftragt, mit einer Gruppe von Häftlingen einen Bericht über die Verhältnisse zu erstellen. Fast auf den Tag genau zwei Jahre später saßen nun in Nürnberg einige führende SS-Angehörige auf der Anklagebank, und Kogon wurde nach Einzelheiten des Lagerlebens befragt. Er berichtete von den verschiedenfarbigen Winkeln, die alle Häftlinge hatten tragen müssen – rot für die Politischen, grün für die Kriminellen, gelb für die Juden und rosa für die Homosexuellen. Er erzählte von den täglichen, stundenlang andauernden Appellen, bei denen immer wieder »Mützen ab« oder »Mützen auf« befohlen wurde, und ein jeder fürchtete, »ans Tor« gerufen zu werden, weil das unter Umständen ein Todesurteil war.

Völlig willkürlich, aus nichtigem Anlass und unter absurden Vorwänden seien die Häftlinge gestraft und auch getötet worden. So etwa, wenn einem KZ-Insassen ein Knopf an der Jacke fehlte, wenn er einen SS-Führer angeblich schamlos angeschaut hatte oder wenn er die Hand nicht gerade genug an der Hosennaht hielt. Dann musste der Häftling auf einen Bock links neben dem Tor steigen und wurde öffentlich ausgepeitscht. Andere kamen in den Bunker. »Man konnte dort zu Tode gehungert werden«, erzählte Kogon vor Gericht, »man konnte mit Salzheringen gefüttert werden, ohne Wasser, bis die Leute wahnsinnig wurden, man konnte an den Füßen aufgehängt werden.« Nichts sei für die Häftlinge im Vorhinein berechenbar gewesen, »man lebte in der ständigen Furcht, das nächste Opfer zu sein«, berichtete Kogon.

Schließlich gab es da noch die Genickschussanlage in Buchenwald. Sie stand im so genannten »Pferdestall« und sah aus wie ein harmloses Messgerät. Die Häftlinge hatten sich auf ein Podest zu stellen, wo es auf den ersten Blick so schien, als würde ihre Körpergröße gemessen. In Wahrheit wurde jedoch durch ein Loch in der Messlatte der Genickschuss gesetzt, während aus rund herum postierten Lautsprechern geräuschvolle Stimmen quäkten, sodass der Knall kaum hörbar war. »Neun- bis neuneinhalbtausend russische Kriegsgefangene«, schätzte Kogon im Gerichtssaal, seien allein in Buchenwald umgebracht worden. Dabei seien viele mit der Erwartung gekommen, dass es ihnen dort besser gehen würde als im Kriegsgefangenenlager.

Bereits in der KZ-Schneiderei hatte der Schriftsteller seit 1942 bemerkt, dass auch außerhalb des Lagers ein großes Massensterben im Gange sein musste, und zwar in einer Größenordnung, weit umfangreicher als die Tötungen in Buchenwald. In der Lagerschneiderei kamen immer mehr Kleidertransporte an, aus Auschwitz und anderen Orten im Osten. Einzelne Stoffteile waren blutbefleckt, andere wiesen Einschusslöcher auf. Auf viele Kleider war ein gelber Judenstern aufgenäht, noch beunruhigender aber schien, dass die angelieferten Hemden und Jacken mit Schneidermarken aus ganz Europa versehen waren – irgendetwas ging also vor. Während der Arbeit für Dr. Ding-Schuler fiel Kogon dann eine Todesstatistik in die Hände. Demnach starben von Juni bis November 1942, also binnen sechs Monaten, allein in den Konzentrationslagern vom Typ Buchenwald 80 000 Häftlinge – von den Vernichtungslagern konnte Kogon seinerzeit noch keine detaillierten Daten kennen.

Buchenwald wie auch die anderen Lager dieser Art sollten Erträge erbringen. Deshalb war selbst SS-Verantwortlichen die Todesrate in diesen KZs zu hoch. Aus diesem Grund erging ein Befehl aus Berlin an die Lagerärzte, dafür zu sorgen, dass »die Arbeitskräfte der Häftlinge besser ausgenützt werden für die Rüstung«, wie Kogon vor dem Nürnberger Tribunal erläuterte. Er hatte aus Buchenwald das geheime Diensttagebuch des Lagerarztes gerettet, das nun in dem Verfahren gegen die SS-Führer wie auch im Ärzteprozess, der schon einige Monate zuvor begonnen hatte, eine wichtige Rolle spielte. Das Buch enthielt viel Belastendes gegen die Angeklagten in beiden Verfahren – eben deshalb versuchten die Verteidiger mit aller Kraft, Kogons Glaubwürdigkeit zu zerstören und das Tagebuch des Dr. Ding-Schuler als Fälschung zu diskreditieren.

Der Schriftsteller, der mittlerweile 44 Jahre alt war, galt damals bereits als bekannter Mann in Deutschland. Sein Buchenwald-Bericht war im Dezember 1946 unter dem Titel »Der SS-Staat« als Buch erschienen, binnen Kurzem wurde es in mehrere Sprachen übersetzt und wurde zu einem der meist gelesenen Bücher der Nachkriegszeit. Überdies hatte Kogon Mitte 1946 die »Frankfurter Hefte« gegründet, eine kritische Monatsschrift, die bald eine Art intellektuelles Gewissen der Deutschen werden sollte. Kogon wohnte mit seiner Familie seit dem Sommer 1945 in Oberursel bei Frankfurt, gleich in der Nähe eines Vernehmungszentrums der Amerikaner. Er kam bestens mit den Besatzern klar.

Als der Schriftsteller jedoch im Januar 1947 zum ersten Mal nach Nürnberg kam, war er etwas schockiert. Ein US-Jeep hatte ihn in Oberursel abgeholt, drinnen saß bereits ein Ingenieur, der ebenfalls zu Vernehmungen nach Nürnberg gerufen worden war. Der Mann wusste eine Menge zu erzählen, wie Kogon noch während der Fahrt und auch später im Zeugenhaus herausfand, wo der Ingenieur gemeinsam mit ihm Quartier bezog: »Es stellte sich heraus, dass er das Zyklon B in die Gaskammern befördert hatte.«

Das System der Konzentrationslager hatte Kogon direkt nach dem Krieg genauestens beschrieben. Noch immer aber war nicht bekannt, nach welchem geheimen Fahrplan sich die Massentötungen in Vernichtungslagern wie Auschwitz, Treblinka oder Sobibor vollzogen hatten. Gewöhnlich dokumentierten die Nazis alles mit akribischer Gründlichkeit, deshalb vermuteten einige US-Ankläger in Nürnberg, dass es auch für das Drama in den Gaskammern eine Art Regiebuch der Nazis geben müsste. Robert Kempner war um die Jahreswende 1946/1947 damit betraut worden, einen Nachfolgeprozess gegen besonders exponierte NS-Ministerialbeamte vorzubereiten. Nun fahndete er nach Belastungsmaterial, um die Verantwortlichkeiten der Beamten zu klären. Kempner setzte seine Leute nach Berlin in Marsch: Den Amerikanern waren verhältnismäßig viele Briefe von SS-Stellen wie dem Reichssicherheitshauptamt an das Auswärtige Amt in die Hände gefallen, deshalb hatte Kempner das Gefühl, dass bei den Diplomaten noch Unterlagen zu holen sein müssten.

Einer von Kempners Spürnasen war Eddi I. Wahler, ein in Frankfurt geborener Jude, der 1934 als 16-Jähriger aus Deutschland ausgewandert war. Vier Monate verbrachte er 1947 in Berlin, um für den späteren Wilhelmstraßen-Prozess Beweismaterial zu sammeln – »ich hab überall so herumgeschnuppert«, erzählt Wahler, »denn das Zeug lag ja alles durcheinander«. Ich traf den alten Herrn in seiner Wohnung in Mittelhessen. Ein Mann mit großen braunen Augen und fast kahlem Kopf öffnete mir die Tür, 87-jährig, und offensichtlich noch topfit. Er lebt seit vielen Jahren wieder in Deutschland, in seinem Haus hat er sich ein kleines Privatarchiv angelegt – in seinem Schlafzimmerschrank. Hier bewahrt Wahler einige Kopien der Unterlagen auf, die er damals fand. Zumeist sind es uralte, extra dicke Fotoblätter, die dumpf knistern, wenn man sie zu biegen versucht. Die Blattoberseite mit dem Text ist schwarz wie ein Negativ – genauso sahen die Fotokopien damals aus.

»Wir haben damals an verschiedenen Stellen gesucht«, erzählt der alte Herr. Die US-Truppen hatten das erbeutete Dokumentenmaterial etwa in eine ehemalige Gestapovilla an der Krummen Lanke im Berliner Süden geschafft, »die teils in die Erde gebaut war«. Die Unterlagen des Auswärtigen Amts seien an anderen Plätzen gelagert gewesen, »die Akten bis 1943 im Westen, die späteren im Osten«. Im Gebäude der Firma Telefunken in Berlin-Lichterfelde wurden die Aktenfahnder von Robert Kempner schließlich fündig: Im März 1947 fiel ihnen eine rosafarbene Mappe mit der Aufschrift »Endlösung der Judenfrage« in die Hände. »Ich hab die Akte leider nicht entdeckt«, sagt Wahler, »es war eine Engländerin.«

Die Mappe wurde umgehend nach Nürnberg geflogen, Kempner nahm das Dokument mit Genugtuung in Empfang. Es war das Protokoll der so genannten Wannsee-Konferenz, zu welcher der Chef des SS-Sicherheitsdienstes Reinhard Heydrich am 20. Januar 1942 die Staatssekretäre der NS-Ministerien empfangen hatte. Mehr als ein Dutzend Spitzenbeamte des Dritten Reiches waren anwesend, als Heydrich an jenem eiskalten Januarmorgen in einer pompösen Villa des Sicherheitsdienstes am Großen Wannsee Nr. 56–58 vor den Toren Berlins die Einzelheiten der systematischen Judenvernichtung erläuterte. Längst waren die ersten Transporte gen Osten angerollt, auch standen bereits einige Vernichtungslager zur Verfügung, doch man war sich noch nicht über die Art der beabsichtigten Tötungen schlüssig gewesen: In Chelmo bei Lodz wurden seit Dezember 1941 drei Gaswagen mit Kohlenmonoxid betrieben, in Auschwitz waren im Herbst desselben Jahres erste Versuche mit Zyklon B angelaufen, in Belzec bei Lublin wurden eben erst die Gaskammern zusammengezimmert.

Bereits im Juli 1941 hatte sich Heydrich von Reichsmarschall Göring beauftragen lassen, einen Plan zur Liquidierung der Juden auszuarbeiten. Material zu diesem Befehl, berichtet Wahler in seinem Schlafzimmer-Archiv, »habe ich gefunden«. Seit September 1941 waren alle jüdischen Bewohner im deutschen Einflussbereich gezwungen, einen gelben Stern an der Jacke zu tragen. In der Villa am Wannsee wollte sich Heydrich nun seine wahnwitzigen Vorhaben von der versammelten Beamtenschaft des NS-Reichs absegnen lassen und die leitenden Herren der Nazibürokratie damit zu seinen Mordkomplizen machen.

Die Sitzung verlief offensichtlich zu Heydrichs voller Zufriedenheit, gegen Ende der Zusammenkunft wurden in lockerer Atmosphäre Cognac und Schnittchen gereicht, während die Herren beiläufig über Vor- und Nachteile diverser Tötungsmethoden diskutierten. Im Anschluss an das Treffen fertigte Heydrichs rechte Hand Adolf Eichmann ein fünfseitiges Protokoll der Sitzung an, von welchem Wochen später vermutlich Kopien an alle Teilnehmer versandt wurden. Wie in dem Protokoll aufgeführt, sollten insgesamt elf Millionen Juden vernichtet werden, im Einzelnen wurde präzise aufgelistet, aus welchen Ländern man wie viele Todeskandidaten erwartete.

Ausweislich des Deckblatts des Protokolls, das am 26. Februar 1942 im Auswärtigen Amt eintraf, gab es 30 Ausfertigungen davon, die durchnummeriert waren. Die bei den Unterlagen des Auswärtigen Amtes entdeckte Kopie trug die Nummer 16. Es sollte das einzige, je entdeckte Exemplar des Mordprotokolls bleiben, von den anderen Ausfertigungen fand sich niemals eine Spur. Im Wissen um die Brisanz der Sitzung hatten offenbar sämtliche Teilnehmer ihre Protokolle rechtzeitig vor dem Einmarsch der Alliierten vernichtet, der Beamte aus dem Auswärtigen Amt aber konnte dies nicht, da er kurz vor Kriegsende wegen anderer Verfehlungen aus dem Amt entfernt worden war. Auf dem Deckblatt der aufgefundenen Kopie wurden die Namen aller Beteiligten aufgeführt. Kempner ließ daraufhin die Internierungslager in Deutschland nach möglichen Vernehmungspartnern durchforsten, und tatsächlich wurden ihm wenige Tage später einige Teilnehmer der Wannsee-Konferenz von 1942 zum Verhör vorgeführt. Das dokumentierte Erinnerungsvermögen der Befragten ließ jedoch – kaum überraschend – zu wünschen übrig.

Kempner interessierte besonders die Rolle des Auswärtigen Amtes im NS-Regime. Dessen Vertreter bei der Wannsee-Konferenz, der Leiter der Deutschlandabteilung Unterstaatssekretär Martin Luther, war jedoch bereits 1945 in russischer Gefangenschaft gestorben. So erinnerte sich der US-Ankläger an einen Beamten, der bereits im Hauptprozess ausgesagt hatte und seit längerem im Zeugenflügel des Gerichtsgefängnisses saß. Es war der Justitiar des Auswärtigen Amtes Friedrich Gaus. Der Jurist, mittlerweile 66 Jahre alt, hatte schon die Verträge für den Außenminister Stresemann geschrieben, später formulierte er auch den Hitler-Stalin-Pakt. Bereits im Hauptprozess war von diesem völkerrechtswidrigen Vertrag die Rede gewesen, und genau damit gelang es Kempner, den Diplomaten zu fassen zu bekommen: Der US-Ankläger ließ dem Verwaltungsbeamten gegenüber durchblicken, dass man ihn ja den Russen ausliefern könnte – nichts fürchtete Gaus mehr als das.

Und so zeigte sich der Diplomat erstaunlich kooperativ. Als Zeichen des Entgegenkommens bekam Gaus ein Bett im Zeugenhaus in der Novalisstraße zugewiesen und durfte fortan als »freiwilliger Zeuge« firmieren. Kempner ließ noch einen weiteren Chefdiplomaten nach Nürnberg kommen, den einstigen Staatssekretär im Auswärtigen Amt Ernst von Weizsäcker. Auch er war bereits im Hauptprozess aufgetreten, damals hatte man ihn noch direkt aus Rom abholen müssen, wo er zuletzt Botschafter beim Heiligen Stuhl gewesen war und deshalb nach Kriegsende ein Gastrecht im Vatikan genossen hatte. Seinerzeit sagte von Weizsäcker in Nürnberg als Zeuge der Verteidigung aus, jetzt sollte seine Vernehmung wesentlich unangenehmer werden.

Noch im März 1947 kam der ehemalige Staatssekretär im Zeugenhaus an. Dass er hier auf seinen einstigen AA-Kollegen Friedrich Gaus traf, scheint ihn nicht sonderlich erfreut zu haben. Im Gerichtsgebäude, wo Kempner die beiden Diplomaten immer wieder einander gegenüberstellte, gerieten sie beständig aneinander – ihr Gezänk verfolgte der im preußischen Innenministerium geschulte US-Ankläger Kempner vermutlich mit einigem Vergnügen. Im Zeugenhaus dürften sich die zwei Spitzendiplomaten eher aus dem Weg gegangen sein. Einst hatten sich die beiden Herren, deren Bekanntschaft über 20 Jahre währte, einmal relativ nahe gestanden, wie von Weizsäcker erzählte. Jetzt schwärzten sie sich gegenseitig bei Kempner an.

So behauptete von Weizsäcker, Gaus sei von Anfang an für den Krieg gegen England gewesen. Überhaupt habe sich der Jurist im Außenamt als »Inquisitor von Ribbentrop« betätigt: »Er hat immer die Jagd nach Schuldigen« für den Außenminister betrieben, erklärte von Weizsäcker bei einer seiner Vernehmungen mit Kempner, und so sei wohl auch Gaus' Ruf entstanden, den einige den »bösen Geist« vom Außenamt nannten. Gaus revanchierte sich bei einer anderen Vernehmung, als es um von Weizsäckers SS-Mitgliedschaft ging. Der einstige Staatssekretär hatte notgedrungen eingeräumt, man habe ihn »von Zeit zu Zeit genötigt, die Uniform zu tragen« – freilich nur »an bestimmten Tagen«, etwa auf dem Nürnberger Reichsparteitag. Gaus hingegen berichtete, dass der Baron die schwarze SS-Uniform zuweilen sogar im Amt und ohne ersichtlichen Grund getragen hatte, und der Jurist fügte hinzu: »Ich war entsetzt.«

Täglich bat Kempner Ende März 1947 von Weizsäcker zum Verhör, langsam zog sich der Strick um den Hals des einstigen NS-Chefdiplomaten zu. Natürlich ließ der US-Ankläger auch kontrollieren, was der ehemalige Staatssekretär nach den Vernehmungen so verlautbarte. Denn von Weizsäcker, so erinnerte sich Kempner später in seinen Memoiren, sei ihm gegenüber wohl nicht immer aufrichtig gewesen. So habe der Diplomat einmal auf dem Weg zum Zeugenhaus gegenüber dem ihm begleitenden Soldaten offenherzig bemerkt: »Ich glaube, ich habe den vernehmenden Herrn heute sehr belogen.«

Im Zeugenhaus logierten in diesen Tagen noch weitere Herren, die ihre eigene Interpretation von Wahrheit hatten, auch wenn sie das Wörtchen »ehrlich« für sich in Anspruch nahmen. So beispielsweise Edinger Ancker, ein ehemaliger Mitarbeiter von Martin Bormann, dem NSDAP-Parteikanzleichef, der in den letzten Jahren des »Dritten Reiches« einen immer stärkeren Einfluss auf Hitler ausgeübt hatte. Am 28. März 1947 war Ancker im Zeugenhaus angekommen, ein Jurist aus Norddeutschland, 36 Jahre alt, der von 1942 bis 1944 in Bormanns Parteikanzlei für die delikaten »Rassefragen« zuständig gewesen war – jetzt verdingte er sich eigenen Angaben zufolge als Landarbeiter.

Im Nürnberger Justizpalast wurde der SS-Obersturmbannführer bald täglich vernommen, sein Gedächtnis erwies sich jedoch als äußerst lückenhaft. Daran, dass er bei einer Verordnung zur Beschlagnahme jüdischen Eigentums ausdrücklich angeregt hatte, die Gesetze zu verschärfen, konnte sich Ancker nicht mehr erinnern. Andere Gesetze, die dazu dienten, die zunehmende Verfolgung der jüdischen Mitbürger rechtlich zu legitimieren, hatte er offensichtlich ebenfalls mit verabschiedet. Doch im Gespräch mit dem US-Beamten zuckte Ancker nur die Schultern: »Ich kann mir das heute nicht mehr erklären.«

Auch von der Konferenz über die »Endlösung der Judenfrage« wusste er angeblich nichts. Doch was Heydrich zunächst auf der Ebene der Staatssekretäre veranstaltet hatte, wiederholte Adolf Eichmann wenig später mit den Abteilungsleitern der NS-Bürokratie. Am 6. März 1942 traf er sich mit ihnen in der Berliner Kurfürstenstraße, zugegen war auch Edinger Ancker. Die Herren unterhielten sich über verwaltungstechnische Probleme bei der weiteren Durchführung des weitreichendsten Mordplanes, der je in der Geschichte entworfen worden war. So ging es etwa um die Behandlung der so genannten »Mischlinge«, also Menschen, die von jüdischen und nichtjüdischen Vorfahren abstammten. Ancker wollte sich in Nürnberg zunächst überhaupt nicht an die Konferenz erinnern. Doch die Amerikaner konnten ihm schließlich immerhin das Eingeständnis abringen, dass er daran teilgenommen hatte. Zu Einzelheiten der Besprechung befragt, behauptete Ancker jedoch: »Ich würde lügen, wenn ich sagen würde, ich weiß es.«

In den Augen der Amerikaner war der SS-Obersturmbannführer Edinger Ancker, der von März bis Mai 1947 im Zeugenhaus blieb, ein kleiner Fisch; deshalb verfolgten sie ihn nicht weiter. Mit von Weizsäcker lagen die Dinge etwas anders, der Mann war prominent. Zwischenzeitlich war zudem ein Dokument aufgetaucht, das den einstigen Staatssekretär im Auswärtigen Amt schwer belastete. Auf einen Vermerk, in dem die Deportation von 6000 französischen Juden nach Auschwitz verfügt wurde, hatte von Weizsäcker nicht nur seine Paraphe gesetzt, sondern das Papier auch noch inhaltlich korrigiert, indem er handschriftlich in den Text setzte, betroffen von dem Abtransport sollten »näher polizeilich gekennzeichnete Juden« sein. Überdies wandelte er die Formulierung »keine Bedenken« von Seiten des Auswärtigen Amtes in »kein Einspruch« um.

»Kennen Sie Auschwitz?« fragte Kempner den Diplomaten im Frühjahr 1947 in Nürnberg, und dieser antwortete: »Offen gestanden, ich weiß nicht, wo es liegt«.

Mit braunem Stift pflegte von Weizsäcker ein fein ziseliertes »W« auf die Amtstexte zu setzen – dieses eine, das er am 20. März 1942 auf den Vermerk über die französischen Juden kritzelte, sollte ihm später zum Verhängnis werden. Aber auch auf anderen Dokumenten, bei denen es um die Ermordung von Juden ging, tauchten seine Paraphen auf, nach neueren Untersuchungen gilt seine Verstrickung in die Deportation von 90 000 westeuropäischen Juden nach Auschwitz als belegt, wie Ulrich Völklein in seinem Buch »Die Weizsäckers« ausführt. Und sogar auf einem Anschreiben zum Wannsee-Protokoll, das Ende Februar 1942 im Auswärtigen Amt einging, soll sich von Weizsäckers Kürzel befunden haben – das Papier ist heute allerdings nicht mehr auffindbar.

Der US-Ankläger Robert Kempner ließ den Diplomaten im Frühjahr 1947 noch einmal nach Hause fahren. Einige Wochen darauf wurde Ernst von Weizsäcker verhaftet und später im Wilhelmstraßen-Prozess zu sieben Jahren Gefängnis verurteilt. Ins Gästebuch aber hatte er sich am 2. April 1947 noch mit einem dankbar und zuversichtlich klingenden Satz eingetragen: »Es war wie im Himmelreich.«

Im Sommer 2005 fuhr ich nach vielen Jahren wieder zum Hotel Sonnenhof in Königsstein hinauf. Die Sessel in der wunderschönen alten Villa waren so abgeschabt wie einst bei meinem Treffen mit Kempner im Jahr 1987. Ich war mit Cornelia Ebeling verabredet, der Tochter von Eugen Kogon. Auf meine Bitte hin hatte sie wochenlang den Nachlass ihres Vaters durchgestöbert, und tatsächlich fand sie eine Aufzeichnung von ihm über das Zeugenhaus. Daraus ging hervor, dass sich Kogon 1947 bei den Amerikanern über die Zustände im Zeugenhaus beschwert hatte.

Das Papier bestand aus ein paar hauchdünnen, schon etwas angefransten Blättern, wie man sie seinerzeit für Kopien verwandte, die mit blauer Druckschrift beschrieben waren. Kogon kritisierte darin die knappe Verpflegung, welche die »acht bis sechzehn Personen«, die im Zeugenhaus weilten, Anfang 1947 erhielten. Das Frühstück habe aus »einer dünnen Scheibe Weißbrot und abwechselnd einer kleinen Portion Grießmus oder Eierkuchen oder einem Spiegelei« bestanden. Es fehle gänzlich »an jenen kleinen nahrhaften Dingen, die das Leben einigermaßen angenehm gestalten«: Rauchwaren zum Beispiel oder auch Kandiszucker.

Auf die Gäste ging Kogon nicht im Einzelnen ein, er erwähnte lediglich die harsche Abholpraxis der Amerikaner, die auch ihm selbst zuteil geworden war: Vor der Abfahrt nach Nürnberg würden die Zeugen oft nur kurz und brüsk informiert, sodass sie meist gar nicht wüssten, worum es sich handele. In Nürnberg seien die Leute dann häufig »sehr überrascht«, weil »sich ihre Vernehmung gewöhnlich längere Zeit hinzieht« – die Überraschung mache in der Regel »einer zunehmenden Verärgerung Platz«. Nur in einem Satz deutete Kogon an, wie unangenehm er die Verhältnisse im Zeugenhaus offenbar wirklich fand: »Da die früheren politischen Gefangenen die Praxis der seinerzeitigen Gestapo gründlich kennen«, so Kogon vorsichtig in seinem wohlformulierten Text, »werden entsprechende Vergleiche angestellt und ausgesprochen.«

»Die ganze Angelegenheit«, spielte der Schriftsteller im nächsten Moment seine Kritik wieder herunter, sei an sich lächerlich im Verhältnis zu dem, was »bei den Zeugen für die große Sache auf dem Spiele steht« – es müsse daher ein Leichtes sein, diese Dinge »in Ordnung zu bringen«. Kogons Hauptaugenmerk galt der Aufklärung, die im Nürnberger Prozess geleistet werden sollte, und er konzentrierte sich mit all seiner Kraft darauf.

Direkt nach dem Krieg, erklärte seine Tochter Cornelia Ebeling mir im Hotel Sonnenhof, während wir aus dem Fenster auf das Panorama im Tal hinunterschauten, habe ihr Vater die schrecklichen Erfahrungen im Konzentrationslager gut im Griff gehabt – »ich hatte sie versoziologisiert«, sagte der Schriftsteller einmal selber. Jahre später, so berichtete die Tochter, habe er dann jedoch unter quälenden Albträumen gelitten: »Er tobte und schlug um sich in der Nacht«, ihre Mutter habe die nächtlichen Anfälle nur schwer ertragen können.

Noch 1980 hatte Kogon, wie er einmal in einem Fernsehinterview erklärte, unter solchen Albträumen zu leiden. Eindringlich schilderte er vor der Kamera, wie sehr ihn das in der Vergangenheit erlittene Leid noch immer quälte. Das war etwa um die Zeit, als mein Vater endlich sein Schweigen brach und mir zum ersten Mal von seinen Erfahrungen während der NS-Zeit erzählte. An jenem Abend hatte unser Hausfreund Bernhard auch das alte Gästebuch des Zeugenhauses hervorgeholt, das meine Neugier weckte.

Nachwort

Manche Geschichten sind nie zu Ende. Auch über das Zeugenhaus ließe sich noch viel erzählen. Bis zum Herbst 1948 wurde es betrieben, in den letzten Monaten seines Bestehens waren die von Kleists ausweislich der Eintragungen im Gästebuch noch in eine andere Villa im Nürnberger Stadtviertel Erlenstegen umgezogen – die Herberge wurde dort offensichtlich weitergeführt. Eine der letzten Unterschriften in ihrem Gästebuch stammt von dem ehemaligen Hitler-Adjutanten Fritz Wiedemann. »Ich scheide … mit neuem Glauben für Deutschlands Zukunft«, schrieb er am 7. September 1948.

Zu diesem Zeitpunkt hatte Gräfin Kálnoky Deutschland bereits verlassen, sie war zunächst nach Österreich gegangen und wanderte 1949 mit ihrer Familie nach Amerika aus. Bei ihrer Ankunft in Boston wurde die Familie von einem Zeitungsreporter fotografiert: »Auf der Flucht vor dem Kommunismus«, stand später in der Zeitung in großen Lettern über dem Bild. Die Überfahrt mit dem Schiff war von einer katholischen Hilfsorganisation organisiert worden, dem War Relief Service des National Catholic Welfare Council. Deren Europadirektor mit Sitz in Wien war mittlerweile ein alter Bekannter der Gräfin: Fabian Flynn. Möglich, dass er bei der Übersiedlung geholfen hatte. Der Pater sollte bald nach Ungarn gehen, wo er über mehrere Jahre die amerikanischen Hilfsdienste organisierte.

Unterdessen versuchten Ingeborg Kálnoky und ihr Mann sich in der Neuen Welt unter schwierigen Bedingungen zu behaupten. Bei ihrer Ankunft hatte jedes Familienmitglied zwei Dollar in die Hand gedrückt bekommen; zunächst landeten die Kálnokys als Arbeitskräfte auf einer Hühnerfarm. Sie gingen nach Washington, wo die Gräfin eine Anstellung als Hausmädchen fand, während ihr Mann in einer Kunstgalerie putzte. Später kam der Graf als Übersetzer in den Dienst der Library of Congress, er starb schon 1955 an Nierenkrebs. Ingeborg Kálnoky lebte längere Zeit im US-Bundesstaat Alabama, zusammen mit ihrem ehemaligen Kindermädchen Cuci. Ihre letzten Lebensjahre verbrachte die Gräfin dann in jener kleinen Wohnung bei Cleveland im US-Bundesstaat Ohio, unweit vom Wohnsitz ihrer Tochter Lori entfernt. Sie starb 1997.

Auch von den Gästen des Zeugenhauses sind heute nur noch ganz wenige am Leben. Als Erster verabschiedete sich Karl Haushofer aus dem Leben, er beging 1946 Selbstmord. Hitlers Leibfotograf Heinrich Hoffmann starb 1957, zuvor war er in einem Spruchkammerverfahren zunächst als »Hauptschuldiger« eingestuft und zu zehn Jahren Arbeitslager und entsprechend langem Berufsverbot verurteilt worden sowie zur Herausgabe seines Vermögens, das auf etwa neun Millionen Reichsmark geschätzt worden war. Er legte Rechtsmittel dagegen ein und erreichte schließlich 1953, dass die Strafe wie auch das Arbeitsverbot zurückgenommen wurden, und dass ihm letztlich auch sein Vermögen blieb, das bedingt durch die Kriegswirren am Ende freilich erheblich geringer gewesen sein soll als anfangs angenommen.

Rudolf Diels kam 1957 bei einem Jagdunfall ums Leben, er hatte sein ungesichertes Gewehr auf den Rücksitz des Autos gelegt, im nächsten Moment sprang sein Hund darauf, ein Schuss löste sich und traf den einstigen Chef der

Gestapo und unverbesserlichen Frauenhelden in den Bauch. Es gab allerlei Spekulationen um seinen Tod, denn zuvor hatte Diels immer mal wieder durch Buch- und Essayveröffentlichungen von sich Reden gemacht, in denen er provozierende Thesen ausbreitete. So beispielsweise über den Reichstagsbrand, den er aus nächster Nähe erlebt hatte, oder auch zu Geheimdienstfragen.

Robert Kempner starb 1993 in seinem angestammten Zimmer im Hotel Sonnenhof, das er bis zuletzt behalten hatte. Seine Assistentin Jane Lester blieb noch ein paar Jahre in ihrer Wohnung in Oberursel, wo sie große Teile des umfangreichen Nachlasses von Kempner verwaltete. Ich habe sie oft dort besucht und die Unterlagen von Kempner durchgesehen, die später ins Archiv gehen sollten. Kempner, der im Wilhelmstraßen-Prozess die Anklage führte, blieb noch bis Ende der 40er Jahre in Nürnberg. Und auch sein Kollege Drexel Sprecher, der als Hauptankläger im IG-Farben-Prozess fungierte, arbeitete noch einige Jahre in der Frankenstadt: »Ich war einer der Ersten, der kam, und einer der letzten, der ging«, erzählte er mir in Washington.

Als Kriegsgefangener fast vergessen wurde Erwin Lahousen nach seinem spektakulären Auftritt vor dem Hauptkriegsverbrecherprozess im November 1945; man schob ihn nach seiner Verlegung aus dem Zeugenhaus in immer neue Unterkünfte ab. Einmal noch trat Lahousen als Zeuge im Nürnberger Nachfolgeprozess gegen einige Wehrmachtsgeneräle auf, die als besonders verwickelt in NS-Händel galten. Im Juni 1947 wurde er aus der Kriegsgefangenschaft entlassen, er ging nach Tirol und heiratete 1953 nach dem Tod seiner ersten Frau ein zweites Mal. Zwei Jahre später, im Februar 1955, starb Lahousen dann an einem Herzinfarkt.

Der Flugzeugkonstrukteur Willy Messerschmitt musste noch bis Juli 1947 in Nürnberg zu Vernehmungen erscheinen, doch trat er nie in einem der Prozesse als Zeuge auf. Durch ein Spruchkammerverfahren als »Mitläufer« eingestuft, machte er sich bald wieder daran, Flugzeuge zu entwickeln, diesmal für die Bundeswehr. Das von ihm einst gegründete Flugzeugunternehmen ging Ende der 60er Jahre nach mehreren Fusionen in der Messerschmitt-Bölkow-Blohm GmbH auf. Messerschmitt starb 1978.

Als einer der Letzten unter den prominenteren Zeugenhausgästen verschied Rechtsanwalt Otto Kranzbühler im Jahr 2004 im Alter von 97 Jahren. Nach seiner erfolgreichen Verteidigung des letzten NS-Reichspräsidenten Großadmiral Dönitz gehörte Kranzbühler zu den gefragtesten Anwälten der Nachfolgeprozesse; er verteidigte im Flick-Prozess und vertrat im Verfahren gegen Manager des Krupp-Konzerns den Firmenchef Alfred Krupp von Bohlen und Halbach.

Einige Gäste des Zeugenhauses waren so kurz in der Novalisstraße, dass ihre Erinnerung an die Herberge nur noch in Sekundenbildern lebendig schien, als ich mit ihnen sprach – wie ein Blitzlicht, das für einen flüchtigen Moment eine Szene erleuchtet. Ein ausgezeichnetes Gedächtnis zeigte hingegen Gerhard Krülle, der Sohn der Besitzerin des Hauses in der Novalisstraße. Aber natürlich war er mit seinen damals 13 Jahren auch weit jünger gewesen als alle Gäste des Hauses. Der US-Soldat Richard Sonnenfeldt gehörte ebenfalls zu den wenigen ganz jungen Leuten, die mit dem Zeugenhaus zu tun hatten; auch seine Erinnerungen erbrachten mir wichtige Informationen über einzelne Zeugen und das ganze Haus. Zu den jüngeren Leuten gehörte damals auch Kempners Rechercheur Eddi Wahler. Ich danke Krülle, Sonnenfeldt und Wahler für ihre offene Bereitschaft zur Erinnerung und allen anderen noch lebenden wie auch den bereits verstorbenen Zeitzeugen für ihre wertvollen Hinweise und die klugen Diskussionen, die ich mit ihnen führen durfte.

Ganz besondere Dankbarkeit empfinde ich gegenüber den Kindern von Ingeborg Gräfin Kálnoky für das Vertrauen, das sie mir schenkten, für die wichtigen Tipps und persönlichen Informationen, die sie mir gaben, und auch für die angenehme Zeit, die ich mit ihnen verbringen durfte. Hierfür wie für vieles andere sei Lori Bongiovanni, Fárkas Graf Kálnoky und Ingeborg Despres-Kálnoky mein sehr herzlicher Dank ausgesprochen. Desgleichen möchte ich Michael Kogon und Cornelia Ebeling, den Kindern von Eugen Kogon, für ihre Mühen danken, den Nachlass ihres Vaters für mich nach Hinweisen auf das Zeugenhaus durchzusehen. Ich danke Anton-Wolfgang Graf von Faber-Castell für seine bereitwilligen, für mich wichtigen Auskünfte, und ich danke Thomas Ginsburger, dem Sohn der französischen Ausschwitz-Überlebenden Marie-Claude Vaillant-Couturier, für seine wertvolle Hilfe.

Viele Jahre lang war das Zeugenhaus in Erlenstegen in seiner Bausubstanz beinah unverändert geblieben, dafür hatte Elisabeth Kühnle gesorgt. Die Nichte der vormaligen Eigentümerin Elise Krülle hatte das Gebäude mit ihrem Mann in den 50er Jahren gekauft und lange Zeit darin gewohnt. Mit ihr verbrachte ich viele Stunden in der kleinen Villa am Wald und erkundete beinahe jeden Winkel des Hauses. Elisabeth Kühnle war fasziniert von der großen Vergangenheit ihres kleinen Hauses. Mittlerweile über 90-jährig zog sie 2004 in ein Altersheim um, ich danke ihr für die vielen anregenden Geschichten, die sie mir zu erzählen wusste. Das Haus wurde nach ihrem Auszug teilweise umgebaut, eine Nürnberger Familie lebt heute darin.

Wenn man Vergangenes rekonstruiert, dann setzt sich die Arbeit aus vielen kleinen Schritten zusammen. Wie bei einem Mosaik wird ein Stück zum anderen gesetzt. Um ein Gesamtbild der Situation im Zeugenhaus zu zeichnen, habe ich auf vielfältige Informationen zurückgreifen können. Aus Gesprächen mit Zeitzeugen, aus öffentlichen Archiven oder privaten Nachlässen, aus Augenzeugenberichten, der Korrespondenz von Gräfin Kálnoky und natürlich aus den Gästebüchern, mit denen alles begann. Insbesondere die Vernehmungsprotokolle der Zeugen von damals waren eine wichtige zusätzliche Quelle für mich, nicht nur, um zu ergründen, weshalb die jeweiligen Personen sich in Nürnberg aufhielten. Sondern auch, um mir ein Bild von ihnen zu machen und zumindest im Ansatz zu erahnen, was sie seinerzeit im Gerichtsgebäude wie auch im Zeugenhaus empfunden haben mögen. Bei der Recherche nach alten Dokumenten und Vernehmungsprotokollen war mir im Staatsarchiv Nürnberg Gunther Friedrich sehr behilflich, in den National Archives in Washington fahndete Axel Frohn für mich nach möglichen Abhörprotokollen aus dem Zeugenhaus (die es im Übrigen nicht zu geben scheint) und manch anderem Dokument – beiden möchte ich für Ihre Arbeit danken. Ein besonderer Dank gilt auch Pater Fabiano Giorgini und Father Robert E. Carbonneau, zwei Geistlichen, die in Rom und Amerika die Archive des Passionistenordens leiten.

Natürlich lässt sich Jahrzehnte nach den Ereignissen die Geschichte nicht in allen Einzelheiten recherchieren, zwangsläufig bleiben Lücken. Überdies können sich Fehler eingeschlichen haben, einzelne Zeitzeugen mögen sich im Nachhinein in manchen Details vertan haben, und auch ich bin vor Irrtümern und fehlgeleiteten Schlüssen nicht gefeit. Ich bitte für diesen Fall um Nachsicht. Mein Anliegen war es, die historische Wahrheit nach bestem Wissen und Gewissen zu ergründen, sie erzählerisch zu ordnen und so wiederzugeben, dass sie verstehbar wird auch für Menschen, die sich nicht wissenschaftlich mit den Fragen der Vergangenheit befassen. In diesem Zusammenhang möchte ich ein ganz besonders großes Dankeschön an Klaus Brill aussprechen, der das Manuskript durchsah und immer wieder wertvolle Verbesserungsvorschläge einbrachte. Zugleich danke ich den Mitarbeitern des Goldmann Verlags für ihre Langmut.

Bis zum Schluss hat mich die Frage bewegt, warum es im Zeugenhaus alles in allem doch recht ruhig zuging; warum in dieser wohl bizarrsten Hausgemeinschaft der frühen Nachkriegszeit kein offener Krieg unter den höchst unterschiedlichen Gästen ausbrach. Dies mag in Teilen der Konversationskunst von Gräfin Kálnoky und ihrer Nachfolgerin Annemarie von Kleist zu verdanken sein. Viel mehr aber scheint es mir Ausdruck eines Phänomens zu sein, das die gesamte Nachkriegszeit prägen sollte: die absolute Sprachlosigkeit, die sich als dumpfer Nebelschwaden über die Ereignisse legte und für sehr lange Zeit eine wirkliche Auseinandersetzung mit dem Geschehenen verhinderte. Ob Täter, Mitläufer oder überlebende Opfer der Nazizeit – keiner konnte oder mochte wirklich offen über seine Erfahrungen sprechen. Auf den einen lastete die Schuld zu schwer. Die anderen lebten mit Erinnerungen, die so furchtbar waren, dass es dafür keine Worte gab.

Ein »Dschungel der Verwilderung« sei das System der Konzentrationslager gewesen, schrieb Eugen Kogon zur ersten Auflage seines Buches 1946 – in diesem Dschungel hatten sich alle verloren, die Täter wie die Opfer. Es ist das große Verdienst der Amerikaner, durch ihre intensiven Recherchen direkt nach dem Krieg die Scheinwerfer auf die schlimmsten Verbrechen der NS-Zeit gerichtet zu haben. Doch die eigentliche Aufarbeitung der Vergangenheit konnte den Deutschen niemand abnehmen, sie mussten diese Aufgabe selbst bewältigen. Es dauerte bekanntlich Jahrzehnte, bis eine Mehrheit der Deutschen dies nicht nur begriffen hatte, sondern auch beherzigen wollte. Erst dann war die Zeit offenbar reif, um der Vergangenheit den lähmenden Schleier der Sprachlosigkeit zu nehmen.

Zeugenhaus-Mitarbeiter, US-Militärs und Langzeitbewohner

Ingeborg Gräfin Kálnoky
Erste Hausdame des Zeugenhauses. Geboren 1909 in Metz als Ingeborg von Breitenbuch, aufgewachsen auf Burg Ranis in Thüringen, heiratete 1934 Graf Hugo Kálnoky und lebte fortan im rumänischen Transsilvanien und später in Budapest. Kam 1945 auf der Flucht durch Nürnberg, wo sie von den Amerikanern als Hausdame für das Zeugenhaus engagiert wurde. Kálnoky quittierte im Januar 1947 ihren Dienst in Nürnberg und ging 1949 in die USA, wo sie 1997 starb.

Hugo Graf Kálnoky
Ehemann von Ingeborg Kálnoky. Geboren 1900 in Wien, lebte zunächst in Transsilvanien, dann in Budapest, wo er als Lektor und Journalist arbeitete. Holte seine Frau 1947 in Nürnberg ab und ging mit ihr und den gemeinsamen vier Kindern – Eleonora, Fárkas, Antony, Ingeborg – 1949 in die USA, wo er 1955 starb.

Rudolf Diels
Erster Chef der Gestapo. Geboren 1900 in Berghausen im Taunus, studierte Jura in Marburg, wurde 1930 Regierungsrat im preußischen Innenministerium unter dem Sozialdemokraten Carl Severing. Dessen Nachfolger Hermann Göring betraute Diels 1933 mit der Leitung der von ihm neu gegründeten Geheimen Staatspolizei (Gestapo). Schon im

Mai 1934 musste Diels sein Amt nach einem Machtkampf zwischen Göring und Heinrich Himmler räumen; er wurde Regierungspräsident in Köln, wechselte 1935 in derselben Stellung nach Hannover und war später Direktor der Schifffahrtsabteilung bei den Hermann-Göring-Werken. Im Zuge der Verhaftungen nach dem Attentat des 20. Juli 1944 kam Diels in Haft, wo er bis zum Januar 1945 verblieb. Diels starb 1957 bei einem Jagdunfall.

Heinrich Hoffmann
Hitlers Leibfotograf. Geboren 1885 in Fürth, Bayern. Eröffnete 1909 ein Fotoatelier in München-Schwabing; 1920 Eintritt in die NSDAP, erste Hitler-Portraits 1923. Nach der Machtübernahme 1933 hatte Hoffmann praktisch das Monopol über die Hitler-Fotos, er nannte sich Reichsbildberichterstatter, gab zahlreiche Bildbände über Hitler heraus, gründete eine Illustrierte und baute sein Fotogeschäft zu einem gut florierenden Öffentlichkeitskonzern aus. Hoffmann starb 1957 in München.

Robert M. W. Kempner
Stellvertreter des Chefanklägers Robert Jackson im Hauptkriegsverbrecherprozess und später Hauptankläger im Wilhelmstraßen-Prozess. Geboren 1899 in Freiburg im Breisgau, aufgewachsen in Berlin, studierte Jura in Freiburg. Arbeitete zunächst als Staatsanwalt und wechselte 1928 ins preußische Innenministerium, wo er Justitiar der Polizei wurde. Nach der NS-Machtübernahme wurde Kempner 1933 entlassen und 1935 verhaftet. Er kam wieder frei und emigrierte 1939 in die USA. Kempner ließ sich nach dem Krieg als Anwalt in Frankfurt nieder und kämpfte in zahlreichen Prozessen um die Rehabilitierung und Wiedergutmachung für NS-Opfer; er starb 1993 in Königsstein.

Fabian Flynn

Militärpriester in Nürnberg. Geboren 1905 in Boston, trat dem Passionistenorden bei und erhielt 1932 die Priesterweihe. Flynn arbeitete zunächst als Redakteur bei dem katholischen Monatsmagazin »The Sign«, und von 1942 bis 1946 als Militärgeistlicher bei der US-Armee. Er erhielt zahlreiche Orden und brachte es bis zum Major. Nach seinem Ausscheiden aus dem Militär kümmerte er sich um die Flüchtlingshilfe und war Direktor des katholischen Hilfsdienstes National Catholic Relief Service in verschiedenen Regionen Europas. Zurück in Amerika wirkte Flynn von 1961 bis 1968 als Public-Relations-Direktor des Catholic Relief Service in New York. Flynn starb 1973.

Richard Sonnenfeldt

Dolmetscher der US-Ankläger. Geboren 1923 in Berlin, aufgewachsen in Gardelegen bei Magdeburg, kam Sonnenfeldt als 15-Jähriger nach England und erreichte schließlich auf abenteuerlichen Wegen während des Krieges die USA. Als Gefreiter der US-Armee kehrte Sonnenfeldt nach Deutschland zurück und wurde wegen seiner guten Deutschkenntnisse 1945 als Dolmetscher der Anklage in Nürnberg engagiert. Sonnenfeldt machte nach dem Krieg als Manager in der amerikanischen Medienbranche Karriere und lebt heute in Long Island.

Drexel Sprecher

Mitarbeiter im Anklagestab von Robert Jackson und Hauptankläger im IG-Farben-Prozess. Geboren 1913, Jurastudium in Cambridge, USA. Sprecher, ein entfernter Verwandter von Nina von Faber-Castell, vertrat im Hauptprozess die Anklage gegen Baldur von Schirach. Nach dem Krieg lehrte Sprecher unter anderem an der Georgetown University in

Washington, er lebt heute in einem Altersheim bei Washington.

Elise Krülle

Besitzerin des Hauses in der Novalisstraße 24, die als Hausmädchen im Zeugenhaus arbeitete. Geboren 1894 in Regensburg, Ausbildung zur Steuerinspektorin. Elise Krülle starb 1952 in Nürnberg.

Gerhard Krülle

Sohn von Elise Krülle, der zur Zeit der Öffnung des Zeugenhauses 13 Jahre alt war. Geboren 1932 in Nürnberg, studierte Maschinenbau und wurde Professor für Raumfahrttechnik. Krülle lebt heute im Ruhestand in der Nähe von Stuttgart.

Annemarie von Kleist

Zweite Hausdame im Zeugenhaus. Geboren 1907 im estnischen Dorpat. Heiratete 1935 Bernhard von Kleist, mit dem sie zwei Kinder hatte. Sie starb 1967 in Bonn.

Bernhard von Kleist

US-Dolmetscher in der Zeit der Nachfolgeprozesse und Ehemann der Annemarie von Kleist. Geboren 1901 in Groß-Kössin in Pommern, arbeitete er in den 20er Jahren zunächst als Geschäftsmann in Marokko, Venezuela und Kolumbien; 1933 kam er nach Europa zurück, wechselte in die Landwirtschaft und pachtete einen Hof bei Riga. Während des Krieges als Soldat an der Front. Ab 1946 Dolmetscher in verschiedenen Nachfolgeprozessen in Nürnberg. Nach dem Krieg arbeitete von Kleist als Dolmetscher im Verteidigungsministerium. Er starb 1983 in Frankenberg/Eder.

Weitere Zeugenhaus-Gäste und Besucher

Josef Ackermann

Journalist und KZ-Häftling in Dachau, Buchenwald und Dora-Mittelbau. Geboren 1896 in München arbeitete Ackermann für verschiedene Zeitungen als Journalist. Ackermann war zwischen 1933 und 1945 mit kurzen Unterbrechungen praktisch ständig inhaftiert, zuletzt in dem unterirdischen Lager Dora-Mittelbau bei Nordhausen, wo die so genannte »Vergeltungswaffe 2« sowie verschiedene Flugzeugteile montiert wurden. Ackermann war nach dem Krieg Direktor des Städtischen Nachrichtendienstes in München und gründete 1948 den Münchner Stadtanzeiger. Er starb 1959.

Edinger Ancker

SS-Obersturmbannführer und Mitarbeiter von Martin Bormann. Geboren 1909 in Kiel, Jurastudium in Hamburg, Wien und Berlin. 1933 Gerichtsreferendar in Kiel, 1937 Regierungsassessor im Landratsamt Altenkirchen, Westerwald. Ab 1942 Mitarbeiter von Martin Bormann in der NS-Parteikanzlei.

Nina Gräfin von Faber-Castell

Gastgeberin in Dürrenhembach und Jugendfreundin von Rudolf Diels. Geboren 1916 in Küsnacht in der Schweiz als Katharina Sprecher von Bernegg, studierte Musik in Berlin und heiratete 1938 Graf Roland von Faber-Castell. Sie starb 1993 in der Schweiz.

Hans Bernd Gisevius

Kollege von Rudolf Diels im Preußischen Innenministerium und später Mitarbeiter der Abwehr. Geboren 1904 in Arnsberg, Jurastudium in Berlin, Marburg und München. Gisevius trat im Februar 1933 der NSDAP bei, arbeitete als Referatsleiter im Geheimen Staatspolizeiamt in Berlin und ging später als Vizekonsul nach Zürich, wo er für die Abwehrabteilung unter Canaris arbeitete und zugleich Kontakte zum amerikanischen Office of Strategic Services (OSS) knüpfte. Gisevius starb 1974 in Müllheim in Baden.

Karl Haushofer
Geopolitiker und Inspirateur von Hitlers Lebensraumpolitik. Geboren 1869 in München, Militärlaufbahn bis zum Generalmajor, später Universitätsprofessor für Geopolitik, Lehrer von Rudolf Heß und Präsident des Volksbundes für das Deutschtum im Ausland. Haushofer saß zwischen Juli und August 1944 in KZ-Haft wegen der Beteiligung seines Sohnes an der Verschwörung gegen Hitler. Er beging 1946 Selbstmord.

Robert Havemann
Chemiker und Widerständler. Geboren 1910 in München, Studium der Chemie. Havemann trat 1932 der kommunistischen Partei bei und gründete 1942 mit anderen die Widerstandsgruppe »Europäische Union«. 1943 wurde Havemann verhaftet und wegen Hochverrats zum Tode verurteilt. Während die Vollstreckung des Urteils immer wieder verschoben wurde, saß er im Zuchthaus Brandenburg. Havemann lebte nach dem Krieg in der DDR und wurde später einer der bekanntesten Dissidenten, er starb 1982.

Eugen Kogon
Ehemaliger Buchenwald-Häftling, Schriftsteller und Publizist. Geboren 1903 in München studierte Kogon Nationalökonomie in München, Florenz und Wien und promovierte

in Wien. Kogon war ab 1934 Generalbevollmächtigter des Prinzen von Sachsen-Coburg-Gotha-Kohary. 1938 kam er in Wien zunächst in Gestapohaft und wurde ein Jahr später nach Buchenwald deportiert. Dort arbeitete er im lagerinternen Widerstand, nach der Befreiung des KZ im Frühjahr 1945 beauftragten ihn die Amerikaner, einen Bericht über das Lager zu verfassen. Der Text wurde der Grundstock für Kogons Buch »Der SS-Staat«. Nach dem Krieg gründete Kogon die »Frankfurter Hefte«. Er war außerdem einer der Mitbegründer der CDU, wandte sich jedoch später scharf gegen Konrad Adenauers Restaurationspolitik. Kogon starb 1987 in Königsstein.

Otto Kranzbühler
Verteidiger im Hauptkriegsverbrecherprozess. Geboren 1907, studierte Kranzbühler Jura und wurde im Krieg Flottenrichter. Im Hauptkriegsverbrecherprozess verteidigte er den Großadmiral Karl Dönitz, später vertrat er Alfred Krupp von Bohlen und Halbach im Krupp-Prozess. Nach dem Krieg war Kranzbühler ein erfolgreicher Industrieanwalt. Er starb im Sommer 2004.

Erwin Lahousen Edler von Vivremont
Ehemaliger Abwehroffizier und erster Zeuge der Anklage im Hauptkriegsverbrecherprozess in Nürnberg. Geboren 1896 in Wien, schlug die Offizierslaufbahn ein und arbeitete im österreichischen Kriegsministerium in der Abteilung für Gegenspionage. Nach dem österreichischen »Anschluss« wechselte Lahousen in die Abwehrabteilung unter Admiral Wilhelm Canaris und schloss sich dem Widerstand gegen Hitler an. Lahousen starb 1955.

Gisela Limberger
Bibliothekarin und Privatsekretärin von Hermann Göring. Geboren 1893 arbeitete Limberger zunächst als Sekretärin und dann als Bibliothekarin in der Staatsbibliothek in Berlin. 1935 wechselte sie in das Stabsamt des damaligen preußischen Ministerpräsidenten Hermann Göring. Sie ordnete und verwaltete zunächst Görings Bibliothek, katalogisierte bald auch seine Kunstwerke und wirkte ab 1942 als seine Privatsekretärin, wobei sie vor allem private Geldgeschäfte erledigte.

Willy Emil Messerschmitt
Flugzeugkonstrukteur. Geboren 1898 in Frankfurt gründete Messerschmitt 1923 die Messerschmitt-Flugzeugbau-Gesellschaft und konstruierte 1925 sein erstes Flugzeug (Me-17). 1934 entwarf Messerschmitt das im Zweiten Weltkrieg mit am meisten eingesetzte Flugzeug der Deutschen, die Me-109. Der Flugzeugkonstrukteur, der von Hitler zum »Wehrwirtschaftsführer« ernannt worden war, entwickelte 1940 mit der Me 262 den ersten Düsenjäger, der später im Konzentrationslager Dora-Mittelbau montiert wurde. Nach dem Krieg entwickelte Messerschmitt Flugzeuge für die Bundeswehr, sein Unternehmen ging in dem Messerschmitt-Bölkow-Blohm-Konzern auf. Er starb 1978.

Henriette von Schirach
Tochter von Heinrich Hoffmann und Ehefrau Baldur von Schirachs. Geboren 1913 in München, lebte mit ihrem Mann in Berlin und ab 1940 in Wien. Nach dem Krieg versuchte sie sich in der Filmindustrie. Henriette von Schirach starb 1992.

Carl Severing
Sozialdemokrat und preußischer Innenminister. Geboren 1875 in Herford, ab 1893 Mitglied der Sozialdemokratischen Partei. Severing war von 1907 bis 1911 Reichstagsabgeordneter. 1920 wurde Severing erstmals preußischer Innenminister, 1928 avancierte er zum Reichsinnenminister und übernahm 1930 erneut das preußische Innenministerium. Nach dem »Preußenschlag« Franz von Papens wurde Severing 1932 abgesetzt, er kam 1933 kurzzeitig in Haft und zog sich aus der Politik zurück. Später wurde ihm vorgeworfen, dass er gegen die aufziehende braune Gefahr zu wenig Widerstand geleistet habe. Nach dem Krieg war Severing nordrhein-westfälischer Landtagsabgeordneter für die SPD, er starb 1952 in Bielefeld.

Marie-Claude Vaillant-Couturier
Ausschwitz-Überlebende und französische Parlamentsabgeordnete. Geboren 1912 in Paris, arbeitete sie als Bildreporterin und schloss sich der französischen Résistance gegen die deutsche Besatzung an. Vaillant-Couturier wurde im Februar 1942 verhaftet und kam im Januar 1943 nach Auschwitz. Nach dem Krieg war sie kommunistische Abgeordnete in der verfassungsgebenden Nationalversammlung. Vaillant-Couturier starb 1996.

Ernst von Weizsäcker
Staatssekretär im Auswärtigen Amt und deutscher Botschafter beim Heiligen Stuhl. Geboren 1882 in Stuttgart trat von Weizsäcker 1920 in den Dienst des Auswärtigen Amtes. Im März wurde er Staatssekretär im Außenministerium und trat einen Monat später der NSDAP bei. Seit Juni 1943 war von Weizsäcker als deutscher Botschafter beim Vatikan in Rom tätig. Im Wilhelmstraßen-Prozess wurde von Weizsä-

cker wegen der billigenden bürokratischen Mithilfe an den Judendeportationen zu sieben Jahren Gefängnis verurteilt. Im Oktober 1950 wurde er nach etwas über einem Jahr Haftzeit vorzeitig entlassen. Weizsäcker starb 1951 in Lindau.

Bibliografie

Bancroft, Mary: Autobiography of a Spy, William Morrow and Company, New York 1983

Bedürftig, Friedemann: Drittes Reich und Zweiter Weltkrieg. Das Lexikon, Piper Verlag, München 2002

Benz, Wolfgang; Graml, Hermann; Weiß, Hermann: Enzyklopädie des Nationalsozialismus, Deutscher Taschenbuch Verlag, München 1997

Buchheim, Hans; Broszat, Martin; Jacobsen, Hans-Adolf; Krausnick, Helmut: Anatomie des SS-Staates, Deutscher Taschenbuch Verlag, München 1967, 7. Auflage Mai 1999

D'Addario, Ray; Kastner, Klaus: Der Nürnberger Prozeß – Das Verfahren gegen die Hauptkriegsverbrecher 1945–1946, Verlag A. Hoffmann, Nürnberg 1994

Dastrup, Boyd L.: Crusade in Nuremberg – Military Occupation 1945–1949, Greenwood Press, Westport, Connecticut 1985

Echternkamp, Jörg: Nach dem Krieg – Alltagsnot, Neuorientierung und die Last der Vergangenheit 1945–1949, Pendo Verlag, Zürich 2003

Gaskin, Hillary: Eyewitnesses at Nuremberg, Arms and Armour Press, London 1990

Gilbert, Gustave M.: Nürnberger Tagebuch – Gespräche der Angeklagten mit dem Gerichtspsychologen, Fischer Taschenbuch Verlag, Frankfurt/M 1996 (Erstausgabe Frankfurt/M 1962)

Gisevius, Hans Bernd: Bis zum bitteren Ende – Vom 30. Juni 1934 zum 20. Juli 1944, Ullstein Verlag, Frankfurt, Berlin 1946 und 1964

Gisevius, Hans Bernd: Wo ist Nebe? Erinnerungen an Hitlers Reichskriminaldirektor, Droemersche Verlagsanstalt, Zürich 1966

Glaubauf, Karl; Lahousen, Stefanie: Generalmajor Erwin Lahousen Edler von Vivrement – Ein Linzer Abwehroffizier im militärischen Widerstand, Lit Verlag, Münster 2004

Internationaler Militärgerichtshof Nürnberg: Der Nürnberger Prozeß gegen die Hauptkriegsverbrecher vom 14. November 1945 – 1. Oktober 1946, Reichenbach Verlag, Erstveröffentlichung Nürnberg 1947

Jäckel, Eberhard; Longerich, Peter; Schoeps, Julius H.: Enzyklopädie des Holocaust, Piper Verlag, München – Zürich 1995

Haase, Günther: Die Kunstsammlung des Marschalls Hermann Göring, Quintessenz Verlags GmbH, Berlin 2000

Haensel, Carl: Der Nürnberger Prozeß – Tagebuch eines Verteidigers, Möwig Taschenbuch Verlag, München/Rastatt 1983 (Erstausgabe Claassen Verlag, Hamburg 1950)

Haffner, Sebastian: Germany: Jekyll & Hyde, Verlag 1900 Berlin, Berlin 1996

Heigl, Peter: Nürnberger Prozesse, Verlag Hans Carl, Nürnberg 2001

Herz, Rudolf: Hoffmann & Hitler – Fotografie als Medium des Führer-Mythos, Verlag Klinkhardt & Biermann, München 1994

Heydecker, Joe J. und Leeb, Johannes: Der Nürnberger Prozeß, Kiepenheuer & Witsch, Köln 1995 (Erstausgabe Köln 1958)

Höhne, Heinz: Der Orden unter dem Totenkopf – Die Geschichte der SS, Bertelsmann Verlag, München 1967

Höß, Rudolf: Kommandant in Auschwitz, Autobiografische Aufzeichnungen des Rudolf Höß, hrsg. von Martin Broszat, Deutscher Taschenbuchverlag, München 1998

Hunecke, Douglas K.: In Deutschland unerwünscht – Hermann Gräbe, Biografie eines Judenretters, zu Klampen Verlag, Lüneburg 2002

Junge, Traudl (unter Mitarbeit von Melissa Müller): Bis zur letzten Stunde – Hitlers Sekretärin erzählt ihr Leben, List Verlag, München 2002

Kálnoky, Ingeborg; Herisko, Ilona: The Guest House, Bobbs-Merrill Company Inc., New York 1975

Kershaw, Ian: Hitler 1889–1936, Deutsche Verlags-Anstalt, Stuttgart 1998

Kershaw, Ian: Hitler 1936–1945, Deutsche Verlags-Anstalt, Stuttgart 2000

Knopp, Guido: Hitlers Helfer, C. Bertelsmann Verlag, München 1996

Kempner, Robert M.W.: Ankläger einer Epoche, Lebenserinnerungen, aufgezeichnet in Zusammenarbeit mit Jörg Friedrich, Ullstein Verlag, Frankfurt/M., Berlin 1986

Kempner, Robert M.W.: Das Dritte Reich im Kreuzverhör, Athenäum Verlag, Königstein 1969

Kogon, Eugen: Der SS-Staat, Wilhelm Heyne Verlag, München 2003 (Erstveröffentlichung Dezember 1946)

Lester, Jane: An American College Girl in Hitler's Germany, The Edwin Mellen Press, Lewiston, New York 1999

Lohalm, Uwe; Wildt, Michael (Redaktion) im Auftrag der Forschungsstelle für Zeitgeschichte in Hamburg: Der Dienstkalender Heinrich Himmlers 1941/42, Hans Christians Verlag, Hamburg 1999

Metcalfe, Philip: Berlin 1933, Verlag Bonn Aktuell, Stuttgart 1989

OMGUS (Office of Military Government for Germany,

United States), U.S. Group Control Council – Finance Division, Amerikanische Gruppe des Kontrollrats – Finanzabteilung: Ermittlungen gegen die I.G. Farbenindustrie AG, September 1945, Sonderband, Die Andere Bibliothek, hrsg. von Hans Magnus Enzensberger, Greno Verlag, Nördlingen 1986

Padover, Saul K.: Lügendetektor – Vernehmungen im besiegten Deutschland 1944/45, Die Andere Bibliothek, Eichborn Verlag, Frankfurt 1999

Persico, Joseph E.: Nuremberg – Infamy on Trial, Penguin Books, New York 1994

Radlmaier, Steffen: Der Nürnberger Lernprozess – Von Kriegsverbrechern und Starreportern, Die Andere Bibliothek, Eichborn Verlag, Frankfurt 2001

Shirer, Wiliam L., Berliner Tagebuch, Reclam Verlag, Leipzig 1995

Shirer, Wiliam L.: The Rise and Fall of the Third Reich – A History of Nazi Germany, Simon and Schuster, New York 1960

Sigmund, Anna Maria: Die Frauen der Nazis, Ueberreuter Verlag, Wien 1998

Sonnenfeldt, Richard W.: Mehr als ein Leben – Vom jüdischen Flüchtlingsjungen zum Chefdolmetscher der Anklage bei den Nürnberger Prozessen, Fischer Taschenbuch Verlag, Frankfurt 2005

Taylor, Telford: Die Nürnberger Prozesse – Hintergründe, Analysen und Erkenntnisse aus heutiger Sicht, Wilhelm Heyne Verlag, München 1992

Ueberschär, Gerd R.: NS-Verbrechen und der militärische Widerstand gegen Hitler, Primus Verlag, Darmstadt 2000

Vaccaro, Tony: Entering Germany 1944–1949, Taschen Verlag, Köln 2001

Völklein, Ulrich: Die Weizsäckers. Macht und Moral – Portrait einer deutschen Familie, Droemer Verlag, München 2004

Von der Lippe, Viktor: Nürnberger Tagebuchnotizen – November 1945 bis Oktober 1946, Verlag Fritz Knapp, Frankfurt/M 1951

Von zur Mühlen, Bengt: Der Todeskampf der Reichshauptstadt, Chronos-Film GmbH im Eigenverlag, Berlin-Kleinmachnow 1994

Weiß, Hermann: Biographisches Lexikon zum Dritten Reich, S. Fischer Verlag, Frankfurt 1998

West, Rebecca: Gewächshaus mit Alpenveilchen, Edition Tiamat, Verlag Klaus Bittermann, Berlin 1995

Register

Bildnachweis

CORBIS, Düsseldorf: 1 u., 5 o., 8 ,12 o. r., u., /Bettmann 6 (2), /Hulton-Deutsch Collection 1 o.; Haus der Wannsee-Konferenz, Berlin: 14 u. l.; Heinrich Hoffmann/Privatbesitz: 5 u., 9 u., 15u.; Keystone, Hamburg/Egon Matthes, 7 M.; picture alliance/dpa, Frankfurt: 16 u; Privatbesitz: 2 u., 3, 4, 9 o. l., 9 o. r., 10 (3), 11 (3), 13 M.; Privatbesitz Thomas Ginsburger/Francesco Boix: 12 o. l., Privatbesitz Familie Kogon: 14 o.; The Passionist Historical Archives, Union City, USA: 15 o.; Stadtarchiv München: 13 u.; SV Bilderdienst, München: 7 o., /Scherl 7 u., 13 o.; Ullstein Berlin: /ullstein-bild 5 M., /Abraham Pisarek 14 u. r.

Der Verlag konnte trotz intensiver Recherche den Rechteinhaber am Foto S. 16 oben nicht ermitteln. Wir bitten darum, dem Verlag eventuell bestehende Ansprüche mitzuteilen.